KB155847

스테이블코인
디지털 금융의 미래

Stablecoins, The Future of Digital Finance

스테이블코인
디지털 금융의 미래

박예신 지음

THE NAN
더 난 콘 텐 츠

"악명 높은 인플레이션을 피하기 위해 월급으로 벽돌을 구입한다."

2022년 9월 낯선 일화를 접했다. 아르헨티나 서민들은 월급날이 되면 현지 화폐 페소(ARS)로 건축용 벽돌을 구입해 인플레이션을 피한다는 얘기였다. 페소의 화폐가치는 빠르게 추락하고 서민 물가는 천정부지로 치솟는 가운데, 비교적 가치가 안정적인 벽돌을 구입해 구매력을 보전한다는 소식은 신선한 충격이었다. 벽돌은 집 짓는 데 필요한 재료이기도 한 만큼 적립식 매수의 개념으로 구매력을 보전한다는 것이었다. 게다가 합법적인 경로로는 미국 달러를 구하기 힘든 탓에 현지인들이 불법 환전소를 안방처럼 들락거릴 뿐만 아니라, 정부와 은행을 신뢰하지 않아 주로 100달러짜리 지폐 뭉치를 매트리스 같은 곳에 숨겨둔다는 내막도 접했다. 인구 4,500만 명의 국가가 어떻게 이럴 수가 있을까 싶었다.

스탠퍼드대학교 출신의 작가 겸 소프트웨어 엔지니어인 데본 주겔(Devon Zuegel)이 아르헨티나 현지를 취재한 후 공개한 이 내용은 당시 해외 커뮤니티에서 상당히 화제가 됐다. 한국처럼 화폐가치가 안정적이고 금융 시스템과 서비스가 우수한 국가의 시민이라면 상상하기 힘든 이야기일 것이다.

이 소식과 함께 접한 흥미로운 사실 중 하나는 아르헨티나 현지에서 스테이블코인 테더(USDT)가 구매력 보전을 위한 수단으로 크게 각광받고 있다는 것이었다. 주로 미국 달러를 담보로 발행되는 이 가상자산은 1개당 1달러 내외의 가격을 안정적으로 유지하는 특성을 갖고 있다. 미국 달러와 완전히 동일하지는 않지만 아르헨티나 현지인에게는 제법 혁신적인 대안으로 기능하고 있었다.

같은 해 12월에는 유엔난민기구(UNHCR)가 우크라이나 전쟁 피난민에게 USD코인(USDC)이라는 스테이블코인으로 구호금을 보낸 소식이 국제사회에 전해졌다. 전쟁통이라 현금이나 계좌이체로 구호금을 전달하기 어려운 상황에서 유엔 측이 블록체인과 스테이블코인을 시범적으로 활용해 인도주의 활동을 펼친 사례였다. 그런가 하면 아프가니스탄의 여성 대상 코딩 교육 NGO 대표인 페레쉬테 포로(Fereshteh Foroughs)가 탈레반의 재집권으로 생계난에 처한 수강생들에게 바이낸스USD(BUSD)라는 스테이블코인으로 구호금을 송금한 일화도 여러 언론을 통해 전해졌다.

이 책을 통해 스테이블코인을 처음 접하는 독자라면 이 사례들을 두고 '신흥 기술이 일부 국가에서 한정적으로 활용된 예외적 사건' 정도로 여길지도 모르겠다. 한국 바깥의 세상과 신기술에 관심이 많은 독자라면 눈이 번쩍 뜨이겠지만, 가상자산 투자 경험이 많은 독자라면 가격 변동성이 적은 스테이블코인에 무슨 투자 가치가 있느냐며 의문을 제기할 수도 있다. 경제학이나 컴퓨터공학 등을 전공한 사람이라면 블록체인의 태생적 한계라든가 스테이블코인의 근본적 불안정성을 지적하고 싶어 할지도 모르겠다.

이 책을 쓴 이유는 스테이블코인에 관한 나의 어떠한 맹신을 설파하기 위함이 아니다. 스테이블코인의 밝은 면과 어두운 면을 좀 더 균형 있게 소개하고 싶어서다. 적어도 한국 사회에서 스테이블코인에 대한 여론은 상당 부분 어두운 면에 쏠려 있다. 금융과 화폐의 새로운 미래를 열어젖힐 기술보다는 잠재적인 '먹튀' 코인 정도로 뭉뚱그려 바라보는 시선이 짙다.

물론 그런 여론을 이해하지 못하는 것은 아니다. 스테이블코인의 어두운 면을 부각시킨 사건들이 다수 발생한 게 사실이기 때문이다. 하지만 그런 이유 때문에 스테이블코인의 기술적 잠재력과 효용성이 제대로 논의되지 않는 점은 다소 안타깝다. 이러한 불균형적인 시선들을 조금이나마 바로잡을 수 있기를 바라는 마음에서 《스테이블코인, 디지털 금융의 미래》라는 거창한 제목의 책을 집필했다.

스테이블코인은 안정적인 담보자산과 메커니즘에 기반해 일정한 가격을 유지하는 것을 목표로 하는 가상자산이다. 비트코인처럼 가격이 위아래로 요동치는 유형의 가상자산이 아니라는 뜻이다. 가격 변동성이 적고, 블록체인을 통해 유통되므로 국경의 제한을 덜 받는 디지털화폐로 기능할 수 있는 잠재력이 있다. 다양한 용도에 따라 맞춤 설계가 가능한 프로그래머블 머니(programmable money)의 특성도 갖고 있다. 그래서 결제나 송금 같은 분야에 도입되면 큰 효용성을 제공할 수 있다.

예컨대 한국 수입 기업은 미국 수출 기업에게 무역 대금을 스테이블코인으로 지급하여 결제 주기를 단축할 수 있으며, 캐나다 회사는 원격으로 튀르키예 개발자에게 웹 개발을 맡기고 스테이블코인으로 급여를 지급해 정산 속도와 인건비를 절감할 수 있다. 그뿐만 아니라 스테이블코인 기반의 투자 상품을 통해 수익을 창출할 수도 있다.

이러한 잠재력을 알아본 주요국들은 앞다퉈 스테이블코인 시장에 발을 뻗고 있다. 지금 당장 구글이나 네이버에서 '스테이블코인'을 검색해보면 수많은 국내외 언론들이 관련 기사를 보도하는 것을 볼 수 있다. 이미 수년 전부터 개발도상국을 비롯해 주요국에서는 스테이블코인 발행, 활용, 규제와 관련한 소식들이 전해지고 있다.

글로벌 1위 결제 플랫폼 페이팔이 스테이블코인을 발행한 소식, 일본 정부가 스테이블코인을 전자결제 수단으로 법적 인정한 소식, 유럽연합이 세계 최초로 가상자산 포괄규제안을 승인한 소식 등을 쉽게 찾아볼 수 있다. 하지만 한국에서는 스테이블코인의 가능성에 대한 생산적인 논의를 주도하는 움직임이 별로 보이지 않는다.

내가 처음부터 스테이블코인의 가능성에 주목했던 것은 아니다. 2016년경 대학원에 다니던 중 우연한 계기로 블록체인을 접한 뒤 확신과 불확신의 경계를 헤매다가 결국 가상자산 업계에 발을 들였다.

가격만이 최고의 마케팅이자 거의 전부로 여겨지는 이 업계에서 기자로 일하며 각종 산전수전도 많이 겪었다. 대박에 눈이 먼 사람들의 도파민을 자극하고 가격을 높게 띄운 뒤 한순간에 매도하고 도망치는 '펌프 앤드 덤프(pump and dump)'를 수없이 경험했다. 당시에도 스테이블코인의 존재를 알고 있었으나 그때는 나 또한 그것이 새로운 유형의 사기라고 단정지었다.

그러나 수년의 시간이 흐른 지금 전 세계 주요국들은 스테이블코인의 잠재력을 재발견하는 추세를 보이고 있다. 스테이블코인과 관련한 사건들은 기술 자체의 결함보다는 휴먼 리스크와 마켓 리스크를 제대로 통제하지 못한 데서 발생한 것이라는 인식도 점차 자리잡는 듯하다. 아직 스테이블코인의 안정성을 둘러싼 우려가 완벽하게 해소된 것은 아니지만 주요국들은 속속 규제를 도입함으로써 효용성은 키우고 리스크는 줄이는 움직임을 보이고 있다.

이런 분위기 속에서 스테이블코인의 활용과 관련한 글로벌 사례들을 1년 전부터 심도 있게 리서치했다. 남아프리카공화국과 아르헨티나를 비롯한 몇몇 개발도상국의 현지 상황을 자세히 취재하고, 국내외 은행 및 증권사 출신 전문가들에게 자문을 구하기도 했다. 이 책은 그 결과물이다.

책은 크게 1부, 2부, 3부로 나눠져 있다. 초심자라면 1부 1장과 2장을 읽은 다음 3장은 건너뛰고 바로 2부를 읽는 것을 추천한다. 1부 3장은 기술적인 설명이어서 조금 어려울 수 있다. 하지만 2부부터는 사례 중심으로 이야기를 풀었으므로 비교적 재밌게 읽을 수 있을 것이다.

이 책을 통해 많은 분들이 스테이블코인을 재발견할 수 있기를 희망한다. 아울러 이 책을 매개로 스테이블코인에 관한 전향적인 논의가 좀 더 활발하게 이뤄지기를 바란다.

박예신

contents

2 부 ● 법정화폐의 대체재와 보완재 사이

3 부 • 디지털 패권 다툼과 스테이블코인

01 스테이블코인과 국제사회의 시선

02 스테이블코인으로 돈 버는 방법

1부

스테이블코인,
닫힌 금융에서 열린 금융으로

스테이블코인의 부상

Stablecoin

—
주저앉은 개도국 경제와 작은 대안

필리핀의 농어촌 지역에 사는 20대 청년이 있다. 미국 원어민만큼 영작문을 잘하는 이 청년은 자신의 실력을 활용해 돈을 벌고 싶었다. 그래서 미국에 전자제품을 수출하는 필리핀 현지 기업의 의뢰를 받아 홍보용 블로그에 올릴 영어 콘텐츠를 기획하고 제작하는 일을 했다. 이 청년은 계약에 따라 영어 콘텐츠를 납품하고 필리핀 현지 통화인 페소(PHP)로 지급받았다. 다시 말해 청년이 콘텐츠를 제작하는 데 들어간 노동력이 페소로 측정된 것이다.

이 청년은 머리를 써서 이번에는 미국에 소재한 IT 기업에 직접 영어 콘텐츠를 제공하고 미국 달러를 버는 방법을 찾아봤다. 페소보다 가치가 월등히 높은 달러로 대금을 받아서 페소로 환전하면 훨씬 높은 수입을 기대할 수 있기 때문이다. 이 청년은 업워크(Upwork)라

16

는 유명 글로벌 프리랜서 플랫폼을 통해 일거리를 받을 수 있다는 것을 알게 됐다. 그런데 이 플랫폼은 회원 가입 절차부터 만만치 않다. 수많은 신상 정보 항목을 채우고, 납세자 식별번호(TIN)를 발급받아 입력하고, 소득세를 부과하기 위한 국적 정보를 입력해야 한다. 이어서 고용주에게 제안서를 제출할 때 필요한 포인트를 구매해야 하고, 계약이 체결되면 수수료도 내야 한다.

문제는 또 있다. 이 청년이 벌어들인 달러를 인출하려면 은행계좌를 업워크에 연결해야 한다. 그런데 이 청년은 필리핀 소재의 은행계좌가 없다. 필리핀의 은행 지점들은 수익성 높은 도심지에 몰려 있어서 방문하기가 쉽지 않다. 설령 은행에 방문한다 해도 계좌를 개설할 수 있다는 보장도 없다. 이 청년에게는 계좌 개설에 필요한 자본과 신용이 충분하지 않기 때문이다. 게다가 필리핀에서 은행계좌를 유지하려면 최소한도의 잔액이 필요하다. 계좌 하나 만드는 데 드는 시간과 비용이 적지 않다.

그래서 필리핀 청년은 지캐시(Gcash)나 마야(Maya) 같은 현지 핀테크 앱을 이용해보기로 했다. 휴대전화만 있으면 은행계좌가 없어도 가입 후 금융 활동을 할 수 있다. 하지만 그런 이유로 필리핀 정부는 핀테크 서비스에 제재를 가하기도 한다. 자금세탁이나 테러 자금조달의 통로로 활용될 가능성이 있기 때문이다. 게다가 이 핀테크 서비스들은 여러 가지 이유로 해외 송금액에 상한을 두고 있으며, 각종 수수료가 발생하는 등 약간의 불편함이 있다.

이 청년이 어렵게 조건을 충족해 현지 은행계좌를 발급받는다면 모든 문제가 해결될까? 그렇지도 않다. 달러를 필리핀 현지 은행계좌로 송금받는 과정은 복잡하고 어렵다. 해외 송금은 보통 스위프트(SWIFT)라는 국제금융 결제망을 통해 이뤄지는데, 이 과정에서 은행 중개수수료, 전신료, 송금 및 수취 수수료 등이 차감된다. 송금 기간도 2~5일 정도 걸린다.

이것은 단지 필리핀 청년에게만 해당하는 특수한 사례가 아니다. 필리핀 사람들 대부분이 겪는 문제다. 금융 서비스를 이용하는 데 넘어야 할 허들이 너무 높다. 그러다 보니 이 청년을 비롯해 필리핀 사람들의 계좌 개설 비율은 30% 정도로 낮다. 지역경제와 현금경제에 발이 묶인 상태로 지내는 것이다. 한국을 비롯한 금융 선진국들은 이미 현금 없는 사회로 진입했지만, 필리핀 같은 개발도상국은 여전히 현금 의존도가 높다.

이 필리핀 청년이 미국인 평균 시급을 기준으로 20일간 일하고 달러로 지급받는다고 가정해보자. 한 통계에 따르면 미국인의 평균 시급은 33달러다. 하루 8시간 근무를 기준으로 하루에 약 264달러, 한 달에 약 5,280달러를 벌 수 있다. 2023년 5월 환율을 기준으로 하면 약 29만 1,700페소에 해당한다. 필리핀의 평균 시급 71페소(1달러)를 기준으로 하면 한 달 평균 임금은 1만 1,360페소다. 필리핀의 한 달 평균 임금의 25배다.

같은 노동력을 제공하더라도 어떤 나라의 화폐로 급여를 받는지에 따라 엄청난 차이가 난다. 정말이지 꿈같은 이야기다. 하지만 이 청년은 전통 금융 서비스 이용을 위한 첫 관문인 은행계좌가 없어서 고수익 창출의 기회를 얻지 못한다. 세계은행에 따르면 전 세계적으로 은행계좌가 없는 인구는 무려 14억 명[1]에 달한다. 이들 중 절반가량인 7억 4천만 명은 중국, 인도, 파키스탄, 방글라데시 등 7개 국에 분포해 있다.

이번에는 중남미 지역의 경제 상황을 한번 살펴보자. 아르헨티나와 베네수엘라 같은 중남미 국가가 겪는 주요 경제 문제 중 하나는 지나치게 높은 물가상승률이다. 축구선수 메시의 나라로 유명한 아르헨티나의 2022년 12월 기준 물가는 전년 동월 대비 94.8% 올랐다. 베네수엘라는 더욱 심각하다. 2022년 기준 물가상승률은 234%를 기록했다. 이것도 2021년 물가상승률인 686%에 비하면 낮아진 것이다. 정말 놀랍지 않은가? 참고로 대한민국의 2022년 물가상승률은 5.1%였다. 중남미의 물가상승률에 비하면 양호한 수준이다.

이 국가들의 물가상승률은 왜 이렇게 치솟은 것일까? 사우디의 원유 감산, 러시아-우크라이나 전쟁, 자연재해로 인해 원유 공급에 차질이 빚어졌거나 미국 경제 제재로 해외 달러 자산이 동결되는 등 다양한 요인이 복합적으로 작용했기 때문이다. 게다가 코로나19 기간에 중남미 국가의 중앙은행들은 금리 인하를 통해, 정부는 재정 지출을 통해 시중에 막대한 돈을 풀었다. 물가가 큰 폭으로 상승한 것은 당연한 결과였다. 두루마리 휴지 하나를 사는 데 볼리바르 지폐

---

1 COVID 19 Boosted the Adoption of Digital Financial Services, The World Bank, July, 21, 2022.

를 뭉칫돈으로 내거나, 지폐를 세는 대신 아예 저울로 무게를 재서 물건값을 지불하는 일이 벌어졌다.

2022년부터는 새로운 문제가 대두됐다. 미국 연방준비제도(Fed, 이하 연준)가 물가를 잡기 위해 기준금리 인상과 양적긴축(QT)을 단행하면서 개발도상국은 경제적 타격을 입었다. 연준의 긴축 정책으로 소위 '킹달러(강달러)' 시대가 도래했고, 전 세계 국가에 투자나 대출 등으로 유입된 달러가 고금리를 찾아 미국으로 귀환하는 현상이 발생했다. 그로 인해 중남미를 비롯한 몇몇 개발도상국에서는 외환 유출이 증가했고 환율이 급격히 상승하면서 통화가치가 하락했다. 중남미 정부와 기업들이 갚아야 할 대외 부채에 대한 이자 부담도 늘어났다.[2] 아르헨티나의 페소나 베네수엘라의 볼리바르 같은 화폐는 가치 폭락을 면치 못했다.

주요 관광국 튀르키예(터키)도 사정이 좋지 않다.[3] 연준의 금리 인상 여파로 달러 가치가 고공 행진하면서 리라화 가치가 폭락했다. 다음의 환율 그래프가 그것을 잘 보여준다. 튀르키예 정부도 중남미 국가와 마찬가지로 막대한 달러 부채를 지고 있기에 채무 부담이 커진 상황이다. 그럼에도 환율은 계속 올라갔고 달러 품귀 현상은 점점 심각해졌다.

---

2 아르헨티나 정부의 달러 부채는 지난 2022년 1분기 기준 국내총생산(GDP)의 40%에 육박한다. ([신흥국 외화부채-④] 아르헨티나, 달러 부채만 GDP 40% 육박, 2022. 09., 연합인포맥스)
3 [신흥국 외화부채-②] 터키, 리라화 폭락에 '달러채 공포' 확산, 2022. 08., 연합인포맥스.

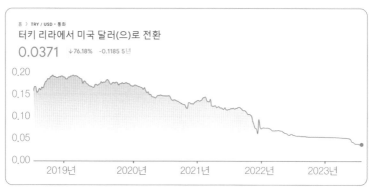

1리라와 교환 가능한 미국 달러 추이. 급격하게 하락하고 있다.(출처 : 구글 파이낸스)

이들 나라의 통화가치가 불안정한 현상은 어제오늘 일이 아니다. 정부 정책의 실패, 수입 위주의 산업구조 등 여러 이유가 복합적으로 얽혀서 나타난 결과이다. 통화가치가 폭락하면 국민들이 적지 않은 피해를 본다. 현금 자산의 가치가 떨어져 구매력이 크게 낮아지기 때문이다.

물론 물가가 오르고, 화폐가치가 떨어지는 인플레이션은 경제학적으로 자연현상과 유사하다. 하지만 시민들의 자산 축적 의지와 노동 의지를 꺾을 정도가 되면 문제가 심각해진다. 열심히 일해서 모은 돈의 가치가 안정적으로 누적되기는커녕 오히려 정체되거나 사라진다면 얼마나 억울하겠는가? 차를 구입하려고 1년간 열심히 돈을 모았는데, 돈의 가치가 절반으로 폭락해 1년을 더 모아야 한다면 얼마나 분통이 터지겠는가?

이런 현상이 잦은 금융 후진국에서는 미국 달러에 대한 수요가 높다. 미국 달러는 제1의 강대국이자 기축통화국인 미국이 발행한 돈이고, 원유 구입을 위해 필요하며, 가치가 비교적 안정적이다. 극단적인 인플레이션을 겪는 아르헨티나, 레바논, 베네수엘라, 아프가니스탄 같은 나라의 국민들 상당수는 자국 화폐를 달러로 환전해 자산 가치를 보존하곤 한다. 심지어 생필품이나 식료품을 거래할 때 자국 화폐가 아니라 미국 달러를 지불하기도 한다. 물론 규제나 감시 때문에 공공연하게 거래하지는 않지만, 미국 달러에 대한 수요는 한국과 비교되지 않을 정도로 많다.

문제는 정부가 이러한 달러 환전 수요를 막는다는 점이다. 〈파이낸셜 타임즈〉에 따르면[4], 아르헨티나 정부는 지난 2019년 페소화 가치가 급락하자 기업이나 개인의 외화 구매와 해외 송금에 제약을 걸었다. 기업이 페소를 팔고 미국 달러를 사려면 중앙은행의 허가를 받아야 한다. 개인은 월 200달러 이상 구매할 수 없다고 못 박았다. 월 1만 달러였던 원래의 한도를 대폭 낮춰버린 것이다. 페소의 통화가치 안정을 위한 조치라고는 하지만, 아르헨티나 시민들은 불만을 가질 수밖에 없었다. 자신의 자산을 그나마 손쉽게 지킬 수 있는 달러 환전마저 강제로 막았으니 말이다.

결국 아르헨티나 사람들은 달러 암시장까지 몰려들고 있다. 아르헨티나 길거리에는 암달러 환전상들이 즐비해 있는데, 이곳에서는 정부 공식 환율보다 더 높은 환율로 달러를 페소로 환전해준다. 2022년 7월 〈파이낸셜 타임즈〉는 암시장에서 1달러가 337페소에 거

---

4 Argentines turn to black market dollars as crisis worsens, Financial Times, July, 25, 2022.

래됐으며, 이는 일주일 만에 15% 이상 상승한 수치라고 보도했다. 심지어 암시장에서 달러를 못 구한 사람들은 국경을 넘어가서 달러를 구해올 정도다.[5] 사람들이 달러를 구하기 위해 암시장에 한꺼번에 몰려들어 분투하거나, 위험을 감수하고 국경을 넘는 안타까운 모습들을 한번 상상해보자.

이마저도 녹록지 않은 사람들은 비트코인 등 가상자산으로 눈을 돌리기도 한다. 2022년 〈뉴욕타임스〉[6]는 미국의 여론조사 기관 모닝 컨설트의 조사를 인용해 아르헨티나 인구의 3분의 1이 적어도 한 달에 한 번은 가상자산을 매매한 경험이 있다고 보도했다. 그러나 비트코인은 페소나 달러의 대안이 될 수 없다. 가격 변동성이 높고 내재 가치가 없기 때문이다. 비트코인 가격이 우상향하는 한 돈을 잃지는 않겠지만, 그렇다고 해서 화폐처럼 쓸 수는 없다.

비트코인의 수요는 아르헨티나 외에 브라질, 볼리비아, 콜롬비아 같은 중남미 국가는 물론 튀르키예, 이집트, 북아프리카에 이르기까지 광범위한 지역에서 나타난다. 대체로 이들은 인플레이션 관리에 실패한 약소국이자, 화폐가치에 대한 대중의 신뢰가 낮은 국가이다. 또한 금융 인프라가 제대로 발달되어 있지 않아 금융 포용 수준이 낮다.

---

5 아르헨티나 여행객들은 달러를 암시장에서 비싼 값에 팔아 여행 자금을 넉넉하게 마련하기도 한다. 참고: 〈I just traveled to Argentina — and doubled my money with a 'black market' exchange rate〉, CNBC, March, 11, 2023.

6 Crypto Is Tumbling, but in Argentina It's Still a Safer Bet, Newyork Times, Aug, 20, 2022.

도대체 무슨 얘기를 하고 싶어서 책의 초반부터 이런 안타까운 사례들을 언급한 것이냐고 묻는다면, 대답은 하나다. 이 문제를 해결할 수 있는 놀랍도록 혁신적인 금융 수단이 있다는 것이다. 금융의 자유와 경제적 안정을 원하는 저개발국 시민에게 매우 유용한 수단이다. 금융 인프라가 낙후된 국가의 개인들도 이것을 통해 글로벌 금융시장에 참여할 수 있다. 은행계좌가 없어도 달러를 벌고 소유할 수 있으며, 고물가의 위험으로부터 자산을 지킬 수 있다. 물론 개발도상국 국민이 아니더라도 이 수단은 유용하다. 연간 수십 퍼센트의 예금이자를 받거나, 엄선된 글로벌 기업에 직접 투자하거나, 현행 지급결제 시스템을 개선하는 등 다양한 곳에 활용할 수 있다.

—

돈과 연결된 정보 데이터, 스테이블코인

그것은 바로 스테이블코인이다. 가상자산 투자에 관심 있는 사람이라면 한 번쯤 들어봤을 것이다. 반면 가상자산에 관심 없거나 비트코인밖에 들어보지 못했다면 스테이블코인은 낯선 개념일 수도 있다. 어쩌면 '테라'를 떠올리는 사람들이 있을지도 모르겠다. 대부분은 후자에 속할 것이다. 그래서 '사기 아니냐'는 반응을 보일 수도 있다. 하지만 스테이블코인에 대해 풀어야 할 오해도, 알아야 할 것도 많다. 게다가 인류 역사상 획기적인 발명품인 비트코인 못지않게 스테이블코인은 경제적, 사회적으로 영향력이 클 뿐 아니라 투자 대상

주요 스테이블코인의 가상 이미지(출처 : Coinmarketcap)

으로도 가능성이 큰 차세대 금융상품이다.

스테이블코인이란 무엇인가? 단순하게 말하자면 정보 데이터다. 이해를 돕기 위해 카카오톡 메시지에 빗대 얘기해보자(엄밀한 비유는 아니다). 한국에 사는 당신이 미국에 사는 친구에게 지금 당장 카카오톡으로 메시지를 보낸다고 하자. 그 메시지는 얼마 만에 도착할까? 카카오톡 서버와 통신사에 큰 문제가 없다면 보통 2~3초 안에 도착할 것이다. 이것이 바로 정보 데이터의 특징이다. 인터넷만 연결되면 정보 데이터는 언제 어디로든 빠르게 전송할 수 있다.

스테이블코인은 이 정보 데이터에 '돈'을 연결한 것이라고 보면 된다. 그것도 아무 돈이 아니라 미국 달러처럼 안정적인 가치를 지닌 돈이다. 정보 데이터에 돈이 연결된다는 것은 무슨 의미일까? 금전적 가치가 생긴다는 뜻이다. 이 정보 데이터는 인터넷을 통해 전 세게 어디로든 쉽고 빠르게 전달할 수 있다. 돈을 전 세계로 누구나 쉽고 간단하게 보낼 수 있다는 것이다.

금전적 가치를 지닌 정보 데이터인 스테이블코인은 송금하는 데 얼마 걸리지도 않는다. 짧으면 수 초에서 길어봐야 수 분 이내에 보낼 수 있다. 은행계좌가 없어도 된다. 스마트폰을 비롯해 인터넷이 연결된 모바일 기기만으로도 충분하다. 스테이블코인을 저장하고 주고받을 수 있는 모바일 전용 지갑 앱을 깔기만 하면 누구나 쉽게 거래할 수 있다. 스테이블코인은 정보 데이터이지만, 단축키(Ctrl+C)로 복사해서 두 군데에 동시에 전송할 수 없다. 게다가 몇몇 스테이블코인은 동결 기능을 갖추고 있어서 마약 매매 등 불법적 거래에 악용될 가능성을 예방할 수도 있다. 이 정도면 정말 놀라운 돈이지 않은가?

좀 더 구체적으로 살펴보자. 스테이블코인은 가치와 가격이 안정적으로 유지되는 가상자산이다. 유형별로 미국 달러, 유로화, 금 같은 안전자산과 1 : 1의 고정환율로 교환할 수 있도록 설계돼 있다. 예를 들어 달러 기반 스테이블코인 1개는 발행사를 통해 1달러와 고정환율로 교환할 수 있다.

스테이블코인은 그 자체만 놓고 보면 일종의 데이터다. 하지만 이 데이터를 발행사에 반환하면 이론적으로 달러, 유로, 금처럼 가치가 안정적인 자산을 고정환율로 되돌려 받을 수 있다. 발행사는 교환을 약속하고 사람들은 그것을 믿고 스테이블코인을 사용한다. 스테이블코인이 안정적인 가치를 지니고 있다고 말하는 이유다. 참고로 일정한 가치가 있는 무언가를 다른 무언가와 일정한 교환 비율로 연동

하는 것을 전문 용어로 페깅(pegging)이라고 한다.[7]

그런데 여기서 좀 더 짚고 넘어갈 것이 있다. 스테이블코인의 가치가 안정적이라고 해서 스테이블코인의 가격이 변동하지 않는다는 것은 아니다. 경제학적으로 가치와 가격은 서로 다른 개념이며[8] 스테이블코인의 가격은 조금씩 변동한다. 스테이블코인의 가격은 1달러에 고정되어야 한다. 하지만 다른 가상자산과 마찬가지로 거래소에 상장돼 특정한 '가격'에 거래되고 있다.

스테이블코인의 가격은 고정적이지 않으며 시장의 수요 공급에 따라 정해진다. 1달러를 유지하는 것을 목표로 하지만 실제로는 1달러 위아래로 종종 변동한다. 물론 큰 이변이 없는 한 대체로 시간이 지나면 다시 1달러를 회복한다. 이것이 가능한 이유는 '차익거래(arbitrage)'라는 가격 조정 메커니즘(107쪽 참고) 때문이다. 그래서 스테이블코인의 가격은 커다란 이슈가 없는 한 거의 1달러 부근을 유지한다.

여기까지가 스테이블코인에 대한 가장 기초적인 설명이다. 가치와 가격의 안정성은 스테이블코인의 아주 중요한 요소이다. 하지

---

7 페깅은 스테이블코인뿐 아니라 금융시장에서 흔히 사용되는 개념이다. 예컨대 미국 달러는 홍콩달러와 1 : 7.8 환율로 고정돼 있고, 바하마 달러와는 1 : 1, 사우디아라비아의 리얄화와는 1 : 3.75로 고정돼 있다. 또한 1944~1971년 금본위제 시기에는 금 1온스와 35달러가 페깅된 적 있다. 쉽게 말해 페깅은 일정한 환율로 A자산과 B자산을 교환할 수 있음을 보증하는 것이다.

8 가치는 주관적, 추상적 개념이다. 가치는 '좋다', '희소하다', '쓸모없다'와 같이 형용사로 표현되는 개념이며 눈에 보이지 않는다. 반면, 가격은 시장에서 1,300원, 3달러, 2유로와 같은 화폐단위로 구현된 객관적, 구체적 개념이며 눈에 보인다.

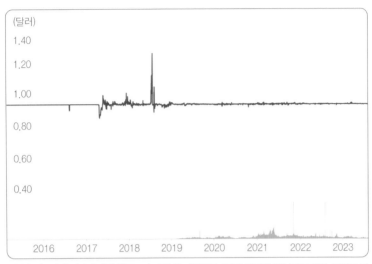

시가총액 1위인 테더의 가격 차트 모습. Y축을 기준으로 1달러 안팎에 형성되어 있다. 이따금 가격이 위아래로 크게 변동한다.(출처 : CoinGecko)

만 스테이블코인을 매매해본 적 없는 사람에게는 이런 개념이 뜬구름 잡는 것처럼 들릴 수도 있다. 아마 스테이블코인의 용도와 그것이 어떠한 수익 기회를 제공하는지 궁금할 것이다. 또한 서두에서 늘어놓은 개발도상국의 사례와 스테이블코인이 도대체 무슨 관련이 있는지 알고 싶을 것이다. 도대체 스테이블코인은 어디에 사용할 수 있을까?

—
가상자산 투자 생태계의 기축통화

현실 세계의 기축통화는 미국 달러다. 기축은 토대나 중심이라는 의미다. 미국 달러는 글로벌 무역 거래나 금융거래에서 핵심적인 결제수단이다. 달러를 갖고 있으면 아르헨티나에서 농산물도 수입할 수 있고, 사우디에서 석유도 수입할 수 있다. 또는 브라질 국채에 투자하려는 한국인은 원화를 달러로 환전한 다음 헤알화를 매입해 국채를 매수할 수도 있다. 쉽게 말해 미국 달러는 전 세계 어디에서든 통용되는 돈이다.

마찬가지로 스테이블코인은 글로벌 가상자산 거래의 기축통화 역할을 맡고 있다. 스테이블코인을 이용하면 바이낸스, OKX, 바이비트 등 전 세계 주요 가상자산 거래소에서 가상자산을 매매하거나 금융상품에 투자할 수 있다. 거래소뿐만 아니라 신용대출 플랫폼이나 전문 은행에 예치해 이자를 받을 수도 있다.

스테이블코인을 취급하는 업체들은 전 세계 다양한 국가에 거점을 두고 있다. 사용자는 스테이블코인을 기축통화 삼아 이 국가에서 저 국가로 이동시켜 가면서 글로벌 금융 거래에 참여할 수 있다. 모든 금융 활동은 모바일 기기나 데스크톱 PC만으로 가능하다. 글로벌 가상자산 생태계의 팔방미인인 셈이다.

가상자산 시장의 기축통화로서 스테이블코인의 기능을 구체적으로 하나씩 뜯어보자.

첫째, 가장 많이 사용되는 것은 가상자산 투자 수단이다. 스테이블코인은 가상자산 투자 시장에서 발생하는 다양한 위험을 방어하는 데 사용된다. 가령 김철수 씨가 개당 3천만 원인 비트코인 1개를 보유하고 있다고 하자. 비트코인 가격이 단기적으로 급락할 조짐이 있을 때, 철수 씨는 비트코인을 얼른 팔아 스테이블코인으로 전환해서 손실을 재빨리 피할 수 있다.

또는 가상자산 시장의 장세가 좋지 않아 장기간 투자를 쉬거나 다른 투자 기회를 물색하고자 한다면 거래소에 스테이블코인을 그냥 예치해둬도 좋다. 스테이블코인은 가격 변동성이 적기 때문이다. 그런 점에서 스테이블코인은 가상자산 시장의 변동성이 클 때 손실을 회피할 수 있는 피난처 역할을 톡톡히 한다.

이런 의문이 들 수도 있다. 시장 변동성이 있을 때 비트코인을 왜 현금이 아니라 스테이블코인으로 전환할까? 원화(법정화폐)도 충분히 안정적인 자산인데 말이다. 물론 맞는 말이다. 농협이나 케이뱅크 같은 은행들과 실명계좌 계약을 맺은 가상자산 거래소에서는 국내 가상자산을 원화로 매도할 수 있다.

2023년 5월 기준 한국의 주요 거래소 5곳(업비트, 빗썸, 코인원, 코빗, 고팍스)의 이용자들은 자신의 실명 은행계좌를 거래소에 등록할 수 있다. 그런 다음 필요할 때 은행계좌의 원화를 거래소로 입금하거나, 거래소의 가상자산을 매도하고 확보한 원화를 은행계좌로 출금할 수 있다. 국내 거래소의 거래 화면을 보면 원화로 가상자산의 매수와 매도가 가능하다는 뜻으로 'KRW(Korean Won)' 표시가 있다.

국내 거래소에서만 가상자산을 사고파는 투자자는 굳이 스테이블코인이 필요하지 않다. 한국인들은 대부분 은행계좌를 갖고 있고 대한민국의 통화인 원화의 가치는 충분히 안정적이기 때문이다. 그런데 한국인이 해외 거래소에서 가상자산을 매매할 때는 얘기가 다

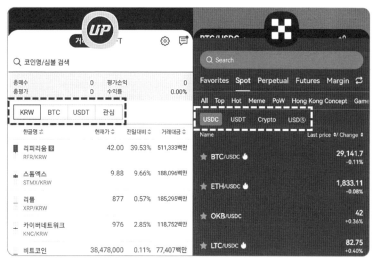

국내 거래소 업비트와 해외 거래소 OKX의 모바일 앱 거래 화면. 점선 표시를 보면 가상자산의 매수와 매도가 가능한 기축통화의 종류가 표시돼 있다.

르다. 예컨대 바이낸스나 OKX 같은 해외 거래소에 은행계좌를 연동하여 원화를 입출금한다든가 가상자산을 매수하는 것은 한국인에게 허용돼 있지 않다. 비자나 마스터카드 같은 신용카드, 서드파티 결제 플랫폼, P2P 거래 플랫폼도 이용할 수 없다. 해외 거래소에 비트코인을 보유하던 중 시장 변동성을 피하기 위해 거래소에서 원화로 바꾸는 것은 불가능하다.[9]

그래서 필요한 것이 스테이블코인이다. 스테이블코인은 가상자산 시장의 기축통화로 사용된다. 글로벌 가상자산 생태계 어디에서

---

9 다만 해외 거래소들은 한국을 제외한 다른 국가에서는 은행계좌나 서드파티 플랫폼을 통한 법정화폐의 입금을 지원하고 있다. 예컨대 남아프리카공화국의 이용자는 현지 은행계좌를 바이낸스 거래소에 연결해 남아프리카공화국랜드(ZAR)를 입금하고 가상자산을 매수할 수 있다.

든 편하게 사용할 수 있다. OKX 거래소의 모바일 앱 거래 화면을 보면 USDC, USDT가 표시돼 있다. 이는 USDC나 USDT로 가상자산을 매매할 수 있다는 의미다. 덕분에 투자자는 보유하고 있는 가상자산의 가격이 변동할 경우 스테이블코인으로 바꿔서 손실을 회피할 수 있다.

스테이블코인이 등장한 2014년 이전에는 이 같은 방식으로 손실을 회피하기가 쉽지 않았다. 당시 사람들은 ATM, 은행 입금, 개인 간 거래(P2P) 등을 통해 가상자산을 구입했다. 가령 비트코인 전용 ATM에 돈을 입금하고 지갑 QR 코드를 스캔해 구입하거나 혹은 상대방의 은행계좌에 입금 후 영수증 사진을 찍어서 전달하면 가상자산을 전송받는 식이었다. 이런 방식으로 구입한 가상자산은 가격 변동성에 취약했다. 가격이 하락하면 빠르게 현금으로 매도하기가 어려웠기 때문이다. 하지만 스테이블코인이 등장하고, 거래소에서 가상자산 거래 비중이 늘어나면서 얘기가 달라졌다. 거래소들이 여러 가상자산을 특정 스테이블코인으로 매매할 수 있는 전용 마켓을 도입하면서 투자자들은 가상자산의 가격이 하락하더라도 불안을 덜 수 있다.

둘째, 스테이블코인은 가상자산 매수용 대기 자금의 역할을 한다. 해외 기업의 주식을 사기 위해 환전해둔 달러에 비유할 수 있다. 한국 거래소에 상장되어 있지 않는 애플 주식을 사고 싶다고 하자. 그러면 우선 원화를 달러로 환전해서 증권사 계좌에 예치해두고 적절한 매수 타이밍이 왔을 때 애플 주식을 즉시 매수한다.

스테이블코인도 이와 비슷하다. 국내 거래소에 상장되어 있지 않은 가상자산을 구입하거나 혹은 해외 거래소에서 투자 활동을 하려면 원화가 아니라 스테이블코인을 확보해둬야 한다.[10] 스테이블코인의 가격은 대체로 1달러 선에서 안정적으로 유지되기 때문에 시시각각 변동하는 가상자산을 적절한 타이밍에 즉시 매매하기 위한 자금으로 적합하다.

해외 거래소에서 투자 활동을 하는 과정에서 매수 기회가 왔을 때 자금을 '즉시' 투입하는 것은 매우 중요하다. 어떤 가상자산을 매수하기로 마음먹었는데 실제 매수하기까지 시간이 많이 걸린다면 그 사이에 가격이 오를 수도 있다. 특히 초 단위로 가격이 크게 변동하는 경우에는 해외 가상자산 거래소 지갑에 투자용 자금을 미리 마련해둬야 한다. 이럴 때 유용한 것이 바로 스테이블코인이다.

셋째, 스테이블코인을 현물거래 외에 다양한 금융상품에 투자해 수익을 낼 수 있다. 가상자산 거래소에는 스테이블코인을 활용한 예치, 베팅 등의 상품들이 있다. 예치 상품은 말 그대로 스테이블코인을 예치해 이자를 받는 상품이고, 베팅 상품은 특정 시점의 가상자산 가격에 대한 예측을 바탕으로 수익을 얻는 상품이다. 베팅 상품은 초보자가 이용하기 어렵지만, 예치 상품은 초보자도 쉽게 이용할 수 있고 리스크도 적다. 가상자산 거래소별, 대출 플랫폼별, 시기별,

---

10 물론 비트코인(BTC)이나 이더리움(ETH) 같은 가상자산으로 다른 가상자산을 매매할 수도 있다. 하지만 비트코인, 이더리움 또한 가격 변동성이 있기 때문에 이를 이용해 다른 가상자산을 매매하기란 여간 까다로운 일이 아니다.

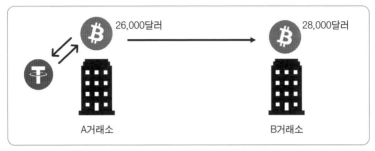

26,000달러　　　　　　　　　28,000달러

A거래소　　　　　　　　　　B거래소

차익거래에 대한 이론적 개념. A거래소보다 B거래소의 비트코인 가격이 더 높을 경우, A거래소에 있는 스테이블코인으로 재빨리 비트코인을 산 다음 B거래소로 보내서 팔면 그만큼 차익을 얻을 수 있다.

예치 금액별로 이자율은 다르지만, 연 10% 안팎의 이자를 주는 상품도 있다. 따라서 가상자산을 매매하지 않을 때는 스테이블코인을 예치 상품에 투자하는 것도 방법이다.[11]

　예치나 베팅 같은 금융상품은 기존 전통 금융시장에 존재하는 것들과 비슷하다. 예치 상품은 시중은행의 수시 입출식 예금 상품과 유사하고, 베팅 상품은 주식이나 선물거래와 비슷하다. 또한 가상자산 투자에 사용하지 않는 스테이블코인을 어딘가에 투자하는 것은 마치 증권사 계좌에 있는 주식 매수용 대기 자금을 발행어음, RP, MMF 같은 상품에 투자하는 것과 매우 흡사하다.

　넷째, 스테이블코인은 이름만 '코인'이고 실제로는 '토큰'이다. 코인과 달리 토큰은 다양한 블록체인 네트워크에서 주고받을 수 있으

11　향후 유럽 기반 가상자산 서비스 업체들은 예치 상품 판매를 중단할 수도 있다. 2023년 5월 승인된 유럽연합(EU)의 '가상자산 포괄규제안(MiCA)'은 가상자산 발행자나 서비스 제공자가 스테이블코인 예금에 이자를 지급하지 못하도록 규정하고 있다.

므로 기동성이 우수하다. (코인과 토큰의 차이점은 50쪽 참고) 그래서 스테이블코인을 주고받을 두 주체 간 블록체인 네트워크가 일치하고, 트래블룰(travel rule, 자금 이동 규칙) 솔루션이 연동돼 있다면 국경이나 시간에 구애받지 않고 돈을 옮길 수 있다.[12] 이 점을 잘 숙지한다면 스테이블코인의 기동성을 활용해 거래소 코인마켓에서 다양한 수익 창출의 기회를 확보할 수 있다.[13]

특히 거래소 간 가상자산의 가격 차이를 이용해 차익거래를 할 때 스테이블코인이 유용하다. 가상자산의 가격은 거래소별 수요와 공급에 따라 조금씩 차이가 있다. 같은 가상자산이라도 종종 A거래소는 가격이 낮고, B거래소는 가격이 높게 형성된다. 이럴 때 A거래소는 해당 가상자산을 매수해 B거래소로 보내 매도하면 차익을 실현할 수 있다. 이것이 바로 차익거래의 기본 개념이다. 차익을 최대한 실현하려면 A에서 B로 가상자산을 최대한 빠르게 이동해야 한다. 이때 스테이블코인을 미리 A거래소에 예치해둔다면, 가격 차이가 발생했을 때 ① A거래소에서 가상자산 매수, ② B거래소로 전송, ③ B거래소에서 매도하는 과정을 빠르게 실행할 수 있다.

A와 B라고 표현했지만, 사실상 이것은 해외 거래소와 국내 거래

---

12 트래블룰은 소위 '코인 실명제'라고도 불린다. 거래소들이 100만 원 이상의 가상자산을 주고받는 송수신자 정보를 확인하고 금융 당국에 보고하는 제도다. 트래블룰 솔루션이 서로 연동된 거래소 간에는 가상자산을 주고받는 데 큰 제약이 없다.

13 가상자산 거래소에서는 다양한 통화를 기준으로 가상자산을 거래할 수 있다. 원화(KRW)로 가상자산을 매매할 수 있는 시장은 원화마켓, 스테이블코인 등의 가상자산으로 비트코인, 이더리움 같은 다른 가상자산을 매매할 수 있는 시장은 코인마켓이라고 부른다.

소를 뜻한다. 국내 거래소에서는 이따금 투자자들의 비이성적인 매수 열기로 인해 가상자산의 가격이 해외 거래소보다 훨씬 높은 현상이 벌어진다. 이를 소위 '김치 프리미엄'이라고 부른다. 혹은 해외 거래소에는 이미 상장돼 있지만 국내에는 상장되지 않은 가상자산이 꽤 많다. 해당 가상자산이 국내에 갓 상장되면 마케팅이나 기대심리 등으로 인해 순간적으로 해외 거래소보다 가격이 높게 형성된다. 이럴 때 미리 해외 거래소에 스테이블코인을 예치해뒀다면, 앞의 ①, ②, ③ 과정을 빠르게 수행해 수익을 극대화할 수 있다.

—

개도국 시민들의 구매력 방어와 부의 보존 수단

평범한 한국인이라면 일상생활에서 구매력 감소를 걱정하지 않을 것이다.[14] 통상 구매력은 물가가 상승함에 따라 감소하는데, 한국의 서민 물가는 가계 살림에 지대한 영향을 줄 정도로 급등하지 않는다. 비록 코로나19라는 예외적인 상황으로 인해 2022년 물가상승률이 전년 대비 2배인 5.1% 증가했지만, 지난 수년간 한국의 물가상승률은 1%대로 안정적이었다.[15]

14　구매력은 한 단위의 돈으로 상품이나 서비스를 구입할 수 있는 능력을 의미하는 경제 용어다.

15　통계청에 따르면 한국의 물가상승률은 2016년 1%, 2017년 1.9%, 2018년 1.5%, 2019년 0.4%, 2020년 0.5%, 2021년 2.5%이다.

그런데 개발도상국의 사람들은 하루하루를 걱정해야 할 정도로 심각한 물가상승률을 경험하고 있다. 2022년 기준 베네수엘라의 물가상승률은 200%, 레바논은 178%, 수단은 138%, 아르헨티나는 94%, 튀르키예는 72%에 달한다. 한국의 물가상승률과 차원이 다르다. 물가가 단기간에 급등하는 만큼 화폐가치는 속절없이 떨어진다. 그러다 보니 일상에서도 여러 문제를 걱정해야 한다. 현지 사업가들은 비즈니스 운영에 큰 타격을 받고, 서민들은 치솟은 장바구니 물가로 인해 생계를 위협받는다.

이런 상황에서 막대한 물가 상승으로 인한 부작용을 그나마 줄이는 방법 중 하나는 미국 달러를 보유하는 것이다. 현지 물가가 급등하면 가치가 계속 떨어지는 현지 화폐보다 미국 달러를 보유하는 것이 상대적으로 더 이득이다. 실제 CNBC나 〈월스트리트저널〉 등 주요 외신들은 막대한 인플레이션을 겪는 개도국 국민들 사이에서 미국 달러로 급여를 받거나, 환전해두거나, 물건 대금을 결제하는 현상이 확산되고 있다는 기사를 보도했다.

문제는 현지에서 은행이나 ATM처럼 정상적인 경로를 통해서는 달러를 구하기 쉽지 않다는 점이다. 환율 관리를 위해 정부가 외환 유출을 통제하고, 환전 가능 액수도 제한한다. 혹은 은행이 자금이 떨어져 장기간 문을 닫기도 한다. 그래서 일부는 사설 환전소나 암달러 시장을 찾는다. 하지만 이러한 비공식 환전 창구는 달러 대비 현지 화폐의 환율이 높다. 그래서 대다수 현지인들은 충분히 환전하지 못해 물가 상승의 직격탄을 맞고 있다.

개도국 국민들은 가치가 떨어지는 자국 화폐로 거래하고, 급여를 받고, 세금을 내면서 치솟는 물가의 고통을 고스란히 겪을 수밖에 없는 걸까? 한번 상상해보자. 현지인들이 온라인 노동으로 달러를 벌 수 있다면 어떨까? 이렇게 번 달러를 은행계좌 없이 디지털 지갑에 보관할 수 있다면 어떨까? 그리고 디지털 달러를 현지 환율로 실물 달러와 교환해 물건값을 내거나 환전 없이 디지털 지갑에서 바로 상대방에게 달러를 입금할 수 있다면 어떨까? 이렇게 하면 어느 정도 구매력을 지킬 수 있을 것이다.

이러한 역할을 달러 기반 스테이블코인이 하고 있다면 믿을 수 있겠는가? 전통 금융 시스템에 익숙한 사람들은 말도 안 되는 소리라며 손사래부터 칠 것이다. 하지만 개도국의 경제 상황을 보도한 여러 외신들에 따르면, 스테이블코인은 개도국에서 점차 구매력 방어와 부의 보존 수단으로 확산되고 있다. IT와 가상자산에 익숙한 현지의 젊은이들은 비트코인과 스테이블코인을 자산으로 축적하고 거래에 활용하고 있다. 일부 현지 기업과 매점은 스테이블코인 결제 옵션을 제공하기도 한다.

CNBC는 지난 2022년 말 레바논의 비트코인 및 스테이블코인 확산에 관해 흥미로운 기사를 보도했다. 레바논은 초인플레이션으로 인해 여러 사람과 점심을 먹으려면 배낭에 레바논 달러를 가득 담아 가야 할 정도로 화폐가치가 폭락한 상태다. 그런데 이 나라에 사는 게브라엘(Gebrael)이라는 청년이 레딧(Reddit)을 통해 일감을 구하고 비트코인으로 급여를 받는다는 내용이었다. 이 기사에 따르면, 게브라엘은 식료품을 구매할 때 먼저 비트코인의 일부를 거래소에서 시총 1위 스테이블코인인 테더(USDT)로 바꾼다. 그런 다음 텔레그램을 통해 테더와 달러를 교환할 사람을 찾은 뒤 오프라인에서 거래를 완료한다. 이처럼 텔레그램 채널에서 거래되는 교환액이 수십만 달러에 이른다고 CNBC는 보도했다.

남미 지역 국가에서도 비슷한 양상이 펼쳐지고 있다. 베네수엘라, 아르헨티나 등 심각한 인플레이션, 법정화폐의 가치 절하, 외화 부족 현상을 겪고 있는 나라에서도 가상자산이 활발하게 사용되고 있다. 마스터카드는 지난 2022년에 진행한 설문조사를 통해 남미 지역 소비자의 약 51%는 이미 가상자산으로 거래해본 경험이 있다고 밝혔다. 특히 그중에서 3분의 1은 스테이블코인을 이용해 일상적인 거래를 해봤다고 전했다.[16]

미국의 블록체인 데이터 분석 업체 체이널리시스(Chainalysis)의 연구도 흥미롭다. 2022년에 진행한 연구에 따르면, 남미 국가에서 1천 달러 이하의 소액 거래에 스테이블코인이 활용되는 비중이 최대 30%에 이른다. 2022년에 물가상승률이 200%에 달했던 베네수엘라는 소액 거래의 34%가 스테이블코인이었다. 아르헨티나, 브라질, 멕시코의 소액 거래에서도 스테이블코인이 적지 않은 비중을 차지했다.

단순 거래뿐 아니라 사실상 디지털 달러로 활용되고 있다는 분석도 내놓았다. 체이널리시스는 아르헨티나 현지인들이 실물 달러를

---

16   Mastercard New Payment Index 2022.

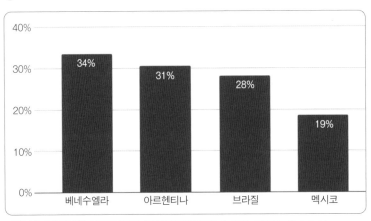

라틴아메리카 국가의 스테이블코인 소액결제 비율(2021. 7.~2022. 6.)(출처 : Chainalysis)

디지털로 저장하는 수단으로 스테이블코인을 많이 사용한다고 전했다. 테더, USD코인 같은 스테이블코인은 미국 달러에 연동돼 있고, 디지털 형식이라 접근성이 좋으며, 실물 달러와 달리 구매 금액에 제한이 없다는 점 때문에 아르헨티나에서 특히 선호한다는 설명이었다.

사실 한 국가에서 이런 현상이 발생하는 것을 정상적이라고 할 수는 없다. 레바논의 경제가 회복되고, 현지 화폐가치가 유지되고, 금융 인프라가 제대로 돌아가야 마땅하다. 그러나 안타깝게도 국가 자체의 문제 혹은 통제 불가능한 대외적인 변수로 인해 레바논 국민들은 미국 달러, 나아가 스테이블코인을 구매력과 부를 보존하는 수단으로 암암리에 활용하고 있다. 레바논뿐만 아니라 아르헨티나, 아프가니스탄, 튀르키예 등 전 세계 개발도상국에서도 비슷한 모습이 나타나고 있다.

물론 현시점에서 스테이블코인이 개도국에서 당장 대중화될 것이라고 예단하기는 어렵다. 코인 자체를 둘러싼 안정성 규제, 인프라 강화, 각국 정부 간의 합의 등 풀어야 할 숙제가 산더미다. 현실 세계에서 스테이블코인의 가능성을 다루고 있기는 하지만, 대중화라는 표현을 그리 쉽게 사용하지는 않을 것이다. 다만 '돈은 곧 신뢰'라는 경제학의 오래된 명제가 깨졌을 때, 그리고 현금 없는 사회가 이미 도래한 상황에서, 스테이블코인이 개도국을 중심으로 활용되고 있는 현상은 분명 주목할 만하다.

—
인터넷 산업의 결제 수요를 극대화하는 지급수단

현대인들은 물건이나 서비스를 구매할 때 돈을 지불한다. 세금이나 과속운전 벌금을 낼 때도 마찬가지다. 돈을 지불할 때 사람들은 현금을 내기도 하지만 계좌이체, 신용카드, 모바일 페이, QR 코드 등 다양한 수단을 이용한다. 이것을 지급수단이라고 한다. 당연히 지급수단은 다양할수록 좋다. 누군가에게서 뭔가를 구매할 때 현금만 지불해야 한다면 불편함이 클 것이다.

기술과 규제가 개선되면서 '지급'의 전통적인 개념이 많이 바뀌었다. 특히 온라인으로 다양한 유료 해외 서비스를 구입하는 것이 일상이 된 요즘 신용카드나 모바일 페이 같은 비현금 지급수단의 중요성은 매우 크다. 해외 음악 스트리밍 서비스, 유튜브 프리미엄, 해외 쇼핑몰 상품을 현금이나 계좌이체로 구입하기는 매우 어렵다. 이렇게 지급수단이 현금에서 비현금으로 다양화된 덕분에 온라인과 오프라인 그리고 국내와 해외에서 무언가를 결제수단이 없어서 못 사는 경우는 거의 없다.

하지만 신용카드도 전 세계 모든 소비자의 결제 문제를 해소하지는 못한다. 국경이 없는 인터넷에서 특히 그렇다. 인터넷에는 수많은 온라인 산업과 글로벌 마켓이 형성돼 있다. 그리고 거래 상품, 거래 금액, 거래 방식에 따라 거액 결제, 소액결제, 1회성 결제, P2P 결제 등 다양한 결제 수요가 존재한다.

예컨대 인터넷으로 비싼 명품 가방을 사려는 수요도 있고, 보고서 표지 디자인용 이미지 파일을 사려는 수요도 있고, 일회용품을 사려는 수요도 있다. 혹은 유료 미디어에서 관심 가는 글이나 기사를 딱 한 편만 읽고 싶거나, 해외 웹사이트나 SNS 장식에 필요한 디지털 이미지 한두 개만 구입하고 싶거나, 인스타그램으로 튀르키예에 사람을 고용해 튀르키예어 문서 작성 한두 개를 맡기고 대금을 지불하거나, 영상 플랫폼에서 한두 편의 콘텐츠만 결제해서 보고자 하는 수요도 있다. 사람들의 구매 욕구는 그만큼 다양하다. 하지만 카드나 모바일 페이 같은 비현금 지급수단도 인터넷 글로벌 세상에 존재하는 수많은 구매 수요를 100% 결제로 이끌어내지 못하고 있다. 1회성 수요, 소액결제 수요는 말할 것도 없다.

왜 그럴까? 우선 플랫폼 가입 절차가 번거롭다. 단지 한두 개의 디지털 이미지, 글이나 기사, PDF 파일만 구입하고 싶다면 해당 상품을 파는 플랫폼에 먼저 가입해야 한다. 그리고 통상 아이디와 패스

워드(ID/PW) 생성, 이메일 및 휴대전화 번호 인증, 2FA 설정, 카드 결제 정보 입력 같은 번거로운 과정을 거쳐야 한다. 게다가 휴대전화 번호 등 개인정보가 나도 모르게 유출되거나 다른 업체에 팔리기도 한다. 하루에도 몇 통씩 주식 리딩방의 스팸 문자가 우리의 스마트폰으로 날아오는 이유다.

회원 가입을 했다고 끝이 아니다. 플랫폼이 소재한 나라에 따라 카드 결제가 불가능한 경우도 제법 많다. 설령 해외 플랫폼에서 카드 결제 자체는 허용되더라도 1회성, 소액결제로 뭔가를 구입하기는 쉽지 않다. 서비스 판매 업체들이 카드 수수료율과 마진율 때문에 애초에 1회성, 소액결제 상품을 판매하지 않는다. 그래서 대부분의 업체들은 월간 구독이나 연간 구독으로 서비스를 판매하며, 결제해야 하는 최소 금액이 존재한다.

게다가 결제 산업과 금융 인프라가 낙후된 나라에는 은행계좌를 발급받지 못한 사람(unbanked)들이 많다. 계좌가 없으니 카드 같은 지급수단도 발급받지 못해 온라인으로 국경 너머의 사람들과 거래하기 어렵다. 인터넷 경제가 대중화된 시대에 개도국 사람들은 대부분 자기가 태어난 나라의 현금을 사용해야 하는 지역경제에 발이 묶여 있다. 이들도 스마트폰은 갖고 있지만 은행계좌나 신용카드가 없기에 온라인 시장에서 거래하기 힘들다. 그래서 대다수의 개도국 사람들은 인터넷이라는 국경 없는 지대에서 충분한 부를 일굴 수 없다.

바로 이 지점에서 스테이블코인이 빛을 발한다. 스테이블코인은 인터넷과 블록체인을 통해 손쉽게 주고받을 수 있다는 점에서 본질적으로는 일종의 정보 데이터다. 그리고 미국 달러 등의 안전자산과 고정환율로 연동돼 있어 현금성을 띠지만 형태상으로는 비현금이다. 은행계좌가 없어도 인터넷 접속이 가능한 모바일 기기를 갖고 있다면 누구나 스테이블코인을 빠르게 주고받을 수 있다.

그저 상대방의 개인 지갑 주소와 블록체인 네트워크를 확인하고, 전송할 스테이블코인을 입력한 다음 서명만 하면 끝이다. 스테이블코인을 전송할 때 블록체인별 전송 속도와 수수료도 다양해서 자신의 입맛에 맞는 것을 선택하면 된다. 인터넷의 속도로 누구나 전 세계 사람들과 돈을 주고받을 수 있다니, 정말 혁신적이지 않은가?

스테이블코인의 이런 특성은 많은 가능성을 열어준다. 특히 인터넷으로 돈을 벌고 싶은 사람이나, 온라인으로 스몰 비즈니스를 하려는 사람들이 활용하면 좋다. 예컨대 개도국 사람들은 자신의 포트폴리오가 담긴 블로그를 개설하고 온라인 영업으로 전 세계 고객으로부터 일감을 받을 수 있다. 기업들이 운영하는 트위터, 인스타그램, 레딧, 미디엄, 링크드인으로 다이렉트 메시지(DM)나 제안서를 보내고 적절한 급여와 작업 기한을 협상하기만 하면 어렵지 않게 일을 구할 수 있다. 해외 고객에게 급여를 받을 때는 자신의 가상자산 지갑 주소를 알려주고 스테이블코인을 입금해달라고 하면 된다.[17] 이렇게 벌어들인 스테이블코인을 거래소나 P2P 플랫폼을 통해 자국 화

---

17 스테이블코인의 순기능을 언급하기 위해, 스테이블코인으로 벌어들인 돈에 대한 소득세 납세는 우선 차치하도록 한다.

폐로 환전해 사용할 수도 있다.

이와 관련해 지난 4월 〈한국경제〉에 흥미로운 기사가 하나 실렸다.[18] 글로벌 웹3.0 기반 송금 서비스를 만드는 한 업체가 나이지리아 프리랜서 직원과 일하고 스테이블코인으로 급여를 지급한 사례에 대한 기사였다. 이 업체는 나이지리아 직원에게 영어 콘텐츠 작성을 맡기고 단어당 0.2달러의 작업비를 스테이블코인으로 지급했다. 계약에 따르면 이 직원은 하루에 400단어짜리 글을 썼을 때 대략 80달러의 일당을 받는 셈이었다. 나이지리아의 하루 평균 소득인 6달러를 10배 상회하는 수준이었다.

온라인 사업자들도 스테이블코인을 이용해 자신의 상품을 소액 단위로 판매할 수 있다. 앞서 말한 것처럼 스테이블코인은 본질적으로 정보 데이터여서 0.01달러로 쪼개서 전송할 수도 있다. 사업자들이 할 일은 웹사이트를 만들고, 스마트 계약(smart contract)[19] 기반의 자동 판매 시스템을 개설하고, 판매 가격을 정하고, 상품을 올리는 것이다. 소비자는 웹사이트에 들어와 상품을 선택하고 스테이블코인을 전송하면 시스템에 의해 자동으로 제공되는 전자책, 이미지, 기사 등 다양한 온라인 콘텐츠를 소비할 수 있다. 사업자는 소비자에게 회원 가입을 요구할 필요 없고, 소비자는 번거로운 로그인이나 결제 장애를 겪을 필요 없다.

---

18 〈은행계좌 없는 나이지리아 직원에게 급여 지급한 비법은?〉, 한국경제, 2023.4.17.
19 스마트 계약이란 계약 당사자들이 사전에 협의한 조건을 미리 프로그래밍한 계약을 말한다. 스마트 계약은 조건이 충족될 때 블록체인 위에서 자동 실행된다.

사업자가 스테이블코인을 통해 얻을 수 있는 또 다른 효용 중 하나는 정산 주기가 없다는 점이다. 카드 결제 모듈을 통해 사업자가 번 돈이 정산되어 은행계좌에 입금되기까지 시간이 걸린다. 특히 사업자가 오픈마켓 같은 곳에 입점해 있다면 정산 기간은 더욱 늘어난다. 이로 인해 사업자들은 종종 운전자금 부족에 빠지고, 심하면 흑자도산을 겪기도 한다. 그런데 스테이블코인은 고객의 지갑에서 사업자의 지갑으로 직접 전송된다. 중간에 카드사 같은 플랫폼이 없으므로, 사업자는 긴 정산 주기로 인한 어려움을 겪지 않는다.

—
무르익는 기술과 시장

지금까지 스테이블코인의 문제점보다 유용성을 주로 설명했다. 어쩌면 스테이블코인이 불법 자금 전송에 활용될 가능성이라든가, 기존의 통화 시스템과 결제 산업에 일대 혼란을 일으킬 가능성을 떠올리는 사람들도 있을 것이다. 모두 타당한 생각이다. 지금까지 세상에 등장한 여타 기술들처럼 스테이블코인 또한 바람직하지 못한 방식으로 활용될 수 있다. 어떤 기술이든 양면성은 존재하는 법이다. 하지만 적어도 스테이블코인은 금융의 패러다임을 바꾸고, 인터넷의 GDP를 증가시키고, 금융 포용(financial inclusion)을 구현할 가능성이 더 크다.

스테이블코인이 몇몇 마니아들의 장난감에 불과하다면 전 세계 금융 당국이나 기업들이 많은 관심을 보이지 않을 것이다. 그러나 뉴스를 검색해보면 스테이블코인에 관한 기사와 보고서가 전 세계에서 매일같이 쏟아지고 있다. 특히 최근에는 유럽연합(EU)이 세계 최초로 가상자산에 관한 포괄규제안(MiCA)을 만장일치로 통과시켰다.

이 규제안은 가상자산 사업자의 자격 취득을 강제하고, 투자자의 자산 분실을 사업자가 책임지며, 스테이블코인의 준비금은 발행액의 100% 이상 보유하는 등 다양한 요건을 의무화하고 있다. 이런 규제안은 스테이블코인이 안전하고 합법적인 금융자산으로 자리 잡는 데 큰 도움이 될 것이다. 나아가 스테이블코인을 활용한 글로벌 사업체들이 폭발적으로 성장할 수 있는 밑거름이 될 것으로 전망된다.

시장의 관심과 자원도 스테이블코인으로 많이 몰리고 있다. 시가총액의 변화가 가장 큰 증거다. 상위 10개 스테이블코인의 시가총액은 2020년 1월 기준 55억 달러(약 6조 원)에 불과했지만, 2022년 말에는 1,510억 달러(약 185조 원)로 약 2,600% 급증했다.[20]

1달러 안팎을 유지하도록 설계된 스테이블코인의 시가총액이 이렇게 급증했다는 것은 그만큼 발행량이 늘어났다는 얘기다. 발행량이 늘어났다는 것은 수요가 많다는 뜻이다. 실제로 2년 동안 디파이(DeFi) 시장의 성장, 코로나19로 인한 유동성 증가 등 여러 요인들이

20　가상자산 정보 플랫폼 코인마켓캡 기준.

스테이블코인의 수요를 촉진했다.[21]

한편 스테이블코인은 가상자산 시장에 관한 대중의 부정적인 시선과 관점을 긍정적으로 바꾸는 계기가 될 수도 있다. 사람들은 대체로 '가상자산' 하면 비트코인, 테라-루나, 가격 변동, 투자 실패 같은 키워드를 떠올릴 것이다. 가상자산 시장의 상승 동력은 적어도 지금까지는 구체적인 쓸모보다 가수요와 투기였다.

하지만 달러와 같은 법정화폐와 고정환율로 연동된 스테이블코인은 실질적인 수요를 창출할 수 있다. 물론 아직 갈 길은 멀지만 기술은 보완되고 있고, 규제는 마련되고 있으며, 시장은 점차 성장하고 있다. 또한 근본적으로 가격이 변동할 수밖에 없는 여타 가상자산과 달리 가치와 가격도 훨씬 안정적이다. 비트코인을 법정화폐로 사용하려는 일각의 시도[22]가 있기도 했지만, 지속 가능성에 대한 의문은 여전하다.

2022년 연준의 금리 인상 여파로 인해 가상자산 시장의 유동성이 많이 줄어들었다. 소위 말하는 '크립토 윈터'가 도래한 것이다. 하지만 가상자산뿐 아니라 그 어떤 시장도 호황과 불황이 있는 법이다.

21　스테이블코인의 발행량이 순수한 수요에 의해서만 증가한 것이라고 보긴 어렵다. 발행사들이 특정 가상자산의 가격 상승을 유도하기 위해 스테이블코인을 무작위로 발행했다는 의혹도 있다.

22　비트코인을 화폐로 사용하려는 시도가 없지는 않았다. 엘살바도르와 중앙아프리카공화국은 비트코인을 법정화폐로 채택한 바 있다. 그러나 비트코인은 근본적으로 가격 변동성이 크기 때문에 화폐로서 부적절하다. 또한 비트코인의 결제 속도를 개선하기 위한 기술인 라이트닝 네트워크가 존재하지만, 결제 채널 개설 수수료, 대규모 결제 불가, 해킹 취약성 등의 문제점이 제시되고 있다.

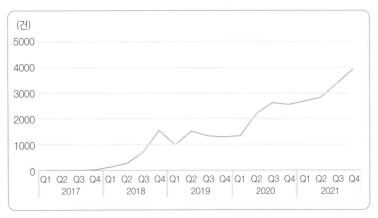

(건)

미디어에서 스테이블코인 언급량 추이(출처 : CB Insights)

오히려 가상자산 업계에서는 시장이 수년 내에 회복할 것으로 전망하고 있다. 이를 위한 기반을 다지고 있는데, 그 중심에는 스테이블코인이 있다.

스테이블코인에 관한 규제와 기술력, 인식도 많이 변화하고 있다. 스테이블코인은 전통 금융 및 규제와 밀접한 관계를 맺으면서도, 대중과 블록체인을 잇는 유용한 다리가 될 수 있다. 스테이블코인이 차세대 금융의 서막을 열어젖힌다고 표현한 이유다. 이 새로운 지급수단이 시장과 사회에 어떤 기회를 가져다줄지 주목할 필요가 있다.

코인은 무엇이고, 토큰은 무엇일까?

코인과 토큰은 둘 다 가상자산이다. 그리고 이를 발행한 주체도 존재한다. 규모가 큰 기업이 발행할 수도 있고 소수의 멤버로 구성된 팀이 발행할 수도 있다. 결정적인 차이는 '메인넷(mainnet)'이라고 불리는 자체 블록체인 네트워크가 있느냐이다. 기업이나 팀이 자체적으로 개발한 블록체인 네트워크에서 유통되는 가상자산은 '코인'이다. 반면 이미 개발되어 운영 중인 여타 블록체인 네트워크에 의존하여 발행된 가상자산은 '토큰'이다.

코인과 토큰을 지주와 소작농에 비유해보자. 코인은 자체 영토를 기반으로 운영되고 유통되는 가상자산이다. 굳이 다른 영토에 의존할 필요 없이 자체 영토 내에서 활동한다. 영토를 소유한 지주인 셈이다. 하지만 토큰은 자체 영토 없이 다른 영토를 빌려 쓰는 임대인이다. 그래서 임대한 영토에 종속적이다.

이더리움은 러시아 출신 천재 개발자 비탈릭 부테린이 공동 개발한 블록체인 네트워크다. 이더리움 네트워크에는 이더(Ether)라 불리는 코인이 있다. 시가총액 기준 전 세계 2위에 해당하는 대형 가

코인(왼쪽)과 토큰(오른쪽)(출처 : Olliv)

상자산이다. 이더는 이더리움 네트워크라는 '영토'에서 발행되고 유통된다.

테더(USDT)와 USD코인(USDC)은 토큰이다. 이더리움 네트워크를 비롯한 여러 블록체인에서 발행되고 유통될 수 있다. 이더리움 기반의 테더와 USD코인은 ERC-20이라는 이더리움의 기술 표준에 맞춰 발행되고 유통된다. 즉, 이더리움이라는 '임대' 영토에서 활동할 수 있다.

그런데 토큰은 꼭 하나의 블록체인 네트워크에서만 발행 및 유통 가능한 것은 아니다. 트론, 솔라나, 폴리곤, 아발란체와 같은 다양한 블록체인 네트워크에서도 발행할 수 있다. 덕분에 사용자들은 자신이 이용하는 블록체인을 통해 스테이블코인을 주고받을 수 있다. 하나의 블록체인이 아니라 여러 개의 블록체인을 활용할 수 있는 스테이블코인을 '멀티체인 스테이블코인'이라고도 한다.

02

스테이블코인에 대한
간략한 역사

Stablecoin

—

최초의 스테이블코인과 믿음의 상대성

스테이블코인은 등장한 지 10년 정도 된 가상자산이다. 길다면 길고 짧다면 짧은 기간 동안 각종 풍문과 구설에 시달려왔다. 스테이블코인 발행사들이 주장하는 '안정성'과 '신뢰성'이 미덥지 못하기 때문이다. 그리고 테더 폰지 사기 의혹, 테라-루나 폭락, 실리콘밸리은행(SVB) 파산 등 일련의 사건들도 스테이블코인에 대한 의심을 지울 수 없는 계기로 작동했다.

그럼에도 스테이블코인 시장은 등락을 거듭하면서 꾸준히 발전해왔고, 현재 200조 원 규모를 형성하고 있다. 2023년 5월 기준 시가총액만 보면 약간 정체기가 온 모양새이지만, 여전히 많은 가능성과 기회가 있다. 중요한 규제들도 이제 막 통과되기 시작했다. 그런 점에서 지난 10년간 스테이블코인 시장에 있었던 일들을 먼저 살펴

볼 필요가 있다.

최초의 스테이블코인은 무엇이며 언제 처음 등장했을까? 알려진 바에 따르면 2014년에 출시된 비트USD(BitUSD)이다. 비트셰어토큰(BTS)이라는 또 다른 가상자산을 담보로 발행되었다. 사용자는 비트USD 가격의 1.5~2배 이상 되는 비트셰어토큰을 예치해야 1개의 비트USD를 발행할 수 있었다. 이런 형태를 과담보(담보를 과하게 잡음)라고 한다. 사용자(대출자)가 비트USD를 정해진 기간 안에 못 갚거나, 담보로 잡은 비트셰어토큰의 가격이 기준치 이하로 떨어지면 시스템이 자동으로 청산해서 손해를 예방한다.

쉽게 말해 '전당포'와 비슷한 구조다. 전당포는 귀금속, 명품 가방 등을 담보물로 잡고 돈을 빌려주는 제3금융 대부업체다. 대출자가 전당포에서 현금 100만 원을 빌리려면, 통상 100만 원 이상의 가치를 가진 담보를 요구한다. 혹시 모를 손해를 방지하기 위해서다. 대출자가 돈을 제때 안 갚을 수도 있고, 저당으로 맡긴 물건의 가치가 100만 원보다 떨어질 수도 있기 때문이다. 그 경우 전당포 주인은 담보물을 임의로 팔 것이다. 여기서 담보물은 비트셰어토큰, 대출금은 비트USD, 전당포는 자동청산 시스템이라고 생각하면 된다.

비트USD는 실험적이며 지속 가능하기 어려운 스테이블코인이었다. 담보인 비트셰어토큰은 초창기 가상자산인 만큼 규모가 충분하지도 않았고, 가치가 검증되지도 않았으며, 가격 변동성도 높았다. 그래서 갑자기 비트셰어토큰의 가격이 기준치 이하로 폭락하면, 대출자(사용자)가 맡긴 담보가 대출자의 동의 없이 강제 청산될 수도 있었다. 비트USD 대출자는 담보로 맡긴 비트셰어토큰의 가격을 확인하고 대응할 준비를 해야 했다. 여러모로 불편한 스테이블코인이었다. 그 구조를 이해하기도 어려웠다. 결국 비트USD는 2019년경 비트셰어토큰의 가격이 폭락하면서 역사의 뒤안길로 사라졌다.

한참 전에 사라진 이 최초의 스테이블코인 얘기를 길게 꺼내는 이유가 있다. 스테이블코인의 가치와 가격은 궁극적으로 담보가 얼마나 안정적이며 신뢰할 만한지에 달려 있다. 데이터 조각에 불과한 스테이블코인이 일정한 가치를 유지하는 '자산'으로 인식되려면, 그것의 가치를 뒷받침하는 담보가 믿을 만한 것이어야 한다. 그 담보를 믿는 사람들이 가능한 많을수록 좋다. 담보의 발행량이 조작 가능하거나, 물량이 충분하지 않거나, 쓸모가 불확실하다면 사람들은 그 담보를 기반으로 하는 스테이블코인을 사용하지 않을 것이다.

2023년 현재 스테이블코인의 대표적인 담보는 미국 달러, 가상자산, 금이다. 각 담보를 기반으로 하는 주요 스테이블코인으로는 테더, 다이(DAI), 팍소스골드(PAXG)가 있다. 테더는 전체 스테이블코인 시가총액의 60% 이상을 차지한다. 그래서 얼핏 생각하면 스테이블코인의 가치를 유지할 유일한 담보는 미국 달러뿐인 것처럼 보인다. 그러나 담보에 관한 믿음은 사람마다, 진영마다 다르다. 달러의 발행국인 미국의 국력을 신뢰하는 진영은 테더나 USD코인 같은 스테이블코인을 지지하지만, 연준의 입맛에 따라 사실상 무한대로 발행 가능한 미국 달러를 신뢰하지 않는 진영은 다이를 지지하고 사용한다. 또, 인류가 유일하게 신뢰할 만한 자산은 금이라고 생각하는 이들은 금 연동 스테이블코인 팍소스골드를 보유한다.

어느 시장이나 마찬가지이겠지만 스테이블코인 시장도 각자 자신이 믿는 신뢰의 원천과 지향하는 가치에 따라 여러 갈래로 나뉜다. 그런 점에서 비트USD는 누군가의 개입 없이 온전히 가상자산의 수요, 시스템, 알고리즘에 의해 작동하는 가상자산을 만들 수 있다는 믿음의 결과물이다. 비트셰어토큰의 가격이 계속 증가해 일정한 규모를 이룬다면 신뢰할 만한 담보물로 기능할 것이라는 믿음과 예측이 비트USD라는 최초의 스테이블코인을 만들어냈다. 물론 시장에서 성공적인 결과를 낸 것은 아니었지만 말이다.

—

은밀한 1인자, 테더 스테이블코인

다분히 실험적이었던 비트USD가 사라진 즈음 출시된 것이 바로 테더였다. 오늘날까지 스테이블코인 시총 1위를 굳건히 지키고 있는 테더는 법정화폐인 미국 달러와 1 : 1 고정환율로 연동된 형태다.

테더 스테이블코인 가상 이미지
(출처 : Coingape)

테더 발행사 테더 리미티드(Tether Limited)는 테더 1개당 1달러의 가격을 유지하는 것을 목표로 한다. 그래서 금융기관에 예치해둔 미국 달러와 미국 단기채권에 비례해 테더를 발행한다고 주장한다.

여기서 '주장한다'라고 표현한 이유가 있다. 테더 리미티드가 지금까지 발행한 테더만큼의 담보를 제대로 보유하고 있는지 확실하지 않기 때문이다. 테더의 총발행량과 담보자산의 구성 내역은 자사 홈페이지에 공개하고 있지만, 담보자산을 어떤 은행에 예치했으며 어떤 운용사를 통해 미국 채권에 투자하고 있는지는 공개하지 않고 있다. 그런데도 테더는 현재까지 시총 1위 스테이블코인의 자리를 굳건히 지키고 있다. 2023년 6월 기준 테더의 시총은 무려 830억 달러(약 108조 원)이며, 가격도 개당 1달러를 안정적으로 유지하고 있다.

1인자의 은밀함은 많은 이들의 의심을 자아내기에 충분했다. 〈월스트리트저널〉이나 블룸버그 같은 주요 외신들은 테더와 발행사에 대해 끊임없이 의혹을 제기했다. 테더 담보자산의 불투명성, 테더 리미티드 경영진에 대한 의혹 등 테더를 둘러싼 저격 기사들이 쏟아졌다. 벌금을 부과받은 사건도 있었다. 지난 2019년 테더 리미티드는 담보자산 손실 내역을 고객에게 은폐한 혐의로 뉴욕주 법원으로부터 2021년에 벌금 1,850만 달러(약 200억 원)를 부과받았다. 같은 해에는 담보자산에 대한 정보를 투자자에게 잘못 제공한 혐의로 4,100만 달러(약 488억 원)의 벌금을 부과받았다. 그동안 테더의 가격은 몇 차례 휘청이면서 1달러 유지에 실패(디페깅)[23]하기도 했다.

테더는 숱한 논란을 불러일으켰지만, 전반적으로 시총은 꾸준히

---

23 페깅(pegging)은 화폐가치를 무언가와 고정함으로써 유지하는 것이고, 디페깅(depegging)은 이러한 고정 상태를 유지하지 못하는 것이다.

성장했다. 나름의 리스크 관리 덕분인지, 고도의 마케팅 전략인지, 미국 달러의 후광을 입은 덕분인지 아니면 테더 사용자들 사이에서 종교적 팬덤이 형성되었는지는 명확하지 않다. 아무튼 테더는 가상자산 시장의 성장세에 크게 기여한 것으로 평가된다. 가상자산 투자자들은 더 이상 가격 변동성이 큰 비트코인이 아니라 가격 변동성이 적은 테더를 이용해 다른 가상자산을 거래한다.

투자한 가상자산의 가격이 흔들리면 재빨리 테더로 바꿔 리스크를 헤지(hedge)하고, 투자를 물색하는 동안 투자금을 보관할 때도 테더를 활용한다. 테더는 가상자산 거래쌍(trading pair)이자 리스크 헤지 수단, 가치 저장용 자산으로 자리 잡기 시작했다. 가치 변동성이 큰 가상자산 시장에서 '가치 안정성'은 그 자체로 상품성이 있고, 테더는 그런 상품성을 가진 스테이블코인이다. 가상자산 거래소들은 하나둘 테더를 적용해 투자자들의 거래 편의를 도모했다.

—
2인자의 등장과 USD코인의 추격

테더에 이어 새로운 스테이블코인이 하나둘 출시됐다. 규제를 준수하고 투명성을 강화한 스테이블코인을 통해 시장의 한 축을 점유하려는 회사들이 출사표를 던졌다. 대표적으로는 서클(Circle)과 팍소스(Paxos)가 있다. 이들은 유명 투자사로부터 막대한 투자금을 유치하면서 스테이블코인 시장에 등장했다.

USD코인 가상 이미지(출처 : 셔터스톡)

　서클은 USD코인(USDC)을 통해, 팍소스는 팍스달러(USDP)를 통해 스테이블코인의 미래를 제시했다. 가상자산 투자를 넘어 인터넷이라는 신대륙에서 결제와 송금에 스테이블코인이 사용될 것이라고 내다봤다. 현실 세계의 돈은 은행과 금융망 내에서 제한적으로 움직이지만, 금전적 가치를 지닌 정보 데이터인 스테이블코인은 인터넷 세상을 자유롭게 오갈 수 있다. 은행계좌가 없어도 인터넷을 이용할 수 있는 사람이라면 누구나 돈을 주고받을 수 있다. 인터넷이 정보의 장벽을 허물어뜨렸다면, 스테이블코인은 금융의 장벽을 허물어뜨릴 수 있다. 서클과 팍소스는 바로 이 점에 주목했다.

　특히 서클의 성장세는 심상치 않았다. 서클의 목표는 미국 금융당국의 은행 규제를 바탕으로 글로벌 디지털화폐 은행이 되는 것이다. 디지털통화 기술을 기반으로 준비금(reserve)을 토큰으로 마련해 훨씬 자유롭고 탄력적인 글로벌 디지털 지급결제 시스템을 갖춘 은행이 되는 것이 서클의 비전이다. 서클은 '인터넷 속도로 이용 가능한 디지털 달러'라는 매력적인 캐치프레이즈를 내세워 2018년 USD코인을 출시했다. 미국 월스트리트 최고의 투자은행 골드만삭스로부터 투자를 받기도 한 서클은 출범 초기부터 규제를 준수하겠다는 입장을 내세웠다. 테더와 매우 상반되는 행보였다.

서클은 철저히 미국 금융 당국의 편에 섰다. 미국 코인베이스 거래소와 함께 센터 컨소시엄(Centre Consortium)을 만들어 미국 규제 당국의 송금 규제 표준을 준수하는 데 각별한 노력을 기울였다. 보수적인 금융 당국의 심기를 최대한 건드리지 않기 위함이었다. 서클은 담보자산 관리 위임, USD코인 보유량 증명 등을 통해 최대한 규제 당국과 결을 맞추려고 했다. 미국 달러, 국채 등 고품질의 유동자산에 의해 USD코인의 가치가 뒷받침되고 있으며, 독립적인 회계법인을 통해 담보자산의 구성 정보를 자발적으로 공시했다.

그래서인지 USD코인의 성장과 반대로 테더의 입지가 점차 좁아지는 모양새를 보였다. 수년간 '선점 효과'를 누려왔던 테더의 시장 지배력은 2021년 말 처음 50% 아래로 떨어졌다. 그리고 후발 주자인 USD코인은 점차 테더의 시총을 따라잡기 시작했다. 2022년 상반기에 테더와 USD코인의 시장점유율은 각각 43.8%, 36.3%로 집계됐다.

당시 업계에서는 USD코인이 곧 테더를 추월할 것이라는 예측도 이어졌다. 특히 2022년 5월에 벌어진 테라-루나 사태는 USD코인과 테더의 시장점유율이 역전될 뻔한 계기였다. 당시 테라와 루나의 가격 폭락으로 불똥을 맞은 테더는 가격이 1달러 이하로 떨어지면서 잠시 디페깅을 겪었다. 테더 투자자들의 상환 요청이 몰렸고, 테더 리미티드는 70억 달러를 상환해주었다. 반면 USD코인에 매수세가 몰리면서 공급량과 시가총액도 증가했다.

가상자산 시장 분석 업체인 아케인 리서치(Arcane Research)는 투자자들이 디페깅된 테더에서 차익을 거둔 다음 USD코인을 매수했기 때문이라고 분석했다. 투자자들이 1달러 이하에서 싸게 매수한 테더를 테더 리미티드에 상환하고 받은 1달러로 USD코인을 매수한 결과 두 스테이블코인의 점유율이 좁혀졌다는 설명이다. 이렇게 좁혀진 시장점유율이 한동안 이어지면서 USD코인이 테더로부터 시장의 주도권을 뺏을 것이라는 전망도 제기됐다. 시장 분석가들은 결국 테더의 불투명성에 대한 대중의 불안감이 테라-루나 사태 같은 시장의 이슈 속에서 투매로 이어진 것이라고 분석했다. 다만 이후에 테더의 가격이 언제 그랬냐는 듯 1달러로 회복되면서 안정성에 대한 우려는 사그라들었다.

페이스북의 스테이블코인 출시 계획

USD코인이 출시된 다음 해 가상자산 업계에 빅 뉴스가 전해졌다. 페이스북이 자체 스테이블코인을 기반으로 글로벌 송금 서비스 사업을 추진하겠다는 소식이었다. 이른바 '리브라(Libra)'의 출시 계획이었다. 2019년 6월 18일 페이스북이 주도하는 '리브라 연합'은 가상자산 리브라의 출시 계획을 담은 백서를 공개해 세간의 눈길을 끌었다.

리브라는 모바일 전자지갑 '칼리브라'를 통해 누구나 송금과 결제에 사용할 수 있는 글로벌 단일 가상자산을 표방했다. 특히 리브라는 '리브라 연합'이 출자한 준비금을 담보로 하는 스테이블코인의 형태였다. 달러, 유로, 엔화 등 가치가 안정적이고 유동성이 높은 자산으로 구성돼 있어 리브라의 가격 변동성이 낮다는 것이 백서의 골자이다. 테더 및 USD코인의 가격 유지 메커니즘과 거의 비슷한 구조다.

리브라는 과거 싸이월드에서 판매하던 '도토리'와 유사하다. 말하자면 돈을 지불하고 충전해서 사용하는 포인트 시스템 같은 것이다. 다만 그 자체로 금전적 가치를 지니도록 설계되었고, 훨씬 개방된 플랫폼에서 사용될 수 있다는 점이 달랐다. 리브라 백서에 따르면 사용자는 돈을 입금하고 모바일 지갑에 스테이블코인 리브라를 충전할 수 있다. 이를 수십억 명의 사용자가 존재하는 페이스북 생태계 내에서 다양한 경제활동을 하는 데 사용할 수 있다. 구상 자체만 놓고 보면 리브라는 '세계화폐'가 될 가능성을 충분히 품고 있다. 특히 높은 금융 장벽으로 인해 지역경제와 현금경제에 발이 묶여 있는 금융 소외계층에게 금융의 자유를 제공하는 도구로도 일견 타당하다.

하지만 사기업이 주도하는 글로벌 단일통화 출시 계획은 각국 중앙은행과 금융 당국의 심기를 건드리고 말았다. 리브라 백서가 공개되자마자 페이스북은 거센 비판에 직면했다. 미국 의회는 곧바로 청문회를 개최해 리브라가 미국의 통화 주권과 금융 안정성을 흔들 수

미국 하원 금융서비스위원회의 청문회에 참석한 마크 저커버그. 뒤에는 그의 리브라 계획을 풍자하는 '저크벅(ZUCK BUCK)' 이미지가 걸려 있다. 'ZUCK'는 '저커버그', 'BUCK'은 '달러'를 뜻하는 표현이다.(출처 : Mashable)

있다고 지적했다.

리브라는 마치 달러 발권력을 가진 미국 연준의 위상에 도전하는 모양새였다. 또 페이스북이 리브라를 통해 은행 사업에 나설 경우 기존 시중은행의 수익성에 악영향을 끼칠 수 있다는 점도 꼬집었다. 그 외에도 리브라가 돈세탁, 세금 회피, 특정국 경제제재 우회 수단, 소비자의 개인정보 침해 등에 사용될 가능성도 제기됐다. 주요 7개국(G7)을 비롯해 유럽중앙은행과 독일 정부 등 전 세계 정상들도 리브라가 각국의 통화 주권을 침해할 것이라며 반대 의견을 냈다.

페이스북 CEO 마크 저커버그는 2019년 10월 미국 하원 금융서비스위원회의 청문회에 참석해 리브라에 대한 세간의 우려를 불식하기 위한 호소를 했다. 페이스북은 리브라 협회의 회원사 중 하나일 뿐이며 금융 생태계를 독점하거나 미국의 위상을 위협할 의도가 없음을 강조했다. 또한 미국이 디지털화폐를 선제적으로 도입하지 않으면 다른 나라(중국)가 앞서 나갈 것이라는 논리를 펼쳤다. 그러나 리브라는 기존 금융통화 기득권과 정치인들의 반대를 넘지 못했고, 저커버그는 리브라 발행을 연기하겠다며 한 발 물러섰다.

다음 해인 2020년 4월 리브라 협회는 수정된 계획을 발표했다. 초창기에는 여러 법정통화로 구성된 바스켓(basket)과 연동된 단일 통화의 형태로 리브라를 출시할 계획이었지만, 수정된 계획에서는 미국 달러, 유로화 등 각각의 통화에 연동된 개별 리브라코인을 출시하는 것으로 방향을 바꿨다. 정치권의 우려를 줄이기 위해 자금 세탁 방지 등의 규정도 준수할 것임을 명시했다. 그럼에도 리브라 프로젝트는 정치권의 압박을 넘어서지 못했다. 리브라 협회는 리브라를 '디엠(Diem)'으로 변경하고 2021년 출시를 시도했으나 결국 프로젝트는 무산되고 말았다.

이 사건은 스테이블코인이라는 이름이 전 세계적으로 가장 많이 알려짐과 동시에 기존의 통화 질서를 위협하는 이단아처럼 비쳐진 계기였다. 미국이 페이스북 주도의 리브라 프로젝트에 힘을 실어줬다면 지금쯤 리브라는 수십억 명이 가입된 페이스북의 생태계에서 유통되는 거대한 디지털통화로 자리 잡았을 수도 있다. 그랬다면 테더나 USD코인을 거뜬히 능가하는 것은 물론 은행계좌가 없는 전 세계의 14억 명을 플랫폼 경제로 끌어와 인터넷의 GDP를 높이는 데 기여했을지도 모른다.

리브라 프로젝트가 완전히 좌초된 지 약 2년이 흐른 2023년 현재, 마크 저커버그가 미국 하원에서 했던 예언은 단순한 경고가 아니라 정말 현실이 되고 말았다. 리브라 프로젝트가 주춤하는 사이 중국은 중앙은행 디지털화폐(CBDC)를 출시하고 시범적으로 도입하면서 디지털화폐 시대를 앞서 나가고 있다. 실물 위안화의 디지털 버전인 디지털 위안화(E-CNY)는 모바일 전자지갑을 통해 이용할 수 있다. 2020년 중국 내 일부 도시에서 디지털 위안화를 시범 운영한 데 이어 베이징 올림픽, 춘절 등 주요 행사에서 디지털 위안화를 배포하며 속도를 내고 있다.

—

스테이블코인에 힘 싣는 유럽연합과 일본

리브라 프로젝트가 좌초된 이후 스테이블코인의 규제에 대한 논의는 점진적으로 이어졌다. 전 세계 금융 당국 관계자들은 대체로 양가적인 입장이었다. 스테이블코인이 결제 시스템을 혁신할 디지털 금융 기술이지만 금융 시스템을 위협할 가능성도 있기 때문이다. 특히 2022년 5월 12일 테라-루나 사태가 발생하면서 규제 마련을 위한 당국의 움직임도 빨라졌다.

스테이블코인에 관한 최근 규제 중 가장 주목할 만한 것은 단연 '미카(MiCA)'이다. 미카 규제안은 2023년 5월 유럽연합 이사회가 최종 승인한 세계 최초의 가상자산 포괄규제안이다. 2020년 처음 논의된 이래 3년 만에 현실화된 미카 규제안은 유럽연합 27개국에 동시에 적용된다는 점에 의의가 있다.

현재 전 세계 각국은 가상자산 산업에 대해 각기 다른 관점과 규제를 채택하고 있다. 가상자산 시장과 생태계는 초국가적인 성격을 가진 만큼 각국의 규제안이 어느 정도 호환될 필요가 있다. 이런 상황에서 유럽연합의 27개 회원국들은 하나의 질서 속에서 가상자산 산업을 육성해나갈 수 있다. 세계 최강대국인 미국조차 아직 마련하지 못한 포괄적인 규제를 유럽연합이 먼저 공식화한 것이다.

2024년 6월부터 발효될 예정인 이 규제안은 가상자산 관련 사업자의 사업 자격 취득, 가상자산 발행 및 거래 투명성 확보, 정보 공시 등을 의무화한다. 이를 통해 투자자 보호와 디지털 자산 시장의 신뢰도를 강화하는 데 초점을 맞추고 있다.

특히 미카 규제안은 유럽연합 관할 지역 내의 스테이블코인 사업 운영에 관한 구체적인 지침을 언급하고 있다. 예컨대 유럽에서 스테이블코인 등 가상자산 서비스업을 하려는 기업들은 27개 회원국 중 한 곳에서 사업자 등록을 해야 한다. 스테이블코인의 담보자산은 총 발행량의 100% 이상 갖춰야 하며, 거래 상한선은 일일 거래액 기준 2억 유로(약 2,710억 원)로 제한된다.

앞서 2023년 2월 유럽연합 위원회는 은행들의 스테이블코인 보유 조건을 완화하는 방안을 추진하기도 했다. 블록체인 전문 매체 코인데스크(CoinDesk)에 따르면 위원회는 비트코인, 이더리움 등 가상자산에는 1,250%의 위험 가중치를 부과하되, 금 등의 자산에 연동된 스테이블코인의 위험 가중치는 250%로 낮추는 것을 골자로 하는 법안의 초안을 발표했다. 또한 이 초안은 미국 달러와 같은 법정화폐 기반의 스테이블코인은 신용 위험이나 시장 위험이 없는 한 기초자산과 동일하게 취급하는 것을 목표로 한다. 아직 최종 법안은 아니지만, 스테이블코인에 대한 EU의 긍정적인 입장을 보여준다는 점에서 눈길을 끈다.

EU의 포괄적 규제와 방향성은 가상자산, 특히 스테이블코인 시장의 불공정 거래 관행과 정보 비대칭 문제를 해소해 시장의 신뢰도를 높이는 데 도움이 될 것으로 전망된다. 그동안 가상자산 시장에서는 거래소나 코인 프로젝트 같은 공급자가 일반 투자자보다 압도적으로 유리한 위치를 차지했다. 일반 투자자가 제대로 된 투자 의사 결정을 내리는 데 참고할 수 있는 정보도 대부분 숨겨져 있었다. 그런데 미카 규제안은 가상자산 발행자가 엄격한 표준을 준수하고, 가상자산의 특성, 위험, 잠재적 수익 등 다양한 정보를 투명하게 제공할 것을 요구하고 있다. 정보 비대칭을 해소함으로써 디지털 자산 시장을 개선하기 위함이다.

특히 미카 규제안에서 주목할 만한 부분은 스테이블코인 담보자산에 대한 규제다. 미카 규제안은 스테이블코인 사업자들에게 스테이블코인 발행 면허 취득, 백서 개발, 자본 요건 취득, 자본 공시 등을 요구한다. 특히 유사시에 스테이블코인 보유자들이 100% 환불받을 수 있도록 충분한 담보자산을 보유 및 운영하도록 강제한다. 유럽연합에 법인을 두고 스테이블코인 사업을 하려는 기업이라면 정기적인 회계감사와 공시 책임을 져야 한다는 의미다.

이 같은 지침은 결국 스테이블코인 사용자들의 잠재적인 손실을 예방하고, 스테이블코인이 결제수단으로 자리 잡도록 하기 위한 것이다. 영국령 버진아일랜드에 본사가 있는 테더 리미티드가 유럽연합 회원국 중 한 곳에서 사업하고자 한다면 회계감사와 공시 의무를 져야 한다. 물론 테더 리미티드가 유럽연합에 사업자 등록을 할 가능성이 크지는 않다.

한편 스테이블코인 시장의 전망은 희비가 엇갈린다. 지난 2022년 3월 연방준비제도(Fed)가 금리 인상을 본격화하며 시장 유동성이 감소했고, 같은 해 5월에는 테라-루나 사건이 터지면서 가상자산 시장 전체에 먹구름이 끼었다. 2023년 3월에는 실리콘밸리은행(SVB)의 파산으로 시가총액 2위인 USD코인의 가격이 흔들리기도 했다. 이러한 이슈들로 인해 이른바 크립토 윈터가 초래됐고, 가상자산 거래량도 크게 감소했다. 그러다 보니 가상자산 시장의 기축통화인 스테이블코인의 상황도 좋지는 않다.

하지만 유럽연합이 공식화한 미카 규제안 덕분에 가상자산 산업이 유럽 27개국에서 질서 있게 확장될 기회가 마련된 점은 분명 희소식이다. 약 5억 명의 인구가 거주하는 유럽연합 27개국에서 스테이블코인의 결제수단으로 도입될 수 있는 단초가 마련된 셈이다.

아울러 주요 경제 대국 중 한 곳인 일본이 법정화폐 기반 스테이블코인의 발행을 법적으로 허용한 것도 눈여겨볼 필요가 있다. 2023년

5월 일본 금융청은 결제서비스법을 개정해 스테이블코인을 전자결제 수단으로 인정하고 발행을 허용했다. 빠르면 2023년 하반기에 일본 상업은행들이 엔화 기반 스테이블코인을 발행할 것으로 보인다. 미쓰비시 UFJ 파이낸셜 그룹(MUFG)은 이미 언론 보도를 통해 엔화와 외화 기반 스테이블코인을 발행할 계획이라고 밝혔다. USD코인 발행사 서클도 일본 내 스테이블코인 발행을 검토한다고 전했다. 현금 선호도가 강하고 온라인 결제 비율이 낮은 일본이 디지털 금융의 첨단을 달리는 스테이블코인을 전격적으로 받아들인 것에 대해 전 세계 국가와 기업들도 매우 큰 관심을 보이고 있다.

이런 분위기에서 2023년 7월 일본 도쿄에서 웹엑스(WebX)라는 대규모 컨퍼런스가 열려 전 세계인의 눈길을 끌었다. 전 세계 50여 개국에서 1만 5천여 명이 방문한 이 컨퍼런스는 웹3.0으로 대표되는 가상자산 산업 육성에 관해 일본의 적극적인 의지를 엿볼 수 있는 기회였다.

웹엑스 컨퍼런스의 기조 연설자로 참여한 기시다 후미오 일본 총리는 웹3.0을 '새로운 자본주의'라고 표현하며 유관 산업 활성화와 사용자 보호 조치 마련을 약속했다. 일본의 여러 사회문제 해결에 도움되는 혁신 기술 중 하나로 블록체인을 꼽기도 했다. 최근 일본 정치권이 스테이블코인, 대체불가능토큰(NFT) 등에 대해 각종 지원책을 쏟아내고 있는 가운데, 유럽연합의 행보와 맞물려 일본의 산업에 어떻게 기여할지 주목할 만하다.

현재 가상자산 데이터 플랫폼 코인게코(CoinGecko)에 따르면

2023년 4월 기준 현재 거래소 한 곳 이상에서 유통 중인 스테이블코인은 약 80종이다. 80종의 스테이블코인들은 가격과 가치를 유지하는 원리에 따라 크게 법정화폐, 가상자산, 실물자산, 알고리즘 기반으로 분류된다. 이 중에는 법정화폐 기반 스테이블코인의 시장점유율이 단연 높다. 80종 중 72종은 미국 달러, 유로화, 위안화, 엔화 등 법정화폐를 기반으로 한다. 72종 중에서 미국 달러를 기반으로 하는 스테이블코인이 53종(2023년 5월 기준)이며, 그중에 테더, USD코인, 바이낸스USD 단 3종이 전체 시가총액(약 1,300억 달러)의 90% 이상을 차지하고 있다.[24] (각 유형에 대해서는 72쪽 참고)

이 책이 주로 다루고자 하는 스테이블코인은 법정화폐, 그중에서도 달러를 기반으로 하는 유형이다. 스테이블코인 시장에서 압도적인 점유율을 차지하는 유형이자 여러 국가에서 활용될 가능성이 가장 높다. 물론 향후 유로화, 위안화, 엔화 등을 기반으로 하는 스테이블코인의 입지도 지금보다 훨씬 커질 수 있다. 하지만 현실 세계의 기축통화인 미국 달러의 가치에 대한 사람들의 모종의 믿음으로 웹3.0 생태계에서 상품화된 것이 스테이블코인이다. 따라서 달러 기반 스테이블코인의 위상과 전망은 앞으로도 유력할 가능성이 높다.

---

24 〈스테이블코인 시장의 달러 쏠림 현상〉, 박예신, 브런치 스토리, 2023. 5.

페이스북이 리브라 프로젝트를 추진한
진짜 이유는?

2019년 페이스북이 리브라 출시 계획을 발표하면서 내세운 명분 중 하나는 '금융 장벽의 완화'였다. 은행계좌가 없는 전 세계의 금융 소외계층이 모바일 기기만으로 자유롭게 돈을 주고받는 것이다. 명분 자체만 놓고 보면 세계인의 환심을 살 만하다. 그런데 사회복지 법인이 아니라 '사기업'인 페이스북이 정말 그런 원대한 이유만으로 리브라 프로젝트를 추진한 것일까? 페이스북이라는 회사의 본질을 알면 리브라 계획을 추진한 진짜 이유를 알 수 있다.

기본적으로 페이스북은 광고 회사다. 전 세계의 다양한 광고주들이 유료 광고를 의뢰하면, 페이스북은 해당 광고를 적합한 사용자들에게 노출한다. 그리고 노출된 횟수나 광고를 클릭한 횟수만큼 수익을 낸다. 이를 위해 페이스북은 사용자의 성별, 지역, 관심사, 행동 등에 관한 데이터를 수집한다. 광고의 타깃으로 적당한 사용자들을 분석하기 위해서다. 문제는 이 과정에서 페이스북이 사용자 데이터를 동의 없이 수집하거나 과잉 수집한 전력이 있다는 점이다. 2016년 발생한 '케임브리지 애널리티카' 스캔들이 대표적이다.

　2016년 영국의 데이터 분석 및 정치 컨설팅 업체인 케임브리지 애널리티카(CA)는 페이스북 사용자 8,700만 명의 데이터를 동의 없이 무단 수집했다. 당시에 CA는 수집한 정보를 활용해 도널드 트럼프 전 대통령의 선거운동에 활용했다는 점이 드러나며 물의를 빚었다. 이 사건으로 미국 각 지역 검찰로부터 '정보 유출 혐의'로 고소당한 페이스북은 결국 2019년 50억 달러의 벌금을 내야 했다. 아울러 사용자 데이터 보호에 대한 협약도 체결했다. 이 사건은 페이스북의 주요 수익원인 광고 비즈니스에 영향을 줄 수밖에 없었다. CA 스캔들을 계기로 각국 규제 당국의 움직임도 뚜렷해지기 시작했다.

　리브라 출시 계획은 이런 상황에서 등장했다. 리브라가 성공적으로 출시된다면 페이스북은 전 세계 이용자들의 '돈의 흐름'에 대한 데이터를 손에 쥘 수 있다. 이용자들이 돈을 언제, 어디서, 얼만큼 쓰는지에 대한 데이터는 곧 관심사나 취향 등에 대한 정보이다. 이것은 페이스북이 본연의 광고 사업을 영위하는 데 큰 도움이 된다. 페이스북의 리브라 출시 계획은 광고 수익성 확대와 관련이 있다고 볼 수 있다.

03

스테이블코인의
유형과 메커니즘

Stablecoin

스테이블코인과 믿음의 하부구조

시중에는 다양한 유형의 스테이블코인이 유통되고 있다. 스테이블코인을 분류하는 방식은 조금씩 다르지만, 보통 4종류로 나뉜다. 스테이블코인이라는 '정보 데이터'가 무엇에 의해 안정적인 가치를 유지하는지에 따라 다음과 같이 나눌 수 있다.

담보형			무담보형
법정화폐	실물자산	가상자산	알고리즘
테더, USD코인	팍소스골드, 테더골드	다이	테라

유형별로 자세히 설명하기 전에 왜 이렇게 나누는지 알아보자. 피상적으로 보면 스테이블코인의 가치를 유지하는 담보자산 혹은 알

고리즘이 무엇인지에 따라 나뉜다. 그런데 발행사들이 담보자산이나 알고리즘을 채택한 이면을 아는 것이 훨씬 중요하다. 더욱 근본적으로 이해할 수 있기 때문이다.

먼저 법정화폐 기반 스테이블코인을 살펴보자. 사실상 달러 혹은 미국 채권과 동의어나 마찬가지다. 스테이블코인 시장은 달러 기반이 압도적인 비중을 차지하고 있다. 안정성이 가장 뛰어난 것처럼 보인다. 미국이 망하지 않는 한 달러의 가치도 안정적으로 유지되기 때문이다. 최근에는 탈(脫)달러 기조가 고조되고 있지만, 그럼에도 대다수는 미국의 우월성은 물론 연준이 주도하는 통화정책과 달러의 가치를 신뢰하고 있다.

달러 가치에 대한 대중의 지속적인 믿음을 토큰화(tokenization)[25] 한 것이 바로 테더와 USD코인 같은 달러 기반 스테이블코인이다. 그러다 보니 발행사들은 달러 기반이라는 것을 다양한 방식으로 홍보한다. 임직원들이 달러의 가치를 믿는지는 상관없다. 중요한 것은 절대 다수의 대중이 달러의 가치를 굳게 믿는다는 점이다.

달러 기반 스테이블코인 발행사들은 달러를 마케팅 수단으로 내세우며 금전적 가치를 강조한다. 또한 자신들이 발행한 스테이블코인 대비 보유한 담보자산의 총액은 얼마인지, 자산을 어떤 방식으로 운용하고 있는지, 어떤 방식으로 회계감사를 받는지 등을 공시한다.

25　실물자산을 블록체인에서 일정한 단위의 디지털 자산(토큰)으로 변환하는 것이다. 실물자산은 물리적 이동이 쉽지 않지만, 디지털 자산으로 변환하면 전 세계 어디로든 쉽게 이동할 수 있다.

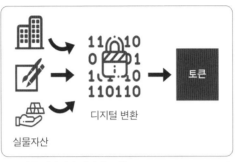

토큰화를 간략하게 나타낸 도식(출처 : SoftwareMill Tech Blog)

이런 과정을 통해 발행사들은 달러 기반 스테이블코인이 곧 달러라는 착시 효과를 줄 수 있다.

사실 달러 기반 스테이블코인의 안정성은 미국 달러 자체의 가치와 크게 관련 없다. 달러는 망하지 않아도 달러 기반 스테이블코인 발행사는 망할 수 있다. 이런 경우 스테이블코인 보유자는 자신이 맡긴 달러를 100% 되찾을 수 있다는 보장도 없다. 스테이블코인은 시중은행의 예금처럼 예금자보호가 되지 않는다. 게다가 스테이블코인 발행사가 담보자산과 관련해 공시한 내용이 정말 신뢰할 만한 것인지 확신하기도 어렵다. 특히 시총 1위 스테이블코인인 테더의 공시 내용은 신뢰도가 그리 높지 않다. 테더의 자산 구조가 부실할 수 있다는 점이 꾸준히 제기되고 있다. [26]

그런데도 테더나 USD코인 같은 달러 기반 스테이블코인은 여전

---

26 〈시총이 80조 원인데 회계감사를 안 받는다?…'테더'주의보[한경 코알라]〉, 한국경제, 2022. 12. 30.

히 시장에서 거래되고 있다. 특히 테더는 세간의 우려에도 시총이 날로 증가하고 있다. 투명성과 합법성을 내세우는 USD코인은 오히려 주춤하고 있는데도 말이다. 합리적이고 논리적인 판단이 제대로 작동하기 어려운 가상자산 생태계의 단면을 보여주는 셈이다.

법정화폐 기반의 스테이블코인을 두고 제기된 리스크가 사실로 드러날지 단순한 기우에 불과할지는 알 수 없다. 시가총액이 여전히 수십조 원에 달한다는 점에서 지표상으로는 꽤 흥행에 성공한 셈이다. (구체적인 내용은 79쪽 참고)

두 번째로 실물자산 기반 스테이블코인이 있다. 금이나 은 같은 실물자산을 담보로 발행된 유형이다. 수년 전 가상자산 열풍이 한창일 때는 금과 은 외에 석유나 철을 기반으로 하는 유형도 등장했다. 현재는 금 기반 스테이블코인만 명맥을 유지하고 있다. 대표적인 유형으로는 팍소스의 팍소스골드(PAXG)와 테더 리미티드의 테더골드(XAUT)가 있다. 각각 270억 달러, 700만 달러 정도의 시가총액을 형성하고 있다.

이들은 왜 금을 기반으로 코인을 발행한 것일까? 금이라는 실물자산이 갖는 위상에서 힌트를 찾을 수 있다. 금이 인류 역사상 오랫동안 귀한 금속으로 대접받아 온 이유가 채굴 기술의 한계로 공급량이 제한적이기 때문이다. 반면 달러 같은 법정화폐는 발행량에 제약이 없어서 통상 1세기마다 수십 퍼센트씩 가치를 상실해왔다. 인플레이션이 발생하면 달러의 가치는 그만큼 하락하지만, 금은 실물자산이기 때문에 덩달아 가격이 오른다. 그래서 적절한 시점에 금을

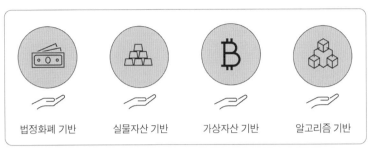

법정화폐 기반   실물자산 기반   가상자산 기반   알고리즘 기반

스테이블코인의 유형

사면 투자 효과도 누릴 수 있다. 이 밖에도 수많은 이유로 인해 금은 특별한 지위를 차지하고 있다.

팍소스골드와 테더골드는 금의 위상을 상품화한 것이다. 비록 달러에 대한 대중의 믿음과 금에 대한 대중의 믿음을 정량화해서 비교할 수는 없다. 하지만 금은 달러만큼 누구나 갖고 싶어 하는 자산이다. 발행사들 또한 이윤 추구를 목적으로 하는 기업이기 때문에 금에 대한 수요와 믿음을 스테이블코인으로 상품화해서 판매하는 것이다.

금 기반 스테이블코인은 별도의 보관소에 예치한 금의 총량에 비례해서 발행된다. 통상 발행사들은 스테이블코인 1개당 금 1온스의 가치가 있다고 홍보한다. 구조상으로는 달러 기반 스테이블코인과 크게 다르지 않다. 여기서 눈치챘겠지만 가격 측면에서는 '스테이블' 하다고 보기 어렵다. 금 시세에 따라 스테이블코인 가격도 등락한다. 다만 가치 측면에서는 달러에 상응하는 혹은 달러 이상으로 '스테이블'하다고 볼 수 있다.

세 번째로 가상자산 기반 스테이블코인은 앞의 두 유형과 매우 다른 성격을 지닌다. 어떤 점에서는 가상자산 업계 고유의 '탈중앙화' 철학을 비교적 잘 반영한 유형이지만 동시에 일반 대중이 이해하기 어렵다. 달러나 금 같은 안전자산이 아니라 가격이 변동하는 또 다른 가상자산을 기반으로 가치가 유지되는 구조다.

가상자산 기반 스테이블코인은 가격 유지 메커니즘과 관련한 사안을 커뮤니티 투표에 부쳐 결정한다. 미국의 연방준비제도이사회처럼 중앙기관이 단독으로 결정하는 것이 아니라, 투표권을 가진 사람들이 결정한다. 그래서 '탈중앙화' 철학을 반영했다고 하는 것이다. 물론 이런 구조가 이상적이라고 단언할 수는 없다.

대표적인 스테이블코인으로는 다이(DAI)가 있다. 시가총액 4~5위를 차지하는 주요 가상자산으로 꼽힌다. 다이는 여타 스테이블코인처럼 1달러 근방을 유지하도록 설계돼 있다. 그런데 1달러어치 달러나 금이 아니라 1달러 이상의 가상자산을 담보로 발행된다. 예컨대 1달러어치 다이는 대략 1.5달러어치의 가상자산을 예치해야 한다. 담보를 과하게 잡는다고 하여 '과담보' 시스템이라고 부른다.

마지막으로 알고리즘 기반 스테이블코인은 알고리즘을 기반으로 가격을 유지하는 유형이다. 담보자산이 없는 무담보형 스테이블코인이라고 불린다. 일반 대중이 가장 이해하기 어려우면서 실험적인 유형이다. 달러, 금, 가상자산 같은 담보를 예치하는 대신 차익거래 수요에 따라 작동하는 알고리즘을 통해 일정한 가격을 유지하는 구조다.

2022년 5월 폭락 사건으로 전 세계를 떠들썩하게 했던 테라

(TerraUSD)가 바로 무담보형 스테이블코인이다. 어떠한 담보 없이도 정밀한 알고리즘만으로 가격을 유지한다는 개념은 언뜻 들으면 첨단 컴퓨터공학의 산물처럼 느껴진다. 동시에 그런 이유로 일반 대중이 이해할 수 없는 범주이다. (자세한 메커니즘은 101쪽 참고)

무담보형 스테이블코인의 대표 격인 테라와 루나는 실패한 혁신이었을까, 아니면 계획된 사기였을까? 2가지 관점이 모두 존재할 수 있다. 어떠한 담보자산에 의지하지 않고 알고리즘만으로 가격을 유지하는 구조 자체는 일정 부분 혁신적이다. 담보자산의 가치 하락과 같은 외부 이슈에도 영향을 덜 받기 때문이다. 테라-루나의 발행사인 테라폼랩스는 이러한 논리를 바탕으로 탈중앙화 금융 시스템이 가능하다고 주장했다.

그러나 그들이 주장한 혁신은 실패로 귀결됐다. 테라-루나를 두고 계획된 폰지 사기였다는 지적이 이어졌다. 테라폼랩스의 사업 운영 방식이 폐쇄적이고 독단적이었다는 정황도 제기됐다.

테라-루나를 지금 당장 실패 혹은 사기 둘 중 하나로 결정 내리기는 어렵다. 진실이 무엇인지는 금융 당국과 법관들이 결정하겠지만, 확실한 사실 중 하나는 테라-루나 사건으로 인해 많은 투자자들이 막대한 피해를 입었다는 점이다. 그런 점에서 테라-루나를 더 이상 혁신이라고 부르기는 어려울 것 같다. 또한 앞으로 무담보형 스테이블코인이 제아무리 멋진 철학을 내세운다고 하더라도, 시장에서 수용되기 어려울 것이다.

달러를 가치의 방패로 : 법정화폐 기반 스테이블코인

법정화폐 기반 스테이블코인은 가상자산 생태계에서 높은 위상을 갖고 있다. 인터넷으로 누구나 자유롭게 주고받을 수 있는 데다 환금성까지 있으니 말이다. 돈 자체는 규제나 시스템의 한계로 자유롭게 국경을 넘어 유통되기 어렵지만, 정보 데이터에 돈이 결합된 스테이블코인은 훨씬 자유롭고 빠르게 국경을 넘나들 수 있다. 그런 점에서 금융과 컴퓨터공학이 결합된 산물이라고 봐도 좋다. 비록 논란이 많기는 하지만 말이다.

현재 스테이블코인 시장은 서너 종의 달러 기반 스테이블코인이 약 90% 점유율로 과점하고 있다. 균형 잡힌 생태계라고 보긴 어렵다. 물론 반드시 미국 달러를 기반으로 만들 필요는 없다. 하지만 스테이블코인은 거의 모든 국가의 시민과 기업체를 대상으로 판매되는 글로벌 상품이므로 전 세계에서 가장 수요가 높은 법정화폐인 미국 달러를 기반으로 하는 것이 가장 안정적이다.

그중에서도 테더(Tether, USDT)의 점유율은 압도적으로 높다. 스테이블코인 시장의 전체 시가총액에서 무려 60% 이상을 차지할 정도다. 2023년 6월 기준 테더의 시가총액은 830억 달러(약 100조 원)이다. 현재 코스피 상장기업 중 테더의 시가총액을 뛰어넘는 곳은 삼성전자(429조 원)와 LG에너지솔루션(142조 원)밖에 없다. SK하이닉스(84조 원), 삼성바이오로직스(57조 원)보다 테더의 시총이 훨씬 높다. 미국 기업 중에서는 우버(820억 달러)와 비슷하며, 3M(551억 달러)보다 높다.

테더로 대표되는 법정화폐 기반 스테이블코인 1개는 이론상 1달러와 1 : 1로 연동된다. 이러한 페깅이 없다면 스테이블코인은 쓸모 없는 데이터 조각에 불과하다. 굳이 돈을 주고 사려는 사람도 없을 것이다. 그러나 법정화폐, 특히 미국 달러와 1 : 1로 페깅돼 있기에 금전적 가치를 지닌다. 다시 말해 스테이블코인 발행사의 담보자산 액수가 시중에서 유통되고 있는 스테이블코인의 전체 가격과 같거나 많다면 이론적으로 가치가 잘 유지되고 있는 것이다.

끊임없는 논란 속 1인자 테더

테더는 가상자산 시장의 변동성이 눈에 띄게 증가하던 2014년에 처음 등장했다. 발행사인 테더 리미티드는 테더가 미국 달러와 1 : 1로 페깅되어 있음을 강조했다. 가격이 안정적일 뿐 아니라 언제든 달러와 교환할 수 있다는 것이다.

구조만 놓고 보면 테더는 매력적인 상품이다. 달러가 인터넷에서 국경에 구애받지 않고 자유롭게 이동할 수 있기 때문이다. 물론 테더가 출시 초기부터 달러의 등가물처럼 사용된 것은 아니다. 처음에는 가상자산 생태계의 기축통화이자 변동성을 회피하기 위한 수단이었다. 스타트업 생태계 용어로 PMF(Product Market Fit, 제품의 시장 적합성)을 제대로 찾은 상품이었다. 글로벌 가상자산 거래소들은 하나둘 테더를 상장해 투자자들의 거래 편의성을 도모했다.

테더는 초창기에 비트코인의 블록체인인 옴니 레이어(Omni Layer)

에서 발행됐다. 이후 이더리움, 폴리곤, 트론, 솔라나 등 여러 블록체인의 표준에 맞춘 테더도 각각 발행됐다. 여기서 표준이란 각 블록체인에서 토큰이 할 수 있는 동작이나 작업 등을 정의한 일련의 규칙을 말한다.

예컨대 이더리움 블록체인에서 테더가 발행되고 유통되려면 ERC-20이라는 규칙을 따라야 하고, 솔라나 블록체인에서는 SPL을 준수해야 한다. 다양한 표준을 충족한다는 것은 그만큼 테더에 대한 접근성이 좋다는 뜻으로 가상자산 생태계에서 널리 채택되기 시작했다.

테더는 구체적으로 어떤 과정으로 발행되어 사용자의 지갑에 들어오는 것일까? 일반적인 설명은 이렇다. 고객이 1달러를 테더 리미티드의 은행계좌에 입금하면 고객의 지갑에 테더 1개를 전송해준다. 그런데 테더가 반드시 입금과 동시에 발행되는 것은 아니다. 옴니 레이어에서 발행되던 초창기에 테더 리미티드는 테더를 미리 발행해 테더 트레저리(Tether Treasury)라 불리는 일종의 금고에 보관해뒀다. 이후 고객의 입금이 확인되면, 테더 트레저리에 보관된 테더가 고객의 지갑에 전달됐다. 테더라는 상품을 미리 준비해두고, 고객이 입금하면 내주는 방식이었다.

이후 고객이 상환을 요청하면 테더 리미티드는 달러를 상환해준다. 테더는 특히 이 점을 강조한다. 일반적으로 어떤 업체가 판 물건은 일정 기간이 지나면 환불할 수 없다. 하지만 테더는 환불 기한 없이 구매자가 원하면 언제든 달러를 돌려준다. 일종의 원리금 청구권

혹은 양도 가능하며 만기 없는 무기명 채권의 성격이다.

다만 채권과 달리 테더를 보유하고 있더라도 이자가 발생하거나, 달러 상환이 100% 보장된 것은 아니다. 법적으로 의무화돼 있지 않기 때문이다. 그런 점에서 채권과 완전히 동일하다고 볼 수는 없다. 일각에서는 테더 같은 스테이블코인을 토큰화된 은행예금(tokenized deposit)으로 보기도 한다. 구조상 은행에 예치된 담보자산을 디지털 방식으로 표현한 것이기 때문이다.

달러와 1 : 1로 페깅되어 있다면 누구나 최소 1달러만 계좌에 넣으면 테더 1개를 발급받을 수 있을까? 결론부터 말하면 그렇지 않다. 테더 발급 조건은 제법 까다롭다. 테러 자금 조달 등 악의적 목적으로 활용될 가능성을 차단하고 가짜 계정의 생성을 막기 위해 인증을 거친 사용자에게만 테더를 발급한다.

계정 인증에는 비용(테더 150개)이 들어간다. 게다가 테더 리미티드와 직접 계약을 맺고 테더를 구입하기 위한 최소 금액은 10만 달러(약 1억 2,700만 원)이다. 상환도 마찬가지다. 아울러 테더 리미티드는 미국과 캐나다 거주 시민 및 금지 관할 구역의 거주자들에게는 서비스를 제공하지 않는다.

테더 리미티드가 계약 기준을 높게 설정한 이유는 무엇일까? 소액 거래를 하는 일반 금융 소비자들과는 거래하지 않겠다는 의미다. 달리 말하면 도매 거래는 금융기관, 거래소 혹은 소위 고래라 불리는 큰손들과 하겠다는 것이다. 소액 거래 고객들은 일반 가상자산 거래소에서 테더를 구매하라는 무언의 메시지이기도 하다.

테더 리미티드 입장에서는 그럴 수밖에 없다. 일반 고객들과 모두 계약을 맺으면 리스크 관리에 어려움이 있다. 일부가 악의적인 목적으로 테더를 활용하기라도 하면 테더 리미티드의 비즈니스에도 악영향을 미칠 수 있다. 그래서 애초에 10만 달러라는 제한을 두고 큰손 고객들 위주로 거래하는 것이다. 일부 가상자산 거래소들이 돈세탁 등 불법 금융의 통로가 된다는 점을 고려해보면 나름 합리적인 조치다.

테더 리미티드는 이러한 장벽을 세워두고 있지만, 테더를 둘러싼 논란은 계속 제기되고 있다. 2021년에 테더는 과거 담보자산 손실 내역을 제대로 고지하지 않은 혐의로 벌금을 부과받았다. 현재 총발행량에 해당하는 담보자산을 제대로 보유하고 있는지에 대한 재무 감사도 제대로 수행하지 않고 있다. 테더 리미티드가 공개한 재무 보고서는 공식적인 회계감사(auditing)가 아니라 확인(attestation) 보고서

여서 신뢰도가 낮다는 지적도 제기된다.[27]

게다가 테더 리미티드 고객이 맡긴 담보자산은 예금보험공사에 의해 보장되는 것도 아니다. 발행사가 파산하거나 담보자산이 예치된 은행이 파산하면 고객은 돈을 돌려받기 어려울 수 있다. 고객 자금의 명운이 사실상 테더 리미티드 한 곳에 좌우된 것이다. 주요 의혹만 부각된 기사들이 테더의 모든 것을 대변하는 것은 아니지만, 투자자의 관점에서 의심스러운 부분이 많은 것은 사실이다. 어떤 점에서는 테더의 영향력이 그만큼 크다는 뜻이기도 하다. '은밀한 1인자'라는 표현은 과언이 아닌 셈이다.

하지만 논란 속에서도 테더의 거래량은 계속 증가하고 있다. 특히 화폐가치가 불안정한 개발도상국을 중심으로 사용량이 급증하고 있다. 블룸버그에 따르면 튀르키예에서는 2023년 5월부터 테더의 수요가 급증했다. 튀르키예의 가상자산 거래소 BTC투르크(BTCTurk)에서 테더의 거래량 점유율이 20%에 육박하기도 했다. 5월 말부터 달러 대비 리라화 가치가 급락하는 가운데 테더를 이용해 구매력을 보존하려는 것이다. 게다가 튀르키예 정부의 규제로 인해 리라로 금이나 달러를 사기 어려운 상황이 지속되다 보니, 달러의 대용으로 테더를 구매한 것으로 추측된다.

이처럼 법정화폐의 가치가 흔들리는 가운데, 테더는 개도국 시민들의 부를 보존하는 데 중요한 역할을 하고 있다. 테더가 완벽한

---

27 테더 리미티드 측이 감사 보고서를 제출할 법적 의무는 없으므로 불법은 아니다.

대안은 아니지만, 매력적인 대안으로 자리 잡고 있다. 재미있는 것은 특정한 돈이 가진 권력과 가치가 영구적이지 않다는 게 증명되었다는 사실이다. 하나의 국가가 발행한 법정화폐여도 신뢰를 잃으면 민간이 만든 돈이 법정화폐의 역할을 일부 대신할 수 있다는 것을 보여준다.

규제와 투명성을 무기로 내세우는 USD코인

USD코인(USDC)은 테더에 이어 시총 2위의 법정화폐 기반 스테이블코인이다. 기본적인 구조는 테더와 비슷하다. 시중에 유통 중인 모든 USD코인은 미국 달러 및 미국 단기국채 같은 담보자산에 의해 뒷받침된다. 달러는 미국 시중은행에 예금 형태로 보관돼 있고, 단기국채는 블랙록 자산운용사의 펀드를 통해 운용되고 있다. 이 담보자산은 유동성이 높아 USD코인을 보유한 기업 고객은 USD코인을 발행사를 통해 미국 달러로 상환받을 수 있다. 일반 고객은 거래소에서 USD코인을 매도해 달러나 코인으로 상환 가능하다. 교환 비율은 테더와 동일한 1 : 1이다.

USD코인도 테더만큼이나 다양한 블록체인에서 발행되는 멀티체인 스테이블코인이다. 현재 이더리움, 솔라나, 아발란체, 트론, 알고랜드 등 주요 블록체인 표준에 맞춘 USD코인이 발행 및 유통되고 있다. 발행 방식은 테더와 비슷하다. 고객이 발행사 계좌에 달러를 입금하면, 스마트 계약을 통해 USD코인을 고객의 계정에 입금해준다.

2023년 6월 기준 전 세계 USD코인 유통량(약 284억 달러) 중에서

90% 이상은 이더리움 블록체인 표준에 맞춘 것이다(약 263억 달러). 이더리움 커뮤니티의 막대한 규모를 고려한 운용 전략이다. USD코인은 미국 나스닥에 상장된 코인베이스, 크립토닷컴 같은 거래소를 통해 일반 고객들에게 유통된다.

구체적으로 USD코인은 센터 컨소시엄을 통해 발행된다. 센터는 P2P 기술회사인 서클과 코인베이스가 2018년에 공동 설립했다. 표면적으로 이 컨소시엄은 USD코인을 발행할 자격을 가진 회사들의 합작 네트워크 형태를 갖추고 있다. 규제, 기술, 금융 분야에서 일정한 조건을 충족한 기업이라면 컨소시엄에 참여해 USD코인을 발행할 수 있다. 그런 점에서 USD코인은 테더보다 좀 더 민주적이고 탈중앙화된 스테이블코인이다. 다만 이 컨소시엄에 가입한 기업은 전무한 것으로 보인다. 사실상 서클이 USD코인을 발행하고, 코인베이스가 유통하는 체제다. 그래서 일반적으로는 서클을 USD코인 발행사라고 부른다.[28]

서클은 규제 준수와 정보공개의 투명성을 전면에 내세운다. 테더 리미티드와 가장 크게 다른 점이다. 서클은 미국 46개 주, 싱가포르, 영국 등에서 결제 송금 관련 라이선스를 획득했다. USD코인의 담보자산 중 일부는 미국의 BNY멜론은행과 크로스리버은행 같은 전통 은행에 예금으로 맡겨두고, 대부분의 자산은 블랙록의 '서

---

[28] 2023년 8월 코인베이스는 서클의 지분을 일부 인수했다. 그리고 양사는 센터를 폐쇄하기로 결정했다. 미국을 비롯해 주요국의 스테이블코인에 대한 규제가 명확해지면서 센터 컨소시엄이 더 이상 필요하지 않다는 판단 때문이라고 한다.

클 리저브 펀드'를 통해 미국 단기국채로 운용하고 있다. 서클은 USD코인의 담보자산 내역을 매월 미국공인회계사협회(AICPA)의 표준에 맞춰 공개

서클, 센터, 코인베이스 로고 이미지(출처 : Circle)

하고 있으며, 기업 재무제표도 매년 독립적인 회계법인을 통해 감사를 맡기고 있다.

이 같은 행보 덕분에 USD코인은 빠른 속도로 시장점유율을 높였다. 테더보다 4년 늦게 출시(2018년)됐는데도 현재 스테이블코인 시장에서 시총 2위를 차지하고 있다. 사실 법정화폐 기반 스테이블코인의 구조와 원리상 담보자산에 대한 정보는 당연히 공개돼야 한다. 그러나 시총 1위인 테더가 여러 가지 이유로 정보를 공개하지 않은 탓에 상대적으로 서클의 행보가 눈에 띄기도 했다.

서클은 전통 금융 규제와 회계 처리 방식에 대한 대중의 신뢰도를 바탕으로 나름의 입지를 확보해나가는 전략을 취했다. 웹사이트에도 명시한 것처럼, 서클은 USD코인이 24시간 7일 동안 인터넷의 속도로 금융 장벽 없이 이용 가능한 디지털 달러임을 내세워 송금, 결제, 투자 등 다양한 분야에 진출하고 있다.

이런 내용들만 보면 USD코인은 거의 결함 없는 스테이블코인처럼 보인다. 시총 1위인 테더를 넘어서 새로운 1인자 자리를 차지할 법도 하다. 하지만 사람들의 기대와 달리 테더와 USD코인의 '초격차'는 도무지 좁혀지지 않고 있다. 테더는 온갖 의혹 속에서도 꾸준

히 매수세가 몰리며 1위 자리를 지키고 있다. 하지만 USD코인은 매도세가 몰리면서 시총이 계속 하락하고 있다. 가상자산 업계에서는 USD코인의 담보자산 관련 정보가 테더와 달리 너무 투명하게 공개된 나머지, 최근의 뱅크런(bank run, 대규모 예금 인출) 사태 속에서 USD코인의 시총이 하락한 것으로 보고 있다.

서클은 과거 담보자산의 일부를 가상자산 전문 은행인 실버게이트와 실리콘밸리은행(SVB)에 보관해두었다. 그러나 2023년 3월 두 은행이 갑작스러운 유동성 문제로 파산하면서 USD코인의 상환 가능성에 대한 의문도 수면 위로 떠올랐다. 이에 따라 일시적으로 전 세계 거래소에서 USD코인의 매도세가 나타났고, 가격이 1달러를 하회하는 디페깅 현상도 일어났다. 비록 USD코인의 가격 자체는 금방 회복됐지만, 시중은행의 부실과 서클의 담보자산 관리 능력에 큰 영향을 받을 수 있다는 점이 만천하게 드러났다. 특히 서클은 담보자산과 관련한 투명한 정보공개를 기업의 최우선 가치로 내세우고 있었는데, 시장에 악재가 퍼진 상황에서는 그러한 행보가 오히려 투자자들의 불안감을 자극하는 것으로 보인다.

테더 리미티드는 담보자산과 관련된 실질적인 정보를 독립적인 제3자가 아니라 자체적인 발표를 통해 간헐적으로 공개하고 있다. 테더는 담보자산을 바하마 소재의 몇몇 은행과 파트너십을 맺어 예치해두었다고 하는데, 실제 은행의 이름은 제대로 밝히지 않고 있다. 몇몇 외신들이 은행 이름을 공개했으나 정확한 정보는 아니다. 그러다 보니 테더 고객들은 담보자산의 안정성 혹은 리스크에 대해 제대로 알 길이 없다.

테더 리미티드는 테더에 불리하거나 가격에 악영향을 미칠 수 있는 정보를 철저히 숨기고 있다. 이런 전략이 반드시 윤리적이라고 할 수 없다. 하지만 시장이 불안정한 상황에서 불안감을 조성하는 정보를 원천 차단함으로써 시총 1위 자리를 굳게 지키고 있다.

바이낸스 거래소의 야심작 바이낸스USD

가상자산 생태계에서 바이낸스 거래소의 위상은 압도적이다. 거래량으로 전 세계 1위인 바이낸스가 '팍소스 트러스트'와 함께 발행한 것이 바로 바이낸스USD(BUSD)다. 바이낸스USD는 법정화폐 기반 스테이블코인 시장에서 테더와 USDC에 이어 시가총액 3위를 차지하고 있다.

2019년 9월 출시된 바이낸스USD는 뉴욕 금융감독청(NYDFS)의 승인을 받은 스테이블코인이다. 금융 당국의 규제하에 운영되고 필요하면 발행사가 동결, 상환 거부, 몰수 등의 조치를 할 수 있다. 그런 이유로 바이낸스USD는 초창기에 USDC만큼이나 규제를 잘 준수하는 스테이블코인으로 알려졌다.

바이낸스USD의 구조는 다른 스테이블코인과 비슷하다. 기본적으로 미국 달러와 1 : 1 비율로 고정돼 있으며, 주로 이더리움 블록체인의 표준인 ERC-20에 맞춰 발행된다. 바이낸스USD의 발행과 담보자산 관리는 뉴욕에 소재한 팍소스 트러스트가 담당하고, 유통은 바이낸스 거래소에서 이뤄진다. 고객은 팍소스 플랫폼에서 달러를

입금하고 직접 바이낸스USD
을 발행하거나, 바이낸스 거
래소에서 매수할 수 있다. 팍
소스 트러스트는 고객이 입금
한 달러를 예금보험이 적용된

바이낸스USD 가상 이미지(출처 : 바이낸스)

미국 은행에 예금하거나 미국 국채 펀드로 운용한다. 그래서 이론적
으로 모든 바이낸스USD는 미국 달러 혹은 미국 단기채권에 의해 뒷
받침된다.

바이낸스USD는 안정적으로 성장해왔다. 바이낸스라는 브랜드
에 대한 신뢰가 바이낸스USD의 성장에 제법 큰 영향을 미친 것으
로 보인다. 그러나 미국 증권거래위원회(SEC)가 증권성 이슈를 제기
하며 바이낸스USD의 행보에 제동을 걸었다. SEC는 2020년부터 가
상자산들이 미등록 증권에 해당한다며 관련 업체들을 기소하기 시
작했다.

이런 흐름 속에서 2023년 2월 SEC는 BUSD가 연방 증권법을 위반
했을 가능성이 있다며 해명을 요구했고, 같은 달 뉴욕 금융감독청은
팍소스의 BUSD 신규 발행을 중단하라는 명령을 내렸다. 이어 3월
에는 코인베이스가 BUSD 거래를 중단했다. 이에 따라 BUSD의 시
총은 급격하게 감소했다. 팍소스 측은 2024년 2월까지 BUSD를 현
금으로 상환할 수 있다고 발표했다.

가상자산의 증권성 이슈는 업계에 큰 파장을 가져올 수 있는 주
요 사안 중 하나이며 수년 전부터 제기된 논란이기도 하다. 증권이

란 보통 주식, 채권, 상품권처럼 특정한 가치나 권리를 갖는 문서를 말한다. 사람들이 이익을 기대하며 투자했고, 공동의 사업에 사용됐고, 그 이익이 타인의 노력을 통해 발생했다면 증권성이 있는 것으로 판단된다.

SEC는 팍소스 측에 보낸 사전통지서에서 BUSD를 '미등록 증권'인 상태에서 판매했는지 해명하라고 요구했다.[29] 이러한 논란 속에서 BUSD는 사실상 스테이블코인 시장에서 퇴출되고 있다. 팍소스 측이 적절한 해명을 내놓지 못해 BUSD가 미등록 증권으로 확정되면 최악의 경우 주요 거래소에서 상장폐지될 수도 있다.

—

실물자산의 가치를 앞세우다 : 실물자산 기반 스테이블코인

금과 은은 오랫동안 인류가 귀하게 여겨온 금속이다. 고유의 특성과 희소성 때문이다. 금은은 그 자체로 거래되기도 하지만 무언가의 가치를 보증하는 데도 사용됐다. 예컨대 미국 달러는 1971년 '닉슨 선언' 이전까지 명목상 금에 의해 가치가 보증된 화폐였다. 실물자산 기반 스테이블코인도 마찬가지다. 금이나 은과 '교환 가능성'을 기반으로 가치를 획득하는 가상자산이다.

법정화폐는 현대사회에서 거래 수단으로 널리 사용되지만, 실물

---

29 〈세계 3위 스테이블코인 BUSD 신규 발행 중단|조사·연구〉, 한국은행, 2023. 3. 14.

자산보다 역사가 현저히 짧고 본질적인 가치도 없다. 그런 측면에서 실물자산 기반 스테이블코인은 본질적인 가치에 좀 더 치중한 가상자산이라 할 수 있다.

그러나 현대사회에서 실물과 화폐의 우월성을 따지는 것은 별 의미가 없다. 어차피 현대인들은 실물이나 화폐를 직접 보유하기보다 디지털 숫자로 소유하고 거래한다. 자신이 보유한 금 계좌 속 숫자가 실물과 동일하다는 믿음, 달러 계좌 속의 숫자가 실제 달러와 같다는 믿음이 유지되는 한 굳이 불편하게 실물을 보유하지 않는다. 실물자산 기반 스테이블코인도 마찬가지다. 실물자산보다 발행사의 신뢰도, 약관, 규제, 리스크 관리 능력 등이 훨씬 중요하다.

실물자산 기반 스테이블코인은 한때 여러 종류가 있었으나 현재는 2종 정도에 불과하다. 법정화폐 기반 스테이블코인과 다른 점이 있다면 가격 변동성이다. 금이나 은 같은 실물자산의 시세에 따라 변동한다는 것이다. 예컨대 달러로 환산된 금의 가격은 변동성이 크므로 실물자산 기반 스테이블코인의 '가격'은 안정적이지 않다. 달리 말해 적절한 시점에 구입하면 시세차익을 기대할 수 있다는 뜻이다. 스테이블코인이라 부르는 이유는 실물자산의 '가치'가 쉽게 휘발되지 않는 안정성을 가지기 때문이다.

금의 가치를 디지털로 연결한 팍소스골드

팍소스골드(PAXG)는 BUSD의 발행사 팍소스 트러스트가 이더리움 블록체인 표준인 ERC-20에 맞춰 발행한다. 팍소스골드 1개는 금 1온스(약 31g)의 가치를 가지며, 해당 분량만큼 실물 금의 소유권을 나타낸다. 백서에 따르면 발행된 모든 팍소스골드는 보안 금고 기업인 브링스

팍소스골드 심볼 이미지(출처 : 팍소스)

(Brinks)에 보관된 실물 금에 의해 뒷받침된다. 지난 2022년 12월 팍소스는 금 자산 내역 보고서[30]를 통해 총 27만 개의 팍소스골드를 발행했다고 밝혔다. 이는 금 27만 온스(약 8,370kg)에 달하는 엄청난 양이다. 그래서 팍소스 측은 팍소스골드를 보유하고 있으면 실물 금을 가진 것과 같은 효과를 얻을 수 있다고 말한다.

팍소스골드를 구매하는 방법은 비슷하다. 가상자산 거래소나 팍소스 계정 혹은 팍소스의 파트너 플랫폼을 통해 구입할 수 있다. 2023년 6월 현재 팍소스골드를 매매할 수 있는 거래소는 바이낸스, 크립토닷컴, 빗썸 등이다. 파트너 플랫폼으로는 갤럭시디지털, 브링스 등이 있다. 실물자산의 가격에 따라 변동하기 때문에 금 가격이 낮을 때 팍소스골드를 사서 금 가격이 올랐을 때 팔면 시세차익을 거둘 수 있다. 다만 금 가격은 여타 가상자산처럼 변동성이 크지 않으므로, 투자 목적이라면 장기간 보유하는 것이 좋다.

어쩌면 이런 궁금증을 가지는 사람들도 있을 것이다. 팍소스골

---

30 팍소스는 위덤스미스+브라운(WithumSmith+Brown, PC)에 금 자산 감사를 맡기고 있다. 이 회계법인은 뉴욕 금융감독청의 승인을 받은 곳이다.

드 토큰을 사는 대신 골드바를 사거나 금 현물 ETF, KRX 금시장을 통해 금을 매매하면 되지 않는가? 하지만 실물 금을 거래하면 무엇보다 수수료와 세금 문제가 따른다. 골드바는 매매 시 부가가치세 10%를 내야 한다. 게다가 구입처에 별도의 수수료 5%도 지불해야 한다. 금 현물 ETF의 매매 수수료는 적다. 하지만 시세차익이 발생하면 차액의 약 15%를 배당소득세로 내야 하고 실물 투자인 만큼 보관료가 발생한다. KRX 금시장은 매매 수수료도 3%로 적고, 소액 거래가 가능하며, 매매 차익에 대한 세금이나 부가세도 없다. 하지만 구매한 금을 현물로 인출할 때 거래 가격의 10%를 부가가치세로 내야 한다.

팍소스골드를 산다면 어떤 장점이 있을까? 일단 KRX 금시장처럼 금을 소액으로 구매할 수 있다. 팍소스골드를 0.01개 단위(약 15달러)로 살 수 있다. 또한 금 현물 ETF와 달리 보관료가 발생하지 않는 것은 물론, 법정화폐 기반 스테이블코인처럼 은행 파산 시 가격에 영향을 받을 가능성도 현저히 적다. 팍소스골드의 가치를 뒷받침하는 실물 금은 대출에 사용되지 않고 그대로 보관되기 때문이다. 거래소에 상장된 팍소스골드는 테더 같은 스테이블코인으로도 구매할 수 있다. 그래서 신원 증명이나 은행계좌 개설이 어려운 사람들이 금 투자 효과를 얻고 싶을 때 팍소스골드를 한 번쯤 고려해볼 만하다.

팍소스골드를 거래소에서 팔아 차액을 거두는 것이 아니라, 진짜 금으로 상환받을 수도 있을까? 팍소스에 따르면 가능하다. 팍소스 계정에서 매도 요청을 하면 금괴를 수령할 수 있다고 안내한다. 하지만 약간의 함정이 있다. 최소한의 상환 개수가 정해져 있기 때문이다. 팍소스에 따르면 최소 430개의 팍소스골드와 수수료가 있어야 실물 금괴로 교환할 수 있다고 명시한다. 2023년 6월 기준 팍소스골드 1개의 가격은 약 1,925달러다. 430개라면 약 10억 원에 달한다. 게다가 팍소스 측은 영국 내의 금고로만 실물 금괴를 배송해줄 수 있다고 한다.

마지막으로 팍소스골드는 달러 기반 스테이블코인보다 시가총액도 적고 유동성이 현저히 떨어진다. 취급하는 거래소도 적다. 팍소스골드를 소수점 단위로 구매해 금에 소액 투자를 할 수 있지만, 거래량이 적어서 매도하지 못할 수도 있다. 팍소스골드를 사려는 사람이 없어서 수익화하기 어렵다는 것이다. 이처럼 팍소스골드는 장점과 단점이 모두 뚜렷한 스테이블코인이다.

사실 실물자산 기반 스테이블코인은 새로운 개념이 아니다. 1990년 인터넷 붐이 한창이던 당시 기존 화폐와 실물의 가치를 디지털로 옮기려는 시도들이 종종 이뤄지곤 했다. 이골드(E-gold)가 대표적이다. 미국의 내과 의사였던 더글러스 잭슨은 1995년 실물 금과 은을 기반으로 하는 글로벌 디지털화폐 이골드를 발행했다. 금이나 은 같은 실물자산은 지폐보다 우월한 통화라는 나름의 연구와 순수한 확신 때문이었다.

잭슨은 인터넷을 기반으로 정부 통제 없이 독립적으로 유통되는 금 기반 국제통화가 존재한다면 현대 통화 시스템의 병폐를 해결할 수 있을 것이라고 내다보았다. 나아가 개인 간 온라인 거래의 편의성을 높이거나 글로벌 무역에서 환차손을 피하는 등 다양한 용도로 사용될 수 있을 것으로 생각했다.

잭슨의 가설은 시장의 수요를 정확히 공략했다. 2000년대 들어 이골드에 대한 수요는 폭발적으로 늘어났다. 2000년 초 약 5만 건의 거래가 일어나더니 그해 말 100만 건으로 폭증했다. 2005년 이골드 고객 계정은 전 세계 165개국에 총 3,500만 개에 달했으며 매일 1천 개의 계정이 새로 개설됐다. 당시 하루 24시간 동안 이골드 시스템을 통해 유럽, 남미, 아시아를 오가는 거래액은 수백만 달러에 달했다. 2006년에는 연간 20억 달러 이상의 거래액을 기록했다. 당시 온라인 결제 1위 업체였던 페이팔에 못지않은 성과였다.

그러나 일개 사기업이 금을 기초로 전자화폐를 발행하는 것을 미국 연방 정부가 수용하기 어려웠다. 정부가 독점하는 발권력을 일개 사기업이 행사하는 것이었기 때문이다. 게다가 이골드가 불법 거래와 자금세탁에 사용된다는 정황도 제기됐다. 결국 2008년 미국 정부는 이골드 운영진을 기소하고 서비스를 폐쇄했다.

이골드는 블록체인을 기반으로 하는 가상자산의 성격과는 거리가 멀지만, 원리만 놓고 보면 팍소스골드 같은 금 기반 스테이블코인과 비슷한 구조를 가진다. 팍소스골드는 이골드의 부활일까? 정답은 아무도 모른다.

가상자산으로 만든 안정성 : 가상자산 기반 스테이블코인

법정화폐나 금이 아니라 가상자산을 담보로 발행되는 대표적인 스테이블코인은 다이(DAI)다. 다이는 현재 이더(ETH), USD코인(USDC) 등 주로 이더리움 블록체인 기반의 가상자산을 담보로 가치와 가격을 유지한다. 최근에는 미국 국채, 매출채권, 인보이스 등 실물자산(RWA)도 담보로 도입되는 추세다. 여기서 '이더'에 의문을 가질 수도 있다. 이더는 거래량 기준 시총 2위 가상자산이긴 하지만 스테이블코인이 아니다. 시장 수급에 따라 가격이 위아래로 크게 변동한다. 불안정한 가상자산을 기반으로 안정적인 가치와 가격을 유지한다는 것을 선뜻 이해하기 어려울 수 있다.

우선 불안정성에 대해 짚어보자. 현대사회에서 완벽하게 안정적인 토대 위에서 가치를 유지하는 금융상품과 자산은 거의 없다. 불안정성의 정도만 다를 뿐이다. 은행에 맡긴 예금은 은행이 파산하면 전액을 온전히 돌려받지 못할 수 있다. 정부, 지자체, 기업이 발행한 국채나 회사채도 나라가 망하거나 지자체 혹은 기업이 부도나면 휴지 조각이 될 수 있다. 법정화폐도 발행 국가의 정치적, 경제적 여건이 악화되면 가치를 잃을 수 있다. 이처럼 모든 금융상품과 자산은 나름의 불안정성(리스크)을 가지고 있다. 하지만 사람들은 편의를 위해 불안정성을 적절히 감수한다. 가상자산 기반 스테이블코인도 마찬가지다.

다이는 2017년에 출시된 메이커(Maker)라는 디파이(DeFi) 프로토콜을 통해 발행 및 관리되는 스테이블코인이다. 메이커의 운영과 관리는 메이커다오(MakerDAO)라는 탈중앙화자율조직(DAO)을 통해 이뤄진다.

다이(DAI) 스테이블코인 이미지

'탈중앙화자율조직'은 매우 생소한 개념일 것이다. 간단히 말해 메이커다오의 운영 전반에 관여할 수 있는 의결권을 가진 개인들로 이루어진 조직체다.

메이커다오 참여자들은 다이 스테이블코인의 담보 유형이나 담보 비율 변경 등 운영 전반에 관한 방향성을 제안하거나 투표에 참여한다. 이런 과정을 통해 다이는 탈중앙성, 즉 특정 주체가 좌지우지하지 못한다. 특정 발행사가 발행과 유통을 전적으로 통제하는 테더나 USD코인과 다른 점이다.

다이 1개는 테더나 USD코인과 마찬가지로 1달러 내외의 가격대를 유지한다. 물론 아무 가상자산을 담보로 삼는 것은 아니다. 메이커다오 참여자들의 투표에 의해 승인된 가상자산, 즉 앞서 말한 이더리움 블록체인 기반 가상자산이 담보로 활용된다. 그렇다면 이론적으로 1달러어치 가상자산을 예치하면 1개의 다이를 발급받을 수 있을까? 그렇지 않다. 다이는 '초과 담보'를 기반으로 발행되는 스테이블코인이다. 초과 담보란 1달러 이상(초과)의 담보를 예치해야 다이를 발행할 수 있다는 의미다.

구체적인 다이 발행 방법은 다음과 같다. 먼저 사용자는 볼트

(Vault)라는[31] 금고에 이더리움 기반 가상자산을 담보로 예치한다. 사용자가 예치해야 하는 담보의 최소 비율은 시장 상황에 따라 조금씩 변동된다. 다이 가치의 150%일 때도 있고 그 이상일 때도 있다. 최소 담보 비율이 150%인 상황에서 사용자가 다이(100개)를 발행하고자 한다면, 볼트에 최소 150달러의 이더(ETH)를 담보로 맡겨야 한다. 그리고 담보로 맡긴 가상자산의 가격이 담보 비율 아래로 내려가면 담보가 자동으로 청산된다. 따라서 담보 청산을 피하려면 미리 담보의 가격을 확인해야 한다.

왜 이런 최소 담보 비율이 존재하는 것일까? 답은 간단하다. 볼트가 입을 수 있는 손실을 예방하기 위해서다. 다이의 담보 역할을 하는 가상자산은 기본적으로 가격 변동성이 높다. 가격이 올라갈 수도 있지만 내려갈 수도 있다. 사용자가 볼트에 1.5달러어치 이더를 예치하고 1개의 다이를 발급받았다고 가정해보자. 불행히도 시장 상황이 좋지 않아 1.5달러어치 이더가 0.8달러까지 속절없이 떨어지는 상황이다. 이때 이더가 자동으로 매도되어 현금화되지 않으면 볼트에 손실이 생긴다. 그뿐만 아니라 다이의 가치를 담보할 수 있는 것이 사라져버린다. 최소 담보 비율과 담보 자동 청산 기능은 다이 발급 시스템의 핵심이라 할 수 있다.

반면 테더와 USD코인은 철저히 중앙화된 방식으로 운영된다. 테

---

31   원래 명칭은 부채담보포지션(CDP)이었으나, 2019년에 볼트로 변경됐다. 현재 메이커다오는 사용자들이 다이를 쉽게 발행할 수 있도록 오아시스앱(Oasis.app)이라는 인터페이스를 운영하고 있다.

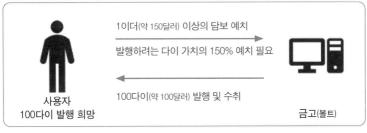

다이의 발행 구조

더와 USD코인의 발행량과 소각량에 대한 의사 결정, 담보자산에 대한 정보공개, 특정 지갑 주소의 코인 동결 등은 모두 발행사의 소관이다. 물론 주요 스테이블코인 발행사들은 '신뢰'를 확보한다는 미명하에 주요 정보를 대부분 공개하고 있지만, 어디까지나 발행사의 의지에 달린 문제다. 도덕적 해이가 발생하지 않으리라는 보장이 없다. 특히 테더 같은 경우가 그렇다.

다이의 시가총액은 2023년 8월 기준 39억 달러(약 5조 3천억 원)다. 같은 일자 테더(828억 달러, 약 111조 원)와 USD코인(259억 달러, 약 34조 원)에 비해 적지만 스테이블코인 시장 전체에서 3위다. 다이는 최근 들어 정체성에 많은 변화를 겪고 있다. 다이의 가치를 뒷받침하는 담보 중에서 국채, 회사채 같은 실물자산(RWA, Real World Asset)의 비중이 높아지고 있기 때문이다. 기준금리 상승으로 채권 금리가 높아진 상황에서 탄탄한 실물자산과 연계해 안정성과 수익성을 꾀하기 위한 목적이다.

담보 유무에 따른 스테이블코인 분류		관리 주체에 따른 스테이블코인 분류	
법정화폐 담보	테더, USD코인, 바이낸스USD	중앙화	테더, USD코인, 바이낸스USD
실물자산 담보	팍스스골드, 다이	탈중앙화	다이
무담보(알고리즘)	테라	최소 중앙화	테라

스테이블코인 분류

—
혁신과 사기의 경계 : 무담보형 스테이블코인

무담보형 스테이블코인은 가치를 뒷받침하는 담보자산이 없다. 그런 점에서 가상자산 시장에서도 독특한 위상을 갖고 있다. 금융의 역사에서 담보자산은 곧 신뢰를 의미하고, 이 신뢰에 의해 금융 시스템이 돌아간다. 그런데 무담보형 스테이블코인은 신뢰의 역할을 하는 담보 없이 일정한 가치를 유지하는 것을 목표로 한다.

지금까지 등장한 무담보형 스테이블코인들은 다양한 수단과 메커니즘을 제시했다. 대표적으로는 자동 알고리즘이 있다. 이런 알고리즘이 채택된 유형을 알고리드믹 스테이블코인(Algorithmic Stablecoin)이라고 한다.

기초 담보 없이 가격을 유지하는 무담보형 스테이블코인은 어떤 점에서는 혁신적이다. 담보 없이 독립적으로 완벽하게 동작하면서 지속 가능하다면 비트코인에 버금가는 인류의 발명품이라고 할 수 있다. 그러나 야심찬 비전과 함께 등장한 무담보형 스테이블코인들은 대부분 실패로 끝났다.

특히 2022년 5월 단 일주일 만에 99% 폭락한 테라(UST)는 전 세계적으로 400억 달러(약 51조 원)에 달하는 막대한 피해를 일으키고 막을 내렸다. 그리고 테라의 공동 창업자 권도형은 어디론가 자취를 감춘 이래 2023년 2월 현재까지 모습을 드러내지 않고 있다.

무담보형 스테이블코인은 여러 종류가 있지만, 가장 대표적인 테라를 기준으로 알아보자. 일단 테라의 목표는 1달러 근방의 가격을 꾸준히 유지하는 것이다. 스테이블코인이기 때문이다. 그러나 시장의 수급에 따라 테라의 가격은 1달러 위아래로 조금씩 변동한다.

테라 발행 시스템의 목표는 테라의 가격을 항상 1달러로 회복하는 것이다. 이를 위해 수요와 공급 조절이라는 전통 경제학의 메커니즘을 사용한다. 테라 가격이 1달러 아래로 떨어지면 테라의 공급량이 감소하고, 1달러 위로 오르면 테라의 공급량이 증가하도록 설계한 것이다.

이런 구조가 작동하는 데 필요한 것이 바로 루나(Luna)라는 자매 토큰이다. 루나와 테라는 한몸처럼 기능한다. 테라 1개는 루나 1달러어치와 언제든 교환 가능하다. 테라 1개를 '테라 스테이션'이라는 시스템에 입금하면 언제든 루나 1달러어치를 받을 수 있다. 여기서 루나의 가격은 테라와 마찬가지로 시장 상황에 따라 변동한다. 1달러어치 루나의 개수는 0.5개, 1개, 10개 등 시시각각 변한다.

이런 상황에서 테라의 가격이 1달러 아래로 떨어지면 어떻게 될까? 테라와 루나의 가격 차이를 이용해 차익거래를 하려는 투자자들은 테라 1개를 시장에서 구입한 다음 테라 스테이션에서 재빨리 루나 1달러어치와 교환하려고 할 것이다. 1달러 이하의 가격으로 산 코인을 1달러에 판매하면 차익을 거둘 수 있다.

반대로 테라의 가격이 1달러 이상 올라가면 차익거래자들은 시장에서 구입한 루나 1달러어치를 테라 스테이션에 입금하고 테라 1개를 교환할 수 있다. 이 과정에서 테라는 자연스럽게 1달러로 떨어진다. 이것이 바로 테라가 1달러 가치를 유지하는 메커니즘이다. 이론적으로 각광받기에 충분하다. '탈중앙성'이라는 가치를 중시하는 가상자산 업계라면 더욱 그렇다.

게다가 테라 생태계에는 '앵커 프로토콜'(이하 앵커)이라고 불리는 고이율 금융 서비스가 존재했다. 이론상 테라를 앵커에 예치하면 연 20%에 달하는 높은 이자를 받을 수 있었다. 사람들의 구미가 당기기에 충분했고, 테라는 많은 고객을 끌어모으며 빠른 속도로 성장했다. 고이율 제도는 테라 생태계의 네트워크 효과를 강화하는 데 일조하기도 했으나, 결국 테라 생태계의 몰락을 초래한 원인이 되었다.

무담보형 스테이블코인은 가상자산 생태계 내에서도 논란의 대상이다. 개념 자체는 가상자산 업계의 주요 지향점인 '탈중앙성'에 부합할지 모른다. 발행사들도 어쩌면 그런 비전을 가졌을 수 있다. 하지만 '탈중앙성'을 갖춘 채 담보 없이 독립적으로 유지된다는 것은 인류 보편적인 상식에 어긋난다. 돈에 대한 사람들의 욕망을 자극해 단기간에 몸집을 키울 수는 있다. 하지만 궁극적으로 신뢰는 알고리즘이나 고이율이 아니라 오랜 시간을 거쳐 천천히 만들어지는 것이다.

스테이블코인의 가치와 가격 메커니즘

지금까지 설명을 종합해보면 스테이블코인은 법정화폐, 실물자산, 가상자산 등 다양한 담보자산을 기반으로 안정적인 가치를 유지한다. 여기서 새로운 개념을 소개하고자 한다. 오프체인 담보와 온체인 담보다. 오프체인(off-chain) 담보란 블록체인 외부의 담보를 의미한다. 테더, USD코인, 팍소스골드의 담보자산은 모두 블록체인이 아니라 은행계좌나 금고에 있다. 그래서 오프체인 담보 스테이블코인이라고 불린다.

온체인(on-chain) 담보는 블록체인상에 존재하는 담보를 뜻한다. 비트코인이나 이더리움 같은 가상자산을 담보로 삼아 가치를 유지하는 것이다. 대표적인 것이 다이 스테이블코인이다. 다이의 가치는 이더 같은 가상자산을 담보로 유지된다. 이더 자체는 달러처럼 실물로 인출해서 은행계좌에 보관할 수 없다.

이처럼 스테이블코인은 온체인 담보나 오프체인 담보를 앞세워 가치를 유지하고자 한다. 온체인 담보 내역은 일반 투자자들도 쉽게 볼 수 있다. 온체인 담보, 즉 가상자산은 태생이 디지털 네이티브다. 디지털 숫자 자체가 곧 담보자산이다. 웹사이트에서 담보자산을 숫자로 모두 확인할 수 있다. 담보자산의 가치가 극단적으로 변

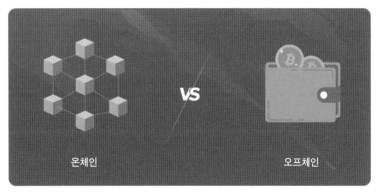

오프체인, 온체인 담보 심볼 이미지(출처 : Zebpay)

하지 않는다면 온체인 담보 스테이블코인 투자자는 투매에 나서지 않을 것이다.

반면 오프체인 담보를 직접 본 투자자는 사실상 없다. 테더나 USD코인을 보유한 개인 투자자 중에서 테더 리미티드나 서클의 은행계좌 속 현금이나 팍소스골드의 담보로 설정된 금을 눈으로 직접 본 사람은 거의 없다. 특히 서클이 블랙록을 통해 운용하는 펀드를 면밀히 검토하고 신뢰도를 측정한 다음 USD코인을 매수한 투자자는 아마 없을 것이다. 대부분의 사람들은 발행사들이 언론이나 트위터를 통해 전파하는 담보 관련 주장을 그저 받아들일 뿐이다.

온체인 담보나 오프체인 담보의 가치가 극단적으로 변동하지 않는다면 투자자들이 스테이블코인을 일거에 매도하지 않을 것이다. 담보 가치가 한순간에 0이 되지 않을 것이라는 전제에서 말이다. 전 세계 투자자들이 스테이블코인을 일거에 매도하지 않기 때문에 가격이 갑자기 큰 폭으로 변동하는 일도 흔치 않다. 다만 투자자들은 각기 다른 이유로 거래소나 발행사에서 스테이블코인을 계속 사고 판다. 그 과정에서 거래소별로 스테이블코인의 가격에 미묘한 차이가 발생한다. 이런 가격 차이는 누군가에게는 차익 기회이자, 스테이블코인의 가격을 1달러 근방에 고정하는 유인이기도 하다.

A거래소에 테더 매수세가 몰려 가격이 1.3달러로 올랐다고 가정해보자. 이론적으로 차익거래자가 취할 행동은 무엇일까? 테더 리미티드로부터 테더를 1달러에 산 다음, 이를 A거래소에서 1.3달러에 파는 것이다. 그러면 0.3달러의 이익을 얻을 수 있다. 금융시장에서는 이런 차익거래를 두고 발행시장에서 매입해 유통시장에서 판매한다고 표현한다. 0.3달러의 이익을 노리고 투자자들이 잇따라 테더를 1.3달러에 매도하면 어떻게 될까? 테더의 가격은 자연스럽게 1달러로 떨어질 것이다.

반대로 A거래소의 테더 가격이 0.7달러로 떨어졌다고 가정해보자. 테더를 이미 보유하고 있는 투자자라면 테더 리미티드 계정에 테더를 입금하고 1달러를 상환받을 수 있다. 상환에 성공하면 투자자는 0.3달러의 차익을 볼 수 있다. 이 경우 차익거래자들은 잇따라 A거래소에서 테더를 매수해 발행사에 상환을 요청한다. 이 과정에서 0.7달러였던 테더의 가격은 자연스럽게 1달러로 오른다.

이것이 바로 오프체인 담보 스테이블코인의 가격 메커니즘이다. 차익거래자들은 스테이블코인의 미묘한 가격 차이를 이용해 수익을 내고, 매수와 매도 압력이 적절히 균형을 이루면서 스테이블코인의 가격은 1달러를 유지한다. 물론 이 메커니즘은 이론적인 것이며 실제와는 차이가 있다. 앞서 설명했듯이 스테이블코인 발행사들은 최소 상환 금액을 지정해두고 있다. 1달러 단위의 차익거래로 수익을 내기는 불가능하다. 또한 스테이블코인의 차익거래는 대부분 봇(Bot)을 통해 자동으로 빠르게 이뤄진다. 개인 투자자가 스테이블코인을 일일이 거래소와 발행사 계정으로 이동시키며 차익을 내기는 물리적으로 불가능하다.

미묘한 가격 차이를 이용해 수익을 내려는 거래 행위를 전문 용어로 아비트러지(arbitrage)라고 한다. 아비트러지는 가상자산 시장뿐 아니라 금융시장에서 전반적으로 사용되는 용어다. 한국어로는 무위험 차익거래라고 한다.

지속적인 아비트러지를 통해 스테이블코인의 가격이 1달러 수준을 유지하려면, 기본적으로 스테이블코인의 가치가 안정되어 있어야 한다. 온체인 담보와 오프체인 담보가 건전해야 이러한 전제가 유지될 수 있다.

담보 가치에 심각한 의구심을 불러일으키는 사건이 발생한다면 어떻게 될까? 가령 테더의 전체 유통량 대비 미국 달러가 현저히 부족하거나, USD코인을 뒷받침할 미국 채권의 가격이 크게 떨어지거나, 혹은 미국 달러가 예치된 은행의 부도로 담보 상환이 불확실하다고 가정해보자.

단기간에 정상으로 회복되기 어려운 상황이고, 미디어들도 연일 스테이블코인 위기론을 얘기하고 있다. 발행사들은 트위터를 통해 걱정하지 말라는 메시지를 보내지만, 시장에는 공포심이 빠르게 확대되고 있다. 이 경우 스테이블코인을 법정화폐로 상환하려고 하기 때문에 매도 비율이 높아진다. 투자자들은 혹시 모를 손해를 예방하기 위해 거래소나 발행사를 통해 앞다퉈 달러를 상환받아 원금을 회수하려고 한다.

특정 시점에 매도세가 한 번에 몰리면 심각한 문제가 발생할 수 있다. 일단 가상자산 거래소에는 투자자들이 잇따라 팔아치운 스테이블코인 물량이 빠르게 증가한다. 그러면 스테이블코인 가격이 1달러 이하로 현저히 떨어져 투자자들의 공포심과 투매를 자극할 수 있다. 스테이블코인 발행사들과 직접 거래하는 기관급 고객들은 일거에 현금 상환을 요청한다.

발행사는 고객들의 상환 요청이 몰려 현금이 부족하면 보유 중인 미국 단기국채를 매각해야 한다. 이때 발생 가능한 문제가 있다. 만약 발행사가 과거에 국채를 비싼 가격에 매입해뒀는데 현재 국채 가격이 많이 하락해 손실을 보고 있는 상황을 가정해보자. 고객의 상환 요청이 대거 몰리면 발행사는 어쨌든 약속한 대로 상환해줘야 한다. 쉽게 말해 미실현 손실이 발생한 상황에서 국채를 매도해야 하기 때문에 발행사는 확정적으로 손실을 입게 된다. 다행히 아직까지 그런 사례가 보고되지는 않았으나 완전히 배제할 수 없는 시나리오다.

지금까지 설명한 스테이블코인의 메커니즘을 정리해보자. 스테이블코인이 안정성을 유지하는 원동력은 수익 창출 가능성에 있다. 차익거래로 수익을 내려는 거래자들에 의해 가격이 안정되면서 스테이블코인을 구매하려고 한다. 이런 유인이 지속적으로 이뤄져야 발행사로 현금이 유입되고, 채권을 매입해야 발행사는 이자수입을 얻는다.

그런데 특정 악재가 발생하면 이 메커니즘이 제대로 작동하지 않는다. 스테이블코인 보유자들이 현금을 상환받으려 하면 발행사의 현금 보유량과 채권 보유량은 감소한다. 이로 인해 발행사의 이자수익도 줄어든다.

따라서 발행사들은 평소에 스테이블코인의 안정화 메커니즘이 문제없이 작동하도록 다양한 전략을 활용한다. 각종 미디어와 채널을 통해 홍보에 힘쓰는 리스크 관리 전략을 적절히 발휘한다.

예컨대 USD코인 발행사 서클은 스테이블코인 보유자들이 담보자산의 건전성을 의심하지 않도록 적절한 회계감사 자료를 공개한다. 반면 테더 리미티드는 비밀주의를 고수하는데, 투명성을 강조하는 전통 금융의 관점에서 건전한 방법은 아니다. 금융 규제 당국이 우려하는 지점이기도 하다. 하지만 스테이블코인의 메커니즘이 작동하는 데는 효과적인 리스크 관리 전략으로 보인다.

테더 리미티드 같은 발행사들은 스테이블코인의 담보자산을 유동성이 풍부한 대형 은행들에 예치하지 않는다. 일단 주요 은행들은 금융 규제 등 각종 우려 때문에 발행사와 잘 협력하지 않기 때문이다. 그러다 보니 상대적으로 유동성이 떨어지고 잘 알려지지 않은 은행이나 투자 관리 회사에 담보자산을 예치한다. 제2금융권의 이름이나 예치된 담보자산의 규모가 공개되면 투자자들 사이에 불안감이 조성될 수 있다. 그래서 애초에 테더 리미티드는 상세한 정보를 공개하지 않는다.

스테이블코인 발행사는 어떻게 돈을 벌까?

스테이블코인 발행사들은 영리기업이다. 고객들이 예치한 돈을 금고 같은 곳에 그대로 방치해두지 않는다. 적절히 운용해 수익을 창출해야 직원들 월급도 주고 운영비도 충당할 수 있다.

수익 창출 방법은 여러 가지다. 채권을 사거나 예금 상품에 예치해 이자수익을 얻을 수 있다. 비트코인 같은 가상자산을 사서 수익을 올리거나 기타 수수료를 수취하기도 한다. 마치 은행들이 고객의 예금을 다시 대출해주거나 채권에 투자해 이자수익을 얻는 것과 비슷하다. 발행사들이 돈을 버는 방법은 여러 가지이지만 주요 수입원은 미국 국채에서 나오는 이자다.

국채 투자 수익은 금리에 많이 좌우된다. 저금리 시기에는 이자수익이 적지만 고금리 시기에는 수익이 커진다. 기준금리가 인상될수록 국채 수익률도 상승하기 때문이다. 연준은 2022년 3월 기준금리를 전격 인상했다. 이에 따라 대다수 스테이블코인 발행사들이 고금리 시기에 제법 괜찮은 수익을 얻었을 것이다. 다만 발행사가 보유한 국채 총액, 국채의 만기별 비중에 따라 수익에 편차가 있을 것이다. 주요 발행사들이 어떻게 수익을 창출하는지 알아보자.

테더

테더의 담보자산은 대부분 현금이나 현금성 자산으로 구성돼 있다. 고객들이 상환을 요청할 경우 빠르게 대응하기 위해서다. 2023년

8월 기준 현금 및 현금성 자산은 테더 전체 담보자산의 85%에 달한다. 세부적으로는 미국 국채, 오버나이트 레포(over night repo, 금융기관 간 하루짜리 단기자금), 머니마켓펀드, 현금 등으로 구성돼 있다. 이 중 75%가 미국 국채이다. 시장 상황에 따라 구성 비율은 조정될 수 있다.

테더는 스테이블코인 시장 1위답게 막대한 수익을 자랑한다. 테더 관계사들을 지배하는 테더 홀딩스 리미티드의 2023년 2분기 확인 보고서를 보면 2023년 4~6월 영업 순이익이 10억 달러(약 1조 3천억 원) 이상이라고 한다. 직전 분기보다 30% 증가한 수치다. 막대한 수익을 얻을 수 있었던 이유는 미국 국채 수익률이 상승한 덕분이다. 보고서에 따르면 테더는 725억 달러(약 93조 원)를 미국 국채, 환매계약 등에 투자했다.

테더 측은 2017년 이후 14건의 담보자산 구성 보고서를 발표하며 나름대로 투명성을 보여주려고 했다. 그러나 테더 측이 공개한 자료에 대한 논란이 끊임없이 제기되고 있다. 공정하면서 철저한 회계감사 자료를 발표한 적이 없기 때문이다. 테더 측은 단지 담보자산 및 부채를 정리한 스냅샷을 보고서에 첨부했다. 그리고 스냅샷의 담보자산 및 부채와 시중에 유통되고 있는 테더 발행량이 일치한다는 점을 BDO라는 회계감사법인이 확인하고 서명했을 뿐이다.

일견 그럴듯해 보일 수 있다. 그러나 전문가들에 따르면 이 정도 수준의 확인 보고서로는 유사시에 현금을 100% 상환해줄지 확신할 수 없다. 일반적으로 회계감사는 기업의 담보자산이 실재하는지(실재성), 기업이 자산을 실제로 보유하고 있는지(권리와 의무), 발표한 매출이 실제 매출인지(발생 사실), 발표한 부채와 채무에 숨김은 없는지(완전성) 등 다양한 항목을 감사한다. 그렇다 보니 언론과 전문가들은 테더 측의 확인 보고서에 꾸준히 의문을 제기하고 있다.

특히 테더는 한때 고객이 예치한 현금의 상당수를 고금리 중국 상업어음에 투자해 논란에 오른 적이 있다. 2021년 3월 테더 측은 담보자산의 절반 이상을 중국농업은행, 홍콩중국은행, 교통은행 등 중국계 금융기업의 어음으로 보유하고 있었다. 그러다 2021년 9월 중국 2위 부동산 개발업체 헝다(에버그란데)가 유동성 위기로 파산할 가능성이 있다는 소식이 전해졌다. 중국 정부의 대출 규제로 돈줄이 말라버린 탓이었다. 이른바 '헝다 사태'였다. 당시 업계에서는 헝다가 부채 약 320조 원의 이자를 지급하지 못할 수 있다는 얘기가 돌았다.

헝다 사태의 불똥은 테더로 튀었다. 몇몇 언론들은 테더 자본의 다수가 헝다와 관련되어 있다고 보도했다. 사실이라면 헝다가 파산할 경우 테더의 유동성에도 심각한 문제가 발생할 수 있다. 다행히 테더 측은 2022년 10월 공식 성명을 통해 담보자산 포트폴리오에서 상업어음 300억 달러(약 42조 원)를 전액 매도하고 미국 국채를 매입했다고 발표했다. 테더 가격에 불안감을 주는 요소를 차단한 것이다.

그럼에도 언론은 최근까지 의혹을 제기하고 있다. 2023년 6월경 테더가 담보자산의 일부를 중국 국영기업의 어음으로 보유하고 있었다는 기사가 나왔다. 테더 측은 "2년도 더 지난 일"이라며 현재는

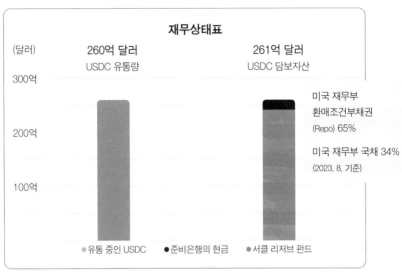

재무상태표

(달러)
　　　260억 달러　　　　　　　261억 달러
　　　USDC 유통량　　　　　　USDC 담보자산

300억

　　　　　　　　　　　　　　미국 재무부
　　　　　　　　　　　　　　환매조건부채권
200억　　　　　　　　　　　　(Repo) 65%

　　　　　　　　　　　　　　미국 재무부 국채 34%
　　　　　　　　　　　　　　(2023. 8. 기준)
100억

●유통 중인 USDC　　●준비은행의 현금　●서클 리저브 펀드

USD코인의 담보자산 구성(출처 : 서클 데이터 기반 재구성)

담보자산에서 기업어음은 전혀 없다고 일축했다.

USD코인

　USD코인의 담보자산 구성 내역은 테더에 비해 훨씬 단순하다. 대부분 '리저브 펀드'로 구성돼 있고, 은행에 현금(미국 달러)이 일부 예치돼 있다. 리저브 펀드는 자산운용사에서 판매하는 펀드처럼 여러 금융상품에 투자해 수익을 낸다.

　다만 리저브 펀드는 아무 금융상품에 투자하지 않는다. 대부분 미국 단기국채처럼 유동성이 높고 안정적인 금융상품에 투자한다. 단기국채는 유사시에 재빨리 팔아 유동성을 확보하기 좋은 상품이다. 그래서 USD코인 보유 고객이 상환을 요청하면 거의 즉시 가능하다. 그러면서도 발행사인 서클은 국채에서 나오는 이자수입을 안정적으로 거둘 수 있다.

2023년 8월 기준 서클 리저브 펀드는 미국 재무부 환매조건부채권(Repo, RP) 65%, 미국 재무부 국채 34%로 구성돼 있다. 미국 재무부가 자금 조달을 위해 판매하는 환매조건부채권은 특정 기일 내에 다시 사들일 것(환매)을 약속하는 것이다. 예컨대 미국 재무부가 1월 1일 1천 원에 A씨에게 판매한 환매조건부채권을 7일 뒤 1,100원에 되사는 조건으로 판매한다고 가정해보자. 그럼 A씨는 7일 뒤 원금 1,000원과 100원의 이자를 얻는다.

이런 조건으로 판매되는 채권을 'RP 7일물'이라고 한다. 다시 말해 미국 재무부 RP 7일물은 구입 후 아무리 길어도 일주일 이내에는 '무조건' 원금과 이자를 수령할 수 있는 채권이다. 미국 재무부가 부도날 가능성은 없으니 '무조건'이라는 표현이 과장은 아니다. 같은 방식으로 재무부가 1월 1일 1천 원에 B씨에게 판매한 환매조건부채권을 30일 뒤에 1,200원에 되사기로 약속했다면 이 채권은 'RP 30일물'이다. 아무리 길어도 30일 내에는 무조건 원금과 이자를 받을 수 있다. 환매 기간이 짧은 채권일수록 유동성이 높다.

그렇다면 서클 리저브 펀드의 미국 재무부 환매조건부채권들은 며칠 물로 구성돼 있을까? 70.94%를 차지하는 'RP 7일물(1-7)'이 가장 많다. 그리고 14일에서 90일짜리 RP의 비중이 나머지 30%를 차지한다. 이것은 서클 리저브 펀드, 즉 USD코인을 뒷받침하는 담보자산의 '유동성'이 그만큼 높다는 뜻이다.

Exposure Breakdowns

Sector | Geography | Maturity | Credit Quality

as of 04-Aug-2023

% of Weight

Type ▲	Fund ▶	Fund
1-7	70.94	
8-14	7.30	
15-30	9.22	
31-60	10.34	
61-90	2.21	

서클 리저브 펀드를 구성하는 미국 재무부 환매조건부채권의 일물 비중(출처 : Blackrock)

안타깝게도 USD코인 발행사 서클의 매출 전망은 밝지 않다. USD 코인의 담보자산 일부가 예치된 미국 실리콘밸리은행(SVB)과 실버 게이트가 2023년 3월 갑자기 파산하면서 시장에 불안감이 조성된 탓이다. 당시 서클 측은 USD코인 보유 고객들의 예금 상환에 문제 없다고 주장했다. 그러나 USD코인의 매도세가 이어지면서 잠시 페 깅이 깨지기도 했다.

이후 USD코인의 시가총액은 눈에 띄게 줄어드는 추세다. 서클이 리저브 펀드나 예금을 통해 운용할 수 있는 자산의 절대 액수가 감 소할 수밖에 없는 이유다. 2023년부터는 서클의 매출 데이터 자료 를 구하기도 어렵다. 그나마 2022년 9월 마감 분기의 매출 자료가 가 장 최근 데이터다. 당시 서클은 2억 7,400만 달러(약 3,570억 원)의 매 출과 이자수익을 거뒀으며 순이익은 4,300만 달러(약 560억 원)였다.

다이

초창기에 다이(DAI)는 이더(ETH) 같은 가상자산을 담보로 발행된 스테이블코인이었다. 그래서 한동안 탈중앙화된 스테이블코인이라고 불렸다. 이후 담보의 종류가 USD코인, 팍스달러(USDP) 같은 법정화폐 기반 스테이블코인과 랩드 비트코인(WBTC) 같은 이더리움 블록체인 기반 가상자산으로 확장되면서 다이 고유의 정체성에 변화가 생겼다. 최근 들어서는 그 변화가 더욱 뚜렷해지고 있다. 담보자산의 유형이 실물자산으로 대폭 확장되고 있기 때문이다.

2023년 8월 다이의 담보를 보면 이더만큼이나 USD코인, 팍스달러, 제미니달러(GUSD) 같은 법정화폐 기반 스테이블코인의 비중이 크다. 법정화폐 기반 스테이블코인은 대체로 미국 달러와 미국 재무부 단기국채 등을 담보로 안정성을 유지한다. 그런데 다이의 담보는 스테이블코인 외에 'RWA'가 대략 40% 정도의 비중을 차지한다. RWA는 실물자산(Real World Asset)의 약자로 최근 블록체인 업계에서 크게 화제가 되고 있다. 미국 국채, 회사채, 매출채권, 부동산, 미술품 등 실물경제에서 매매되는 자산이다.

다이의 담보 유형이 비(非)가상자산으로 확대된 이유는 여러 가지다. 우선 다이가 특정 담보에 지나치게 의존할 때 발생하는 리스크를 줄이면서 동시에 수익률을 높이기 위해서다. 주요 계기는 2023년 3월 터진 SVB 파산 사태다. 이때 USD코인의 가격이 1달러 아래로 하락하자 다이의 가격도 덩달아 1달러 아래로 떨어졌다. USD코인의 100% 상환 가능성이 불확실해지자 시장의 공포감이 다이로 전염된 탓이었다. 당시 다이 또한 담보자산의 상당량이 USD코인으로 교환돼 기관용 금융상품에 투자되어 있었다. 이로 인해 커

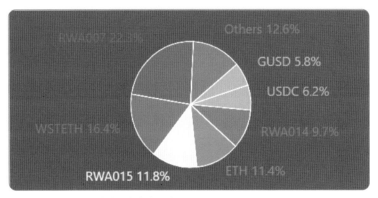

2023년 8월 기준 발행된 다이의 각 담보 비율(출처: Dai Stats)

뮤니티에서는 다이의 안정을 위한 방향성을 새롭게 정립해야 한다는 의견이 나왔다.

수익성에 대한 문제도 있었다. 디파이 시장은 2022년 들어 급격한 약세로 전환되면서 수익률이 크게 하락했다. 한때 수백 퍼센트의 이자를 제공하는 디파이 플랫폼도 있었지만, 약세장이 되자 디파이의 평균 이자수익률은 2~3퍼센트로 추락했다. 이에 따라 다이와 같은 스테이블코인을 구입해 디파이에 예치해 이자수익을 벌고자 하는 수요도 크게 줄어들었다.

기본적으로 디파이는 높은 이자율을 토대로 많은 사람들이 활발하게 가상자산을 예치하고 대출해야 자생할 수 있는 구조다. 그런데 이자율 자체가 낮으니 사람들이 디파이를 안 찾게 되고, 그러면서 디파이의 총예치물량(TVL)이 감소해 수익률이 떨어지는 악순환이 발생한 것이다. 이 문제를 해결하려면 결국 사람들이 다이를 디파이에 투자해 높은 이자수익률을 거둘 수 있어야 한다. 그에 대한 해답 중 하나는 미국 채권이다. 기준금리가 높은 상황에서 미국 채권은 이자율도 높고 안정적인 자산이다.

다이 커뮤니티인 '메이커다오' 참여자들은 다이의 담보 유형을 채권으로 확장하는 안건을 제시하고 투표를 진행했다. 그 결과, 2022년 6월 메이커다오 커뮤니티에서는 5억 달러(약 6,500억 원)어치의 다이를 미국 단기국채 및 미국 회사채 매입에 활용하는 안건이 통과됐다. 그리고 같은 해 10월 다이는 모네탈리스(Monetalis)라는 투자자문사의 감독과 시그넘(Signum)이라는 가상자산 전문은행의 지원을 통해 달러로 전환돼 각각 미국 국채와 미국 회사채를 구입하는 데 사용됐다. 구체적으로는 블랙록 자산운용사의 아이셰어즈 국채 ETF와 베일리 기포드 자산운용사가 관리하는 회사채에 투자됐다.

한편 메이커다오의 수입원은 크게 2가지다. 하나는 안정화 수수료다. 다이의 가격을 '안정화'하는 명목으로 다이 사용자에게 부과하는 이자라는 뜻이다. 좀 더 쉽게 말하면 다이에 대한 대출이자다. 이 수수료가 높아진다면 당연히 발행 수요가 줄어든다. 은행 대출이자가 높으면 대출 수요가 줄어드는 것처럼 말이다. 안정화 수수료가 높아지면 다이의 공급은 줄어들고 가격은 상승한다. 다이의 가격이 1달러 아래로 하락한 상황에서는 이처럼 안정화 수수료를 높이는 것이 가격 상승에 도움이 된다.

또 다른 수입원은 RWA 이자수입이다. 메이커다오는 2022년 5억 달러를 미국 단기국채와 회사채 같은 RWA에 투자했다. 기준금리 상승에 따라 채권 이자가 높아진 상황에서 수익을 극대화하기 위함이다. 2023년 8월 기준으로 RWA가 40% 정도 다이 스테이블코인의 담보로 잡혀 있다.

아울러 과거 사례이긴 하지만 메이커다오는 '코인베이스 프라임'이라는 기관투자자 전문 플랫폼에도 5억 달러어치의 USD코인을 예치해 수입원을 늘렸다. 2023년 외신 보도에 따르면 메이커다오가 2022년 중반부터 1년간 거둔 수익의 80%는 RWA에서 발생한 것이다. 지난 2022년에는 6,500만 달러(약 810억 원)의 매출을 기록했으며, 2023년에는 4,300만 달러가 될 것으로 추정된다.

—
한국에서 스테이블코인을 사는 방법

지금까지 스테이블코인의 유형과 구조에 관해 복잡하고 방대하게 설명했다. 이쯤에서 초심자라면 '그래서 한국에서 스테이블코인을 어떻게 사는 것인가?'라는 의문을 던질 수도 있다. 주로 국내 거래소에서 가상자산을 매매하는 투자자라면 스테이블코인을 사용할 일이 별로 없겠지만, 시야를 넓혀 해외 거래소에서 다양한 가상자산을 거래하고 싶은 투자자를 위해 달러 기반의 테더(USDT)를 기준으로 간단히 설명한다.

스테이블코인을 사는 경로는 크게 발행시장과 유통시장으로 나뉜다. 발행시장은 1차시장(primary market), 유통시장은 2차시장(secondary market)이라고 불린다. 전통 금융 업계에서 흔히 사용되는 용어다. 주식시장에 빗대어 보면 쉽게 이해할 수 있다.

사람들은 주식을 어떻게 살까? 대부분 증권사 앱에 접속해서 매수를 희망하는 종목을 먼저 찾는다. 예컨대 삼성전자 주식을 산다고 해보자. 시장에서 한창 거래되고 있는 삼성전자 주식의 가격을 확인하고 적당한 시점에 '매수' 버튼을 눌러 매수할 것이다. 이렇듯 이미 거래(유통)되고 있는 종목을 매매할 수 있는 시장을 유통시장이라고 한다.

그런데 우리는 유통시장에서만 주식을 사지는 않는다. 종종 '공모주 청약' 방식을 통해 주식을 사기도 한다. 공모주란 코스피나 코스닥 상장을 앞둔 비상장기업이 청약 과정을 통해 사전 분배하는 주식이다. 개인투자자들은 보통 증권사가 공지한 공모주 청약 날짜에 일정액의 증거금을 납부하고 공모주를 배정받는다. 이렇게 배정받은 공모주는 아직 시장에서 거래되기 전이므로 가격이 형성되지 않는다. 이후 해당 기업이 정식 상장되면 공모주가 유통시장에서 거래되면서 가격이 형성된다. 이 기업에 대한 대중의 기대감이 클 경우 공모주의 가격은 상장 첫날 급등하곤 한다.

스테이블코인은 어떨까? 주식과 마찬가지로 발행시장에서 사는 방법과 유통시장에서 사는 방법이 있다. 스테이블코인 발행사에 직접 연락해서 계약을 맺고 구입한다면 발행시장에서 스테이블코인을 구입하는 셈이다. 테더는 발행사인 테더 리미티드 홈페이지(tether. to)에 들어가서 회원 가입, 계정 생성, 인증비용 납부, 구입 금액 입금 등을 거쳐서 테더를 구입할 수 있다. 문제는 개인투자자가 테더 리미티드를 통해 직접 테더를 구입하는 것은 사실상 불가능하다는 점이다. 최소 구입 금액이 한화로 1억 원 이상이며 거주 국가에 따라 구입하는 데 제약도 있다. 테더 리미티드가 개인투자자와 직접 계약하고 테더를 판매한 사례도 없다. 해외 가상자산 거래소, 즉 기업 고객이 아니면 발행사를 통해 테더를 직접 구입할 수 없다.

개인투자자는 유통시장, 즉 가상자산 거래소에서 테더를 구입할 수 있다. 이 과정도 그리 간단하지는 않다. 적어도 구입 자체가 아니라 투자를 목표로 한다면 그렇다. 가장 흔한 방법은 업비트 거래소와 해외 거래소를 이용하는 것이다. 다음은 합법적으로 이용 가능한 경로다. (다만 특정 가상자산에 대한 투자 권유 혹은 거래소 가입 권유가 아님을 미리 밝힌다.)

① 업비트에 가입한 다음 은행계좌(케이뱅크)를 연동하고 인증한다.

② 은행계좌처럼 원화를 필요한 만큼 업비트로 입금한다.

③ 처음 원화를 입금한 경우 일단 72시간 대기한다. 업비트 측이 금융 사고 예방을 위해 72시간 동안 출금을 제한하기 때문이다.

④ 기다리는 동안 입출금 가능한 해외 거래소에 가입한다. 바이낸스, OKX, 바이비트가 대표적이다.

⑤ 72시간 제한이 풀리면 업비트에서 원화로 리플(XRP)을 매수한다.

⑥ 매수한 리플을 해외 거래소 중 한 곳으로 전송한다.

국내에서 테더(USDT)를 구입하는 주요 경로

⑦ 리플을 USDT 마켓에서 매도해 테더를 확보한다.

초심자라면 이렇게 복잡한 과정을 거쳐 스테이블코인을 구입해야 하나 싶을 것이다. 글로벌 가상자산 생태계를 폭넓게 탐색하고 싶은 사람이 아닌 한 굳이 스테이블코인을 구입할 필요는 없다. 국내 거래소에서만 투자 활동을 할 거라면 원화만으로 충분히 가능하다. 다만 스테이블코인 기반의 투자 상품이나 서비스를 경험해보고 싶다면 테더든 USD코인이든 스테이블코인을 한 번쯤 구입해보는 것도 좋다.

스테이블코인, 사실은 코인이 아니라고?

스테이블코인은 가치와 가격이 안정적으로 유지되기만 한다면 금융거래의 효율성을 크게 높일 수 있다. 특히 스테이블코인은 송금을 위한 도구로 유용하다. 스테이블코인이라는 이름과 달리 사실은 '토큰'이기 때문이다. 이건 상당히 중요한 사실이다.

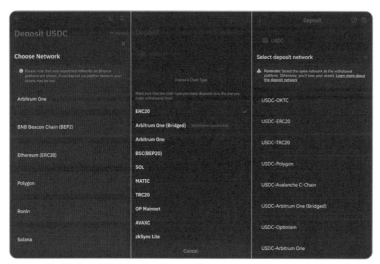

USD코인을 입금할 때 선택할 수 있는 네트워크 종류들

코인은 기본적으로 자체 블록체인 네트워크(메인넷)에서 발행 및 유통된다. 예를 들어 이더(ETH)는 이더리움 블록체인, 리플(XRP)은 리플 네트워크에서만 발행되고 유통된다. 이더를 리플 네트워크를 통해서 다른 사람에게 전송하는 것은 불가능하다. 그래서 이더는 이더리움 네트워크에 종속적인 '코인'으로 분류된다. 리플도 마찬 가지다.

반면 토큰은 자체 블록체인 네트워크가 없다. 시중에 이미 존재 하는 여러 블록체인 네트워크에서 발행되고 유통된다. 반드시 하나 의 블록체인을 통하지 않아도 된다. 테더나 USD코인 같은 스테이 블코인이 바로 이러한 토큰에 해당한다. 테더나 USD코인은 다양한 블록체인에서 발행될 수 있다. 이를 '다양한 프로토콜을 지원한다'

고 표현한다.

A거래소에서 B거래소로 테더를 송금할 때 이더리움 네트워크를 이용하고 싶다면, 상대방의 이더리움 지갑 주소를 입력하고 이더리움 네트워크를 선택한 뒤 보내면 된다. 이더리움 외에도 솔라나, 트론, 아비트럼, 옵티미즘 등 다양한 네트워크를 이용할 수 있다.

돈을 보내는 데 단 하나의 네트워크만 이용해야 한다면 어떨까? 두말할 것도 없이 매우 불편할 것이다. 네트워크에 송금 요청이 몰리면 송금 속도가 늦어지거나 수수료가 추가될 수도 있다. 실제로 이더리움 네트워크가 그렇다. 이더리움은 유명하고 보안성도 좋지만, 송금 속도가 늦고 수수료도 굉장히 비싼 편이다.

테더를 이더리움 네트워크를 통해서만 주고받을 수 있다면 테더의 시장점유율이 지금처럼 커지지 않았을 것이다. 하지만 테더를 비롯한 주요 스테이블코인은 솔라나, 트론, 알고랜드, 아비트럼 등 이더리움보다 훨씬 빠르고 저렴한 네트워크로 주고받을 수 있는 '토큰'이다. 송금하는 데는 토큰이 코인보다 편리하다.

단일 네트워크를 통해 법정화폐를 해외로 송금하는 것과 비교해보자. 한국에 사는 정수가 미국에 사는 진기에게 1천 달러를 송금하려고 한다. 정수는 국민은행을 이용하고 있고, 진기는 체이스은행을 이용하고 있다. 두 은행의 송금은 국제금융통신망인 스위프트(SWIFT) 네트워크를 통해서만 이뤄진다. 스위프트를 통해 돈을 보내려면 송금은행, 중개은행, 수취은행을 차례로 거쳐야 한다. 이 과정에서 각종 수수료가 붙는 것은 물론 시차와 영업 시간에 따라 송금

시간이 며칠씩 걸리기도 한다.

사용자는 각 블록체인의 수수료나 속도 등을 비교해 원하는 네트워크로 스테이블코인을 보내거나 받을 수 있다. 나는 과거에 바이비트 거래소에서 OKX로 500달러어치 USD코인을 전송해본 적이 있다. 당시 아비트럼 네트워크를 사용했는데 5초 이내에 도착했으며 수수료는 몇십 원 수준이었다. 스테이블코인을 이용한 덕분에 달러를 훨씬 빠르고 저렴하게 송금할 수 있다.

예를 들어 철수가 부산에서 서울로 이동하려고 하는데 고속도로밖에 이용할 수 없다면 어떻게 될까? 평소에는 별문제 없지만 추석이나 설날에는 엄청난 교통체증으로 인해 도로 위에서 시간을 다 허비해야 할 것이다. 하지만 이용 가능한 경로가 철도(기차), 하늘길(비행기), 수상(배)으로 다양하다면, 철수는 교통 혼잡도, 비용, 여유 시간 등을 적절히 고려해 자신에게 적합한 경로를 선택해 편리하게 이동할 수 있다.

다이의 체질 변화
그리고 탈중앙화라는 환상

다이 스테이블코인을 둘러싼 의사결정은 '메이커다오'라는 탈중 앙화자율조직(DAO) 구성원들의 투표에 의해 이뤄진다. DAO에서 통용되는 토큰을 보유한 사람은 자율적으로 안건을 제안할 수 있으 며, DAO 구성원들은 안건에 투표할 수 있다. 그래서 DAO는 독단적 결정을 예방할 수 있다는 게 일반적인 설명이다.

보통 사기업은 운영 방향이 이사회에 의해 결정되곤 한다. 상당히 '중앙화'된 방식이다. 그래서 일반 소액주주들이 '회사의 주인'으로서 유의미한 의결권을 행사하기는 사실상 불가능하다.

그렇다면 DAO의 구조는 일반 기업들보다 탈중앙화되어 있을까? 현실적으로 그렇다고 보기 어렵다. DAO에서 안건 제안과 투표에 사용되는 토큰의 상당수가 소수에게 쏠려 있기 때문이다.

블록체인 데이터 분석업체 체이널리시스가 2022년 6월 발표한 보 고서에 따르면 10개의 주요 DAO에서 1% 미만의 이용자들이 의결 권 토큰의 90%를 보유한 것으로 나타났다. 안건을 제안하거나 통과

시키는 데 토큰 보유량이 상당한 영향력을 발휘한다는 점을 고려한다면, 사실상 DAO도 상당히 중앙화된 구조이다. 게다가 투표 참여율도 그리 높지 않다. 그래서 DAO의 주요 관계자가 안건을 제안하고 통과시켜버리는 일도 종종 발생한다.

과거 다이의 사례에서도 중앙화 문제는 여실히 드러났다. 2022년 9월 메이커다오 커뮤니티에서는 다이의 담보자산 중 16억 달러어치의 USD코인을 대출해 '코인베이스 프라임'에 투자하는 안건이 무려 75%의 찬성률로 통과됐다. 이 안건은 'MIP81'이라 불리며 코인베이스가 직접 제안했다. 사실상 코인베이스 측이 안건 제안과 통과를 주도했다는 것이다. 안건의 통과로 코인베이스가 DAO 기반 토큰을 지향하는 다이의 담보자산에 접근할 수 있게 되면서 다이 스테이블코인의 운명이 중앙화 거래소에 상당 부분 좌우될 수밖에 없다.

향후에도 변함이 없다면 더 이상 다이를 탈중앙화된 스테이블코인이라고 부르기 어려워질 것이다. 또한 안정성과 수익성 증가라는 이유로 다이의 담보자산에서 채권 등 RWA의 비중이 높아진다면 다이는 사실상 USD코인과 큰 차이가 없다. 결국 가상자산 업계가 내세우는 탈중앙화는 이상적인 개념에 불과할 수 있다.

2부

법정화폐의
대체재와 보완재 사이

01

스테이블코인과 법정화폐, 닮은꼴일까 다른 꼴일까?

Stablecoin

휴지 조각이 된 개도국 화폐와 스테이블코인

최근 지폐나 동전을 사용해본 사람은 그리 많지 않을 것이다. 그도 그럴 것이 요즘은 대부분 앱카드나 모바일 금융 앱을 이용해 금융거래를 한다. 심지어 동전노래방이나 길거리 분식집에서도 현금 대신 계좌이체를 할 정도다. 시중은행과 핀테크 기업들이 주도하는 디지털 금융 플랫폼의 발전 덕분에 시민들의 금융거래 풍경은 십수 년 전과 비교할 수 없을 정도로 많이 바뀌었다.

이러한 금융거래가 가능한 이유는 한국인들 대부분이 은행계좌를 갖고 있기 때문이다. 비단 한국인들뿐만 아니라 대부분의 선진국 시민들은 은행계좌를 기반으로 다양한 금융 서비스를 간편하게 이용할 수 있다.

그런데 세계은행에 따르면 이 흔한 은행계좌를 갖지 못한 사람들이 전 세계에 무려 14억 명이다.[1] 이들을 흔히 언뱅크드(unbanked, 비은행계좌 인구)라고 부른다. 왜 이들에겐 은행계좌가 없을까? 이유는 여러 가지다. 언뱅크드는 개발도상국이나 후진국처럼 생산 시설과 양질의 일자리가 부족한 국가에 많다. 은행계좌 개설에 필요한 자본과 신용을 확보하기 쉽지 않은 것이다.

은행 같은 금융기관들은 자본과 신용이 없는 저소득층에게 계좌를 발급해주기를 꺼린다. 자본이 없는 이들은 은행의 수익성에 도움이 안 되고, 신용이 없는 이들은 은행의 사업 운영에 위험을 끼칠수 있기 때문이다. 저소득층과 저신용자에게 발급해준 은행계좌가 불법 자금 통로로 사용되기라도 하면 은행은 상당히 큰 책임을 져야 한다.

또 다른 이유는 은행 지점이 부족하기 때문이다. 오프라인 은행지점들은 유동인구가 많은 수도권 도심지나 지방도시 거점 지역에 주로 분포하고 있다. 은행 지점 운영에 드는 비용 대비 수익성을 높여야 하기 때문이다. 더구나 모바일 금융 서비스가 발달함에 따라 은행들은 지점 개수를 줄여나가는 추세다. 도심지에 거주하지 않으며 자본과 신용이 부족한 사람들은 자연스럽게 언뱅크드로 전락할수밖에 없다.

은행계좌가 없는 사람들은 대출이나 투자 같은 금융 서비스를 이

---

1 COVID-19 Boosted the Adoption of Digital Financial Services, The World Bank, July, 21, 2022.

용하지 못하기 때문에 현금에 의존한 경제활동을 하게 된다. 내수시장의 현금경제에 묶여버리는 것이다. 한국인들처럼 토스 앱으로 간편하게 송금, 투자, 대출 서비스를 이용하는 것은 꿈조차 꿀 수 없다.

특히 개도국에 사는 언뱅크드는 화폐가치가 하락할 경우 생계에 직격탄을 맞는다. 아프가니스탄의 아프가니, 베네수엘라의 볼리바르, 튀르키예의 리라, 아르헨티나의 페소 같은 화폐들은 미국 달러와 비교가 안 될 정도로 가치가 낮다. 취약한 경제구조, 정치적 제재, 달러 고갈, 해외 원조 중단 등 여러 가지 이유로 화폐가치가 휘청이곤 한다.

게다가 화폐가치가 떨어짐에 따라 극심한 인플레이션이 나타난다. 구매력이 저하되는 것은 말할 것도 없다. 은행계좌를 가진 사람이라면 자산을 달러로 환전해 구매력을 어느 정도 방어할 수 있다. 하지만 은행계좌가 없는 사람들은 구매력을 지켜낼 도리가 없다. 사실 은행계좌와 자산을 보유한 소수의 부유층도 정부가 달러 환전에 제약을 걸면 구매력을 100% 방어하지 못한다. 그러니 개도국의 시민들, 특히 언뱅크드는 자국의 법정화폐를 쓸 수밖에 없다.

여기서 발칙한 질문을 하나 해보자. 스테이블코인은 개도국의 화폐를 대신해 법정화폐로 채택될 수 있을까? 대부분 '아니오'라고 말할 것이다. 세기말적인 금융 시나리오에서나 가능할 것이라고 생각할 것이다. 일개 사기업 혹은 탈중앙화자율조직(DAO)이 발행하는 스테이블코인을 한 나라의 정부가 법정화폐로 채택한다는 것은 소설에나 나올 법한 이야기 같다. 특히 한국처럼 화폐가치가 안정적인 나라가 스테이블코인을 일상 거래에 채택할 이유는 거의 없어 보인다.

하지만 경제 상황이 불안정한 나라로 시선을 돌려보면 생각해볼 여지가 있다. 가격 변동성이 높은 비트코인조차 엘살바도르에서 법정화폐로 채택된 상황에서, 가격 변동성이 그보다 훨씬 적은 스테이블코인을 법정화폐로 채택하는 사례가 먼 미래에 등장하지 않을 것이라고 단언하기 어렵다.

국가의 사정에 따라서는 자체 법정화폐를 국내외에 유통하는 것보다, 스테이블코인을 법정화폐로 채택하고 사용하는 것이 비용 측면에서 더 나은 선택일 수 있다. 적어도 미국 달러를 기반으로 하는 스테이블코인 발행사와 국가가 법률적 협약을 맺고 진행한다면 말이다.

그렇다면 스테이블코인은 법정화폐에 없거나 부족한 속성을 채워줄 보완재가 될 수 있을까? 이 질문에는 많은 사람들이 가능성을 좀 더 열어둘지도 모른다. 특히 법정화폐와 스테이블코인에 대한 이해도가 어느 정도 있다면 더더욱 '아니오'라고 말하지 못할 것이다. 스테이블코인이 갖는 비교 우위가 존재하기 때문이다.

법정화폐 기반의 몇몇 스테이블코인은 별도의 청산 및 결제가 필요 없는 돈이자 정보로서 법정화폐의 보완재 역할을 하기에 충분하다. 세금, 기업 거래 대금, 부동산 매수 대금 같은 것은 법정화폐로 지불하더라도, 일상 물품 거래 정도는 스테이블코인으로 지불할 수 있을 것이다. 어쩌면 전 세계 금융기관과 당국들이 스테이블코인을 퇴출하려 하지 않고 다양한 연구 논문을 쏟아내면서 기술적 가능성에 주목하는 이유도 여기에 있다.

법정화폐와 스테이블코인, 무엇이 같고 무엇이 다를까?

법정화폐의 보완재로서 스테이블코인의 가능성을 좀 더 따져보기 위해, 먼저 법정화폐와 스테이블코인의 공통점과 차이점을 구체적으로 알아보자. 법정화폐는 정부가 발행하고 가치를 보증하는 화폐이다. 경제학자들이 말하는 법정화폐의 일반적인 조건은 크게 6가지다.[2] 엄밀하게 말해 화폐와 법정화폐는 약간 다르다. 화폐는 상위 개념이고, 법정화폐는 하위 개념이다. 법정화폐는 화폐의 한 종류이다. 이 조건은 법정화폐로서 스테이블코인의 가능성을 따져보는 데 유용한 프레임이 될 수 있다.

법정화폐의 조건

① 안정성

법정화폐는 시간이 지나도 안정성을 유지해야 한다. 그래야 사람들이 신뢰하고 거래에 활용하기 때문이다. 한국인이 사용하는 원화의 가치가 비트코인처럼 변동성이 크다면 어떤 일이 발생할까? 어제는 3천 원으로 커피 한

---

2 한밭대학교 경제학과 조복현 교수의 '디지털통화와 비트코인' 세미나 발표 자료 참고.

잔을 사 먹을 수 있었는데, 일주일 뒤에 원화의 가치가 2배 폭락하는 바람에 적어도 6천 원은 줘야 한다면, 원화는 사실상 화폐로서 가치가 없다고 봐야 한다. 그렇기에 안정성은 화폐가 갖춰야 할 가장 중요한 특성이다. 이것이 얼마나 잘 유지되는지에 따라 법정화폐의 가치가 결정된다. 달러는 미국이라는 나라가 다양한 정치적, 경제적 전략을 적절히 구사한 덕분에 지금까지 그 가치를 잘 유지하고 있다. 반면 북한 화폐인 '원'과 '전'은 사실상 안정성을 상실하고 말았다. 심지어 북한 주민조차 북한 화폐 대신 미국 달러를 암암리에 사용한다.

② 시장 수용성

일반적으로 법정화폐는 발행된 국가 내에서 다양한 거래의 지불 및 결제 수단으로 사용되어야 한다. 예컨대 한국 내에서 커피나 책을 살 때 원화를 지불한다. 그뿐 아니라 원화는 채무 변제, 급여 지급, 투자 등에도 사용된다. 사용성이 높다면 시장 수용성도 높다고 볼 수 있다. 미국 달러나 한국 원화는 발행 국가의 경제가 탄탄하므로 비교적 시장 수용성도 높다. 어쩌면 너무 당연한 얘기라고 생각할 수도 있지만, 놀랍게도 어떤 법정화폐는 대중의 신뢰를 잃어버려 자국에서조차 잘 사용되지 않는다. 이러한 법정화폐는 시장 수용성이 낮다. 북한 화폐뿐만 아니라, 아르헨티나의 페소와 짐바브웨달러 등이 바로 신뢰를 잃어버린 법정화폐다.

이처럼 시장 수용성이 높은 화폐도 있고 낮은 화폐도 있다. 특히 내수시장이 아니라 글로벌 시장에서 시장 수용성은 법정화폐별로 확연한 차이를 보인다. 미국 달러는 수용성이 높다. 그래서 미국 내 거래뿐만 아니라 글로벌 무역 결제 대금으로 사용된다. 당신이 화장품 판매업자라고 했을 때 고객사가 원화가 아닌 미국 달러로 대금을 준다고 해도 기꺼이 받을 것이다. 수용성이 낮은 화폐는 글로벌 시장은커녕 내수시장에서도 받아들여지지 않는다. 신용이 없기 때문이다.

③ 분할 가능성

화폐는 필요에 따라 더 작은 단위로 나눌 수 있어야 한다. 그래야 다양한 규모의 거래에 사용될 수 있다. 예컨대 1달러는 100센트로 나눌 수 있으며 1만 원은 1천 원짜리 10개, 500원짜리 20개, 100원짜리 100개로 나눌 수 있다. 화폐가 다양한 단위로 나뉘지 않으면 소액 거래를 하기 어렵다. 동전노래방에 가기도, 커피 한 잔을 사 먹기도 어려워진다. 따라서 분할 가능성이 큰 화폐는 그렇지 않은 화폐보다 가치가 높다. 더 많은 거래 유형에서 더 많이 사용되기 때문이다. 구매자와 판매자 모두 이런 화폐를 선호할 수밖에 없다.

현대사회에서 통용되는 법정화폐는 대부분 다양한 단위로 분할 가능하다. 미국 달러 지폐는 1달러부터 100달러까지 나뉘며 동전은 1센트부터 10센트로 나뉜다. 이러한 분할이 가능한 이유는 역사적으로 화폐 인쇄 및 주조 기술이 발달했기 때문이다. 물론 요즘과 같은 현금 없는 사회에서는 대부분 신용카드나 모바일 앱을 통해 디지털 방식으로 결제한다.

④ 최종 책임자의 존재

정부나 중앙은행 같은 최종 책임자는 법정화폐가 가치를 유지하는 데 매우 중요한 역할을 한다. 이들은 법정화폐의 공급량, 금리, 환율 등을 적절히 조절함으로써 화폐가치를 보장하고 안정성을 유지한다. 예를 들어 유로화는 유로존 경제의 안정과 유로화 가치를 보장하는 유럽중앙은행이 책임지며, 달러화의 가치를 유지하는 최종 책임은 연방준비제도(Fed)에 있다. 권위와 신뢰가 있는 기관이 맡는다.

정부와 중앙은행은 법정화폐의 가치를 유지하고 보증하는 책임을 지는 대신 화폐 발행을 법적으로 독점한다. 철저히 중앙집중 방식으로 화폐 발행과 유통을 통제하지 않으면 화폐가치를 유지하고 보증하기 힘들다. 그래서 정부는 일반 시민이 법정화폐를 위조해서 유통하는 행위를 철저하게 단속하고 적발 시 강력하게 처벌한다.

⑤ 휴대성과 이동성

여러 장소에서 다양한 거래에 사용되려면 운반과 교환이 쉬워야 한다. 예를 들어 지폐는 가볍고 휴대하기 쉽다. 현금 없는 사회가 도래하면서 지폐 대신 카드를 들고 다니며 결제한다. 나아가 모바일 페이를 이용하면 카드조차 필요 없다. 스마트폰의 발전은 화폐의 휴대성과 이동성을 더욱 높였다. 인터넷이 연결되기만 하면 결제하는 데 아무런 불편이 없다.

휴대성과 이동성은 화폐의 형태와 성질에 기인한다. 요즘은 실물 화폐만큼이나 디지털 숫자를 돈으로 인지하고 신뢰하며 사용한다. 물론 이때 사람들이 주고받는 돈은 실제 돈이 아니라 메시지다. 그 모든 메시지는 금융결제원과 한국은행 같은 금융기관을 통해 문제없이 청산 및 결제되고 있다.

다만, 국내와 해외 간에 돈을 이동할 때는 여러 가지 제약이 따른다. 국내 및 해외 은행 간에 송금 계약도 체결돼 있어야 하고, 송금과 환전에 각종 수수료도 발생한다. 또한 시차에 따라 송금을 완료하는 데 며칠이 걸리기도 한다. 자금세탁이나 테러 자금 전송 등의 우려를 차단하기 위해 연간 송금 액수를 제한하기도 한다.

⑥ 내구성

법정화폐는 반복적으로 사용되어도 견딜 수 있을 만큼 내구성이 좋아야 한다. 그래서 보통 면섬유나 폴리머와 같이 튼튼하고 오래 사용할 수 있는 소재로 만든다. 예컨대 캐나다달러는 폴리머 소재로 만들어져 종이 화폐보다 내구성이 뛰어나며 최대 5배 더 오래 사용할 수 있다. 지폐를 잘 사용하지 않는 요즘도 내구성은 법정화폐의 중요 조건 중 하나다. 화폐가 디지털 형태가 되면서 내구성이 더 좋아졌다고 할 수 있다. 은행계좌 속의 숫자가 닳거나 사라질 걱정이 없으니 말이다. 중앙은행의 서버가 보안 공격을 당하지 않는 한 내구성을 잃을 가능성은 극히 적다.[3]

우리가 흔히 사용하는 법정화폐는 바로 위와 같은 6가지 조건을 갖추고 있다. 물론 이론적, 학술적인 조건이다. 전 세계 모든 국가의 법정화폐가 6가지 조건을 모두 충족하는 것은 아니다. 다만 선진국의 법정화폐일수록 이론적인 조건들을 대부분 충족한다.

그렇다면 스테이블코인은 위 6가지 조건을 어느 정도 만족할까?

---

[3] 지난 2016년 방글라데시 중앙은행이 뉴욕 연방준비은행에 예치해둔 1천억 원이 해킹으로 인해 탈취당하는 사건이 발생했다. 이 사건의 배후로 북한의 해킹 그룹이 지목되고 있다.

과연 법정화폐와 얼마나 닮아 있을까? 각 조건을 법정화폐보다 더욱 잘 충족할 수 있을까? 하나씩 대조하며 살펴보자.

❶ 안정성

스테이블코인은 보통 1개당 1달러를 유지하도록 설계돼 있다. 코인게코에 따르면 2023년 6월 기준 시총 상위권에 해당하는 스테이블코인은 대부분 법정화폐 기반이다. 대체로 1달러 근방의 가격을 유지하고 있다. 상위권에 위치한 스테이블코인들은 시가총액 규모가 클 뿐만 아니라 수백 곳의 거래소에 상장돼 있다. 산출된 가격들은 코인베이스, 바이낸스 등 전 세계 가상자산 거래소에서 거래되고 있는 스테이블코인의 실시간 가격의 평균치인 것으로 알려져 있다.[4]

스테이블코인의 가격이 1달러 부근을 안정적으로 유지할 수 있는 배경은 아비트러지라 불리는 차익거래가 지속적으로 발생하기 때문이다.[5] 예컨대 테더가 A거래소에서는 1달러, B거래소에서는 1.2달러에 거래된다고 하자. 트레이더가 A거래소에서 테더 1개를 사서 B거래소로 전송한 다음 1.2달러에 매도한다면 0.2달러의 차익을 거둘 수 있다(거래수수료는 없다고 가정). 물론 이런 차익거래는 1달러 단위로 이

---

4 가상자산 거래소에서 거래되는 가상자산의 가격은 서로 다르다. 각 거래소의 주문 가격을 일괄 처리하는 중앙기관이 없기 때문이다. 반면 주식시장에서 거래되는 주식 가격은 어떤 증권 거래 플랫폼에서나 같다. 왜냐하면 투자자들이 증권사 HTS, MTS에 제출한 매매 주문을 중앙기관인 한국거래소가 모두 모아 처리한 다음 증권사에 통보하고, 이 정보를 증권사가 호가창에 제시하기 때문이다.

5 Crypto Arbitrage Trading : How to Make Low-Risk Gains, Coindesk.

#	Coin		Price	24h Volume	Exchanges	Market Capitalization	30d	Last 30
☆ 1	Tether	USDT	$0.999818	$18,151,791,516	443	$82,990,626,508	-0.0%	
☆ 2	USD Coin	USDC	$0.999574	$4,452,808,045	419	$26,117,448,570	0.4%	
☆ 3	Dai	DAI	$0.999190	$81,561,577	223	$3,840,260,843	-2.1%	
☆ 4	TrueUSD	TUSD	$0.998228	$281,718,625	55	$3,152,335,947	14.8%	
☆ 5	Binance USD	BUSD	$0.999675	$2,406,892,300	107	$2,497,266,529	-25.1%	
☆ 6	USDD	USDD	$0.998143	$29,397,068	22	$724,205,542	0.2%	

시총 기준 상위권에 위치한 스테이블코인(출처 : CoinGecko)

뤄지지 않는다. 보통 대규모의 자금을 보유한 투자자 혹은 업체의 봇(자동 매매 프로그램)을 통해 매우 빠른 속도로 이뤄진다.

스테이블코인의 가격은 거래소별로 조금씩 차이가 난다. 주식시장과 마찬가지로 매수하려는 사람이 있는가 하면 매도하려는 사람도 있기 때문이다. 시장에 참여하는 사람들은 각기 다른 매매 목적을 가지고 있다. 그래서 차익거래는 항상 존재하며, 스테이블코인의 가격은 차익을 얻고자 하는 수요로 인해 거의 항상 1달러를 유지한다. 테더, USD코인, 다이 등 상위권 스테이블코인은 이런 원리로 가격이 꾸준히 유지된다. 게다가 이들은 시가총액 규모도 크고 수백 곳의 거래소에 상장돼 있어서 차익거래 규모도 크다.

차익거래가 꾸준히 이뤄지기만 한다면 스테이블코인은 제법 안정적으로 가격을 유지할 수 있다. 물론 충분한 담보자산, 발행사의 신뢰도, 꾸준한 홍보 활동이 뒷받침돼야 한다. 테더와 USD코인은 이런 요건들을 (적어도 표면적으로는) 적절히 갖춘 덕분에 현재와 같이 막대한 규모의 스테이블코인으로 자리 잡았다. 2023년 3월 기준 테더와 USD코인의 시가총액을 합하면 약 1,140억 달러(약 150조 원)에 달한다. 이는 스테이블코인 시장 전체의 시총인 1,340억 달러(약 177조 원)의 85%에 달한다. 시총이 클수록 유통량도 많아지므로 무수한 차익거래가 일어난다.

또한 스테이블코인은 지난 수년간 몇 번의 스트레스 테스트(stress test)[6]를 거치면서도 회복 탄력성을 보여줬다. 그동안 스테이블코인의 안정성에 의구심을 자아내는 사건들이 여럿 발생했다. 예컨대 테더 리미티드는 담보자산의 손실 내역을 고객에게 제대로 알리지 않고 담보자산에 대한 정보를 잘못 제공한 혐의로 벌금을 부과받았다. 신기한 것은 벌금형 소식이 알려진 당시에도 테더의 시가총액은 계속 증가했다는 점이다.

2022년 5월 테라-루나 폭락 사태가 벌어졌을 때는 전반적으로 스테이블코인 매도 물량이 많이 쏟아졌다. 블록체인 데이터 분석 업체 크립토퀀트에 따르면, 당시 테더의 가격은 가상자산 거래소 내 매도량 증가와 함께 0.995달러로 소폭 떨어졌다. 그러나 이 정도 수준의 하락은 평소에도 흔한 현상이다. 현재도 스테이블코인 매도 물량이 매수 물량을 소폭 상회할 때 가격이 소수점으로 떨어진다.

스테이블코인 가격에 비교적 큰 충격을 준 실리콘밸리은행(SVB)

---

6   스트레스 테스트는 시스템의 안정성과 리스크 노출도를 측정하기 위해 평균치 이상의 극단적인 부하를 가하는 테스트를 의미한다. 생태계 전체에 큰 영향을 가져오는 사건을 지칭할 때도 사용된다. 주로 금융업계에서 언급되는 표현이다.

파산 사건 때도 마찬가지였다. 당시 USD코인의 담보자산 중 8%가 SVB에 묶여 있다는 소식이 커뮤니티를 통해 확산됐고, USD코인의 가격은 개당 0.88달러 부근까지 떨어졌다. 0.8달러 선으로 떨어지는 것은 흔치 않은 일이라 당시 커뮤니티에서는 제법 큰 소동이 벌어졌다. 그러나 미국의 연준과 재무부가 SVB의 뱅크런을 막기 위해 예금 전액을 보장한다고 발표하면서 시장의 심리도 개선됐다. USD코인의 가격이 회복하리라는 기대감과 함께 USD코인을 매수해 차익을 실현하려는 수요가 다시 생겼다. 덕분에 USD코인의 가격은 다시 1달러 근방으로 되돌아갔다.

이런 사례들을 봤을 때 스테이블코인의 안정성은 제법 괜찮다고 볼 수 있다. 금융 규제 당국의 직접적인 퇴출 명령이나 심각한 기술적 결함 혹은 발행사의 노골적인 사기 행위 같은 대형 악재만 없다면 말이다. 물론 시중의 모든 스테이블코인이 안정적이지는 않다. 하지만 현재 상당한 규모를 이룬 담보 기반의 스테이블코인이라면 안정적인 가격을 지속적으로 유지할 것으로 전망된다.

향후 발생할 다양한 스트레스 테스트 상황에서도 안정성을 유지할 수만 있다면, 스테이블코인은 법정화폐에 버금가는 매력을 갖게 될 것이다. 가상자산 거래에 사용되는 것을 넘어 실제 재화나 서비스를 구입하는 수단으로도 사용될 수 있다. 개도국에서는 이미 그런 사례가 있다.

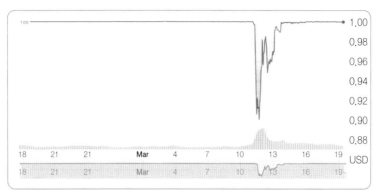

SVB 사태 직후 USD코인 가격 추이(출처 : 코인마켓캡)

❷ 시장 수용성

사람들이 스테이블코인을 지불수단으로 사용할 동기는 충분할까? 법정화폐는 신뢰를 잃어버리지 않는 한 특정 국가와 시장에서 거래의 매개로 사용된다. 또한 정부는 법정화폐의 사용을 강제하기도 한다. 사람들은 온오프라인에서 재화나 서비스를 구매하는 데 법정화폐를 사용해야 한다. 누구나 디지털 결제수단으로 밥을 사 먹거나 영화를 볼 수 있다. 따라서 법정화폐의 가치가 탄탄한 나라의 시민들은 일상의 금융거래에서 굳이 스테이블코인을 사용할 필요는 없다.

하지만 재화나 서비스 업체 입장에서는 다르다. 재무적 관점 혹은 자금 회전의 관점에서 스테이블코인은 분명 효용성이 있다. 세계적인 회계·컨설팅 회사 딜로이트가 진행한 조사 결과에서 여러 가지 힌트를 얻을 수 있다.

딜로이트는 2021년 미국 전역의 소비재 및 서비스 분야 임원 2천명을 대상으로 '지불수단으로서 가상자산'에 대한 설문을 진행했는

데, 응답자의 상당수는 가상자산을 지불수단으로 수용하는 데 긍정적이었다.[7] 경쟁 우위 확보, 브랜딩 및 고객 경험 제고 등 여러 가지 이유가 제시됐지만, 특히 재무적 장점에 주목할 만하다.

통상 재화와 서비스를 판매하는 업체는 고객이 카드로 결제한 대금을 카드사의 정산일에 계좌로 입금받는다. 산업마다 다르지만 결제 대금이 입금되기까지 짧게는 수 주일에서 길게는 한두 달이 소요된다. 업체가 상품을 판매해 매출을 일으켰더라도, 실제로 대금이 업체의 계좌에 입금되기까지 시차가 있다. 그때그때 일으킨 매출로 재료비나 인건비 등을 바로 충당해야 하는 산업과 기업은 엄청난 부담을 가질 수 있다. 대금이 정산되기까지 회사 운영에 필요한 운전자금의 부족으로 흑자도산을 하는 이유다.

물론 이런 문제를 해결하기 위해 기업들은 매출채권 팩토링을 통해 유동성을 확보한다. 통상 수출기업은 대금을 받기까지 40~50일이 걸리는데, 이 대금에 대한 권리를 은행 같은 곳에서 할인해 당장 필요한 돈을 당겨오는 것이다. 그런데 모든 기업이 매출채권 팩토링을 할 수 있는 것은 아니다. 내가 가진 매출채권을 사줄 기업이 없다면 당장 현금을 확보하기 어렵다. 또한 매출채권을 넘기는 과정에서 어쨌든 할인이 들어가므로 원래 받을 대금보다 적은 금액을 받는 경우가 생긴다. 절차도 복잡하다.

---

7 Merchants getting ready for crypto Merchant Adoption of Digital Currency Payments Survey, Deloitte.

그런데 업체가 재화와 서비스 대금을 스테이블코인으로 받는다면 어떻게 될까? 길게는 몇 주에 달하는 대금 정산 기일에 맘을 졸이지 않아도 된다. 스테이블코인은 블록체인을 통해 바로 업체 지갑으로 입금되기 때문이다. 비즈니스 운영에 필요한 운전자금을 즉시 마련할 수 있으므로, 자금 회전도 훨씬 원활하게 이뤄진다.[8] 물론 고객이 스테이블코인으로 대금을 지불하도록 각종 마케팅 캠페인을 기획해야 하는 부담은 있다. 하지만 장기적으로 본다면 스테이블코인 기반의 지불 시스템을 도입하는 것은 여러모로 큰 이득이 된다.[9]

열악한 경제 여건과 인플레이션으로 인해 법정화폐의 가치가 크게 떨어진 국가에서는 특히 스테이블코인이 유효하다. 지난 2022년 국제통화기금(IMF)는 라틴아메리카(중남미) 국가의 인플레이션을 14.6%로 예상했다.[10] 중남미 국가별로 인플레이션 격차는 더욱 벌어진다. 이러한 인플레이션의 원인은 크게 우크라이나 전쟁 등으로 인한 공급망 위축, 연준의 금리 인상 등이 꼽힌다. 이런 국가에서는 법정화폐를 그대로 보유하는 것이 오히려 커다란 위험이다. 현금의 가치가 체감할 수 있을 정도로 급격히 절하되기 때문이다. 그래서 법정화폐의 가치가 불안한 나라에서는 미국 달러처럼 가치가 훨씬 안정적인 자산으로 환전하려는 수요가 늘 존재한다.

문제는 이런 수요를 정부가 통제한다는 점이다. 2022년 아르헨티

---

8 How businesses can benefit from stablecoin adoption, Checkout.com

9 Crunch time IV Blockchain for Finance, 9p, Deloitte.

10 〈중남미, 2022년 연간 인플레이션 14.6% 전망〉, EMERiCs 중남미.

2022년 상반기 라틴아메리카 국가 법정화폐의 달러 대비 가치 절하 추이(출처 : Statista)

나의 인플레이션이 30년 만에 최고치인 95%를 기록하자 페소를 팔고 달러를 매입하려는 수요가 늘었다. 정부가 외화 부족과 유출을 우려해 환전 상한액을 월 200달러로 제한하자, 아르헨티나에서는 달러의 대안으로 USD코인을 구입하려는 수요가 늘기도 했다.

한 연구에 따르면 2022년에 가상자산을 구입한 아르헨티나 성인의 53%는 인플레이션으로부터 자산을 보호하기 위해 USD코인을 매입한 것으로 나타났다.[11] 또한 마스터카드는 2022년 실시한 조사에서 라틴아메리카 국민의 3분의 1은 스테이블코인으로 일상적인 구매를 한다고 밝혔다.[12] 중남미 주요 경제국인 브라질에서도 USD코인과 테더가 활발하게 거래되고 있는 것으로 나타났다.[13]

---

11 Stablecoins Lead the Charge as Crypto Buying Accelerates in Argentina, Cryptonews.

12 Half of Latin Americans Have Used Cryptocurrencies, Mastercard Survey Shows, CoinDesk.

13 Chainalysis : Stablecoins Used to Fight Devaluation and Inflation in Latam, Bitcoin.com

물론 중남미 국가에서는 비트코인 같은 주요 가상자산을 구매하는 비중도 적지 않다. 비트코인이 가장 유명하고 시가총액도 크기 때문이다. 하지만 대외적인 경제 불안기에 자산의 가치를 '보존'한다는 관점에서 비트코인을 구매하는 것은 지속 가능한 대안이 아니다. 비트코인도 가치 변동성이 큰 가상자산이기 때문이다.

법정화폐의 가치는 빠르게 절하되고, 미국 달러 매입은 제한적이며, 여타 가상자산의 가치는 급등락하는 상황에서 스테이블코인, 특히 달러를 기반으로 하는 스테이블코인이 현재로서는 적절한 대안일 수밖에 없다. 이러한 이유로 중남미 등 경제 상황이 불안한 국가에서 스테이블코인의 수용성은 계속 높아질 것이다.

❸ 분할 가능성

법정화폐는 다양한 단위로 쪼개진다. 5만 원은 1만 원, 5천 원, 1천 원, 500원, 100원, 50원, 10원, 1원으로 분할이 가능하다. 큰 금액부터 작은 금액까지 다양한 단위가 있기 때문에 다양한 형태의 재화를 사고팔 수 있다. 300원짜리 츄파춥스를 팔 수 있는 이유는 100원이라는 금액 단위가 있기 때문이다. 이러한 분할 가능성은 스테이블코인에도 있다.

개당 1달러인 스테이블코인은 0.1개 단위로 주고받을 수 있다. 솔라나 블록체인 표준으로 발행된 USD코인과 테더를 각각 0.1개(대략 130원)씩 다른 거래소와 개인 지갑으로 보낸 적이 있다. 솔라나 블록체인의 수수료는 매우 저렴하다. 그래서 대략 1원 정도의 수수료로 매우 빠르게 원하는 지갑과 거래소로 스테이블코인을 실제로 전송할 수 있다. 훨씬 작은 단위도 가능하다. 스테이블코인은 법정화폐만큼이나 분할 가능성이 좋다고 할 수 있다. 이것이 가능한 이유는 스테이블코인 자체는 본질적으로 데이터이기 때문이다. 데이터는 쪼갤 수 있는 단위의 제한이 사실상 없다.[14]

분할 가능성 덕분에 스테이블코인은 온라인의 다양한 서비스를 구매하는 데 사용할 수 있다. 특히 해외 카드 결제가 지원되지 않는 글로벌 마켓플레이스에서 서비스나 정보를 1개 단위로 구매할 때 유효하다. 예컨대 캐나다의 벤처캐피털 투자 정보를 뉴스로 가공해서 유료로 판매하는 미디어가 있다고 하자. 이 미디어는 뉴스를 건당 0.1달러에 판매하고 있다. 그리고 한국의 벤처캐피털리스트가 우연히 이 미디어를 알게 됐다. 2건의 뉴스를 카드로 결제해서 읽고 싶은데 카드사는 0.2달러 정도의 소액결제를 지원하지 않는다. 게다가 해당 미디어는 카드사와 가맹 계약을 맺지도 않았다. 이때 캐나다의 미디어가 스테이블코인 기반의 결제 모듈을 도입하고, 뉴스 비용으로 USD코인 0.2개를 송금하면 간단하게 해결된다.

실제로 스테이블코인 소액결제 서비스를 지원하는 업체들이 있다. 소위 스테이블코인 기반의 마이크로페이먼트 개념이다. 최근 가

---

14 1달러 이하 소수점 단위의 소액 스테이블코인 전송이 모든 환경에서 가능한 것은 아니다. 개인 지갑끼리 소액 송금은 가능하지만, 거래소에서 지갑으로 출금할 때는 보통 1달러 이상 최소 금액이 있다. 그리고 이더리움(ERC-20)은 전송 수수료가 기본적으로 비싸서 소액 송금은 비효율적이다. 솔라나(SPL)는 비교적 저렴한 수수료로 빠르게 송금할 수 있다.

상자산 생태계에서 많은 주목을 받고 있다. 현재와 같은 월 구독 시스템이 아니라 서비스 건당 스테이블코인으로 소액결제를 할 수 있는 시스템이 있다면, 훨씬 많은 거래 수요를 이끌어낼 수 있다. 스테이블코인의 분할 가능성을 최적화할 수 있는 인프라 생태계는 지금도 계속 확장되고 있다.

❹ 최종 책임자의 존재

스테이블코인의 최종 책임자를 논하기 전에, 법정화폐의 최종 책임자를 한번 생각해보자. 법정화폐는 가치를 유지하고 보증하는 최종 책임자가 있다. 바로 중앙은행이다. 중앙은행은 법정화폐의 가치를 유지하기 위해 시장 상황에 따라 발행량을 조절한다. 시중에 돈이 너무 많아서 물가가 오르면 발행량을 적절히 줄이고, 반대로 돈이 돌지 않아 경기 한파가 오면 발행량을 적절히 늘린다. 이를 통해 법정화폐가 무언가를 살 수 있는 가치가 있음을 보증해준다. 당연히 이런 일은 개인이나 사조직이 할 수 없다.

스테이블코인은 이와 같은 공적 책임자가 없다. 스테이블코인은 주로 사기업이나 탈중앙화자율조직(DAO)이 발행하고 관리한다. 이들이 자체 메커니즘을 통해 스테이블코인의 발행량을 늘리거나 줄일 수는 있다. 하지만 이들은 중앙은행이 아니며 정부기관도 아니다. 철저히 민간 기업이다. 스테이블코인이 가치를 잃어 소비자들이 손실을 입어도 법적인 책임을 지지 않는다.

최악의 경우 스테이블코인 발행사들은 투자자의 담보자산을 횡

령하는 등의 도덕적 해이를 저지를 수도 있다. 물론 발행사들이 노골적으로 사기를 저지를 가능성은 적다. 비즈니스를 지속하려면 신뢰를 반드시 지켜야 하기 때문이다. 그래서 발행사들은 회계감사 내역을 공개하거나 주요 이슈를 공시하는 등 자발적으로 책임감 있는 모습을 보여준다.

스테이블코인의 발행, 유통, 소각 과정에 정부 금융 당국이 개입하는 날이 온다면 얘기가 달라질 수 있다. 민간은행이 보유 예금을 바탕으로 발행한 스테이블코인을 정부 통화 당국이 관리 감독하는 체제가 수립될 수도 있다. 실제로 최근 '예금 토큰'의 개념이 활발하게 논의되고 있다. 이 경우 스테이블코인은 민간이 발행하고 최종 책임자가 감독하는 법정화폐가 되는 셈이다. 다만, 그렇게 발행된 스테이블코인이 지금처럼 이더리움 같은 퍼블릭 블록체인을 기반으로 유통될 가능성은 낮다.

❺ 휴대성과 이동성

오늘날 사람들이 가지고 있는 돈은 대부분 실물 화폐가 아니라 디지털화폐다. 직장에서 받은 급여, 은행 예적금, 주식에 투자한 돈은 디지털 숫자로 존재한다. 이 디지털화폐를 실물 화폐로 인출할 일은 거의 없다. 세뱃돈, 축의금, 부의금 같은 몇 가지 경우를 제외하면 평소에 현금 자체를 볼 일이 없다. 그저 스마트폰에 깔린 주거래 은행 앱, 간편결제 앱, MTS에 돈을 담아두고 필요한 금액을 바로 이체한다. 금융 인프라와 서비스가 발달한 나라의 시민들은 대부분 이런 방식으로 돈을 휴대하고 이동시킨다.

　스테이블코인도 이 정도의 휴대성과 이동성은 있다. 스테이블코인은 태생부터 디지털로 발행되고 유통되기 때문이다. 인터넷 환경에서 랩톱이나 스마트폰만 있으면 누구나 스테이블코인을 보유할수 있다. 가상자산 거래소 지갑이나 개인 지갑을 직접 깔아 예치할수도 있다. 통계에 따르면 한국인들은 대부분 거래소에 예치한다. 관리나 보안 측면에서 훨씬 낫기 때문이다. 그러나 전 세계적으로보면 팬텀(Phantom)이나 메타마스크(MetaMask) 같은 개인 지갑을 이용하는 사람들도 제법 많다.

　거래소 지갑 대신 굳이 개인 지갑을 이용하는 이유는 뭘까? 우선본인 인증을 하지 않아도 된다. 소위 KYC(Know Your Customer, 고객알기제도)라고 불리는 복잡한 과정 없이도 쉽게 설치해서 이용할 수있다.[15] 거래소 지갑을 이용하려면 회원 가입부터 해야 하는데 이 과정이 제법 번거롭다.

　특히 스테이블코인의 휴대성과 이동성은 개인 지갑에 코인을 담아두고 송금하는 상황에서 가장 빛을 발한다. 가령 민철이가 팬텀지갑에 담긴 테더를 수민이의 팬텀 지갑으로 전송한다고 하자. 민철이는 '보내기' 버튼을 누르고 주소를 선택하고 금액을 입력하면 된다. 별다른 인증이나 절차 없이 수 분 내로 테더 전송이 완료된다.

15　KYC는 'Know Your Customer(고객에 대해 알기)'의 약자다. 금융기관이 고객과 거래하기에 앞서 신원을 확인하는 절차를 의미한다. 가상자산 거래소들은 회원 가입을 하려는 고객에게 휴대전화 번호, 이메일 주소, 여권이나 신분증 같은 자료를 받는다.

송신 수행자	수취 수행자	트래블룰 이행 여부	규정 방식
가상자산 사업자 A	가상자산 사업자 B	○ (사업자 간 자율적으로 공통 정보 전송 및 공유 시스템 구축 필요)	사업자 간 정보 제공
가상자산 사업자	개인	○ (식별이 안 된 개인 지갑으로 이체 금지)	사업자가 수취인 확인
개인	가상자산 사업자	△ (기술적으로 수취 제한 불가, 사업자는 의심 거래에 해당하는지 판단 필요)	사업자가 고객에게 송신인 정보 요청
개인	개인	✕ (특금법 적용 대상 아님)	-

디지털 자산 이전 유형별 트래블룰 이행 방식(출처 : 업비트 투자자보호센터)

개인 지갑과 개인 지갑 사이에 P2P 방식으로 자산을 이동하는 데 별다른 제재가 없다.

반면 개인 지갑에서 거래소 혹은 거래소와 거래소 간에 스테이블코인을 이동시킬 때는 얘기가 좀 달라진다. 2022년 3월 25일부터 전격 시행된 트래블룰(travel rule, 자금 이동 규칙)로 인해 디지털 자산을 주고받는 과정이 훨씬 복잡하고 어려워졌다. 트래블룰은 가상자산 송수신에 적용되는 일종의 금융실명제다. 국내 기준으로 100만 원 이상의 가상자산을 주고받는 송금인과 수취인의 신원 정보를 가상자산사업자(VASP)가 확인하고 보고하는 절차다. 특정금융정보법에 따라 자금세탁을 방지하기 위해 도입된 금융 규제다. 필요한 규제이지만 스테이블코인을 비롯한 가상자산의 이동성이 기존보다 약화된 것은 사실이다.

스테이블코인의 송금에 문제가 생겼을 때 업비트와 OKX 거래 내역을 캡처해서 업비트 측에 보내야 한다.

　트래블룰이 시행된 이후 세이셸에 소재한 OKX 거래소에서 업비트로 송금한 적이 있다. 당시 OKX 계정과 업비트 계정의 내 이름 영문명이 일치하지 않아 업비트로 송금한 자산이 계정에 반영되지 않았다. OKX의 영문명은 'PARK YESIN'인데 업비트의 영문명은 'PARK YE SIN'이었다. 띄어쓰기가 한 칸 달라서 불일치로 인식한 것이다. 그래서 직접 송금했다는 것을 증명하기 위해 3개의 서류(캡처 화면)를 제출했다. 업비트 측은 서류를 확인한 후에야 송금된 자산을 업비트 계정에 반영해줬다.

　해외에서 국내로 가상자산을 전송할 때마다 매번 같은 일을 반복할 수는 없다. 고객센터에 연락해 이름 정보 변경을 요청해야 했다. 그러나 OKX 같은 거래소는 콜센터 대신 AI 기반의 자동 답변 플랫폼을 운영하고 있다. 이 플랫폼에서는 영문명 수정에 대한 답변을 제대로 얻지 못했다. 결국 인터넷에서 고객센터 이메일 주소를 찾아 직접 수정 요청 메일을 보내야 했다. 어느 정도 예상했지만, 생각보다 시간을 많이 낭비했다.

스테이블코인은 개인 지갑이나 거래소 지갑에 담아 휴대할 수 있다. 인터넷만 연결되어 있으면 스마트폰으로 스테이블코인을 간편하게 확인할 수 있다. 다만 자금을 이동할 때는 여전히 감수해야 할 부분이 있다. 개인과 개인 간에 스테이블코인을 주고받는 일은, 국내에서 은행계좌로 송금하는 일만큼이나 쉽고 간편하다. 하지만 스테이블코인을 송금하거나 수취하는 주체가 거래소라면 트래블룰 규제로부터 자유로울 수 없다. 그래서 100만 원 이상의 스테이블코인을 주고받을 때는 이동성이 떨어질 수 있다.

❻ 내구성

마지막으로 스테이블코인의 내구성은 어떨까? 말할 것도 없이 우수하다. 태생부터 디지털이기 때문에 지폐처럼 찢어지거나 닳을 위험이 전혀 없다. 물론 법정화폐 또한 디지털로 유통되고 사용된다. 다만 스테이블코인을 비롯한 가상자산은 분실 위험이 법정화폐보다 크다. 코인을 넣어둔 개인 지갑의 비밀번호 혹은 지갑 복구용 시드 문자를 잊어버리면 자산을 복구하기가 사실상 불가능하다. 잘못된 블록체인 네트워크로 가상자산을 송금한 경우도 마찬가지다. 이것은 법정화폐에 비해 현저히 불리한 점이다. 법정화폐는 계좌 비밀번호를 잊어버려도 은행에 가서 찾을 수 있고, 엉뚱한 수취인에게 돈을 송금했더라도 은행에 신고하면 출금을 차단할 수 있다.

현시점에서 스테이블코인은 제한적인 부분에서 법정화폐만큼 유용할 것으로 보인다. 특히 전통 금융 시스템이 열악하고 법정화폐의 가치가 불안정한 국가에서 가까운 미래에 스테이블코인이 활용될 것으로 보인다. 개발도상국의 법정화폐는 6가지 조건을 모두 충족하지 못하는 경우가 많다. 화폐개혁을 통해 법정화폐를 재발행하고, 강제 유통시키고, 국민의 신뢰를 얻기 위해 막대한 행정력과 비용을 쓰는 것보다 차라리 미국 달러나 유로화에 연동된 스테이블코인을 채택하는 것이 훨씬 더 나은 선택일지 모른다.

스테이블코인은 이미 발행되어 있고, 담보자산에 의해 가치가 뒷받침되어 있으며, 주요 발행사들은 시장의 투명성 요구에 따라 회계감사도 받고 있다. 물론 지금은 시총 1, 2위를 다투는 주요 스테이블코인들도 초창기에는 가치에 대한 의문이 제기된 적이 있다. 하지만 금융 당국과 시장의 요구에 맞춰 빠른 속도로 시스템을 정비해나가고 있다.

머지않은 미래에 스테이블코인이 일부 국가를 중심으로 도입된다면 여러 산업에 적용될 수도 있다. 현재처럼 가상자산을 구입하는 것을 넘어 재화와 서비스를 거래하거나 비효율적인 상거래 결제 시스템을 개선하는 등 여러 분야에 사용될 가능성이 있다.

다만, 소비자보호와 리스크 예방을 중시하는 금융 당국은 스테이블코인을 보수적으로 바라볼 수밖에 없다. 자금세탁이나 테러 자금 전송 등 부적절한 용도로 활용될 가능성이 분명 있기 때문이다. 한국을 비롯한 여러 국가의 금융 당국이 그런 가능성을 차단하기 위해 앞서 말한 트래블룰을 적용하고 있지만, 리스크가 적절히 관리되지 않는다면 규제의 강도가 점점 더 강해질 수 있다.

한편 규제만큼이나 중요한 것이 교육이다. 가상자산 생태계는 기술의 발전 속도가 굉장히 빠르다. 해가 거듭될수록 난해하고 복잡한 기술들이 계속 등장한다. 이것은 후발주자가 가상자산 시장, 기술, 솔루션, 수수료 체계 등을 이해하는 데 높은 장벽이 된다. 블록체인 기반 서비스들의 UI(사용자 인터페이스)도 아직은 복잡하고 난해하다.

이러한 환경은 스테이블코인의 대중적인 도입을 방해하는 요인이다. 유용한 기술이라도 이해하는 데 많은 시간과 비용이 소모되거나 적절한 교육 프로그램이 없다면 활용하지 않을 것이다. 어떤 기술이든 시장에서 채택되려면 쉽게 이해할 수 있어야 한다.

초심자라면 스테이블코인을 A거래소에서 B거래소로 보내는 데도 많은 것을 알아야 한다. 예컨대 거래소 종류, 스테이블코인 티커, 지갑의 개념, 사용할 네트워크 종류, 지갑 주소, 수수료 등 모든 요소를 친절하게 교육할 수 있는 프로그램들이 더욱 많아져야 한다.

마지막으로 스테이블코인이 채택되려면 블록체인 네트워크가 발전해야 한다. 수많은 블록체인 프로젝트들이 화려한 이력과 세련된 비전을 앞세워 자체 코인을 발행하고 자금을 모으고 있지만, 그에 걸맞은 빠르고, 저렴하고, 성능 좋은 블록체인은 그리 많지 않다. 스테이블코인 사용자가 늘어나려면, 빠르고 저렴하게 스테이블코인을 주고받을 수 있는 블록체인 네트워크가 필요하다. 하지만 이더리움 블록체인만 하더라도 거래 규모가 많아짐에 따라 수수료가 비싸지고 속도가 느려진다. 이는 스테이블코인의 효용성을 반감시킬 수 있다.

개도국 시민들의 금융 동아줄, 스테이블코인

스테이블코인은 지불수단으로 성장하고 있다. 가치 안정성이나 전송의 편의성이 완벽하지는 않지만, 생태계는 전 세계 국가로 점차 확장되고 있다. 특히 개도국에서 스테이블코인이 활발하게 사용되고 있다. 모바일과 블록체인 기술에 친숙한 청년층들은 높은 인플레이션 상황에서 스스로 구매력을 방어하기 위해 적극적으로 스테이블코인을 활용하고 있다. 국내외 온라인 커뮤니티와 플랫폼에서 프리랜서 일감을 찾고 달러 기반 스테이블코인을 벌어서 생필품이나 서비스를 구매하고, 자산을 증식하고, 구매력을 지켜내는 사례를 어렵지 않게 찾아볼 수 있다. 스테이블코인을 중심으로 한 온라인 시장경제가 조금씩 열리고 있는 셈이다.

원래 온라인 거래는 아무나 할 수 있는 게 아니다. 철수가 온라인 플랫폼을 통해 전자책을 팔거나 산다고 가정해보자. 온라인 플랫폼에서 판매자에게 전자책 구매 대금을 지불하거나 혹은 구매자로부터 판매 대금을 받을 수 있다. 이런 금융거래는 은행계좌를 보유하는 데서부터 시작된다. 은행계좌를 개설해야 현금을 디지털 장부상의 숫자로 변환할 수 있기 때문이다. 그러나 자본과 신용이 없어 은행계좌를 발급받지 못한 전 세계 14억 명은 애초에 온라인을 통해 무언가를 팔거나, 돈을 벌 엄두조차 낼 수 없다.

14억 명이 스테이블코인과 개인 지갑을 기반으로 온라인 시장경제에 참여할 수 있다면 어떨까? 은행계좌가 없어 지역경제와 현금경제에 갇혀 있던 사람들이 금융 장벽을 뛰어넘어 자신의 능력껏 돈을 벌 수 있게 된다. 거주 국가의 평균 소득이 아니라 글로벌 시장의 임금 기준으로 소득을 올리는 게 가능해진다. 이런 과정은 온라인 시장 경제 자체를 성장시키는 원동력이 될 수도 있다. 온라인 GDP가 증가하는 셈이다.

나아가 스테이블코인 기반의 온라인 시장 경제가 충분히 커진다면 스테이블코인이 온체인에 그대로 머무르는 시대가 열릴 수도 있다. 다시 말해 온라인에서 벌어들인 스테이블코인을 현지 법정화폐로 환전하지 않고도 재화나 서비스를 구매할 수 있다는 것이다. 스테이블코인 결제 모듈을 도입하는 온라인 서비스 마켓플레이스가 늘어난다면 충분히 가능하다. 이런 미래가 도래한다면 스테이블코인이 각종 온라인 거래에 바로 사용되는 '온체인 경제'를 기대해볼 수 있다.

아프간 시민들, 탈레반에 맞서 크립토로 부를 보존하다

서남아시아의 내륙 국가인 아프가니스탄은 이슬람 극단주의 무장단체인 탈레반이 집권하고 있는 최빈국이다. 탈레반은 '샤리아법'을 앞세워 공포정치와 인권 탄압을 자행하고 있으며 여성 교육과 취업도 제한하고 있다. 2021년 탈레반이 재집권한 이후 국제사회가 금융과 수출을 제재하고 지원을 끊으면서 아프가니스탄은 심각한 경제난에 시달리고 있다.

아프간 인구 97%는 세계은행이 정한 빈곤선인 1달러 90센트 이하의 비용으로 생활하고 있다. 자산을 보유한 이들도 안심할 수는 없다. 탈레반이 각종 명목을 내세워 보석이나 달러를 갈취할 수 있기 때문이다. 최근 아프간 사회에서는 현물 자산을 가상자산, 특히 스테이블코인으로 전환해 탈레반의 감시로부터 부를 지키려는 움직임이 나타나고 있다.

지난 2022년 미국 비즈니스 전문지 〈포춘〉은 마이한(Maihan)이라 불리는 가상자산 브로커 업체를 소개했다.[16] 아프가니스탄에서 세 번째로 큰 도시인 헤라트에 있는 이 업체는 아프간 시민들의 스테이블코인 구입을 중개해준다. 과거 아프간 사람들은 현금과 보석을 지하실이나 침대에 숨겼다. 그런데 최근 스테이블코인으로 자산을 보관해 탈레반의 감시를 피하려는 수요가 증가하면서 마이한을 찾는 사람들이 늘어나고 있다. 방식은 다음과 같다.

마이한은 방문한 고객들에게 150아프가니(약 1.71달러)를 받고 45분에 걸쳐 가상자산 교육 세션을 제공한다. 이때 고객들이 바이낸스 거래소 계정을 생성하고 지갑을 설치하는 것을 도와준다. 바이낸스는 은행계좌 없이도 이용할 수 있는 가상자산 거래소 중 한 곳이다. 다음으로 마이한은 고객이 건넨 미국 달러를 받은 뒤 이란, 튀르키예,

---

16 Afghan crypto buyers aren't trying to strike it rich. They're just trying to keep what they have out of the Taliban's reach, Fortune, 2022. 4. 25.

미국 등에 포진한 마이한 브로커에게 연락을 취해 달러를 수취했음을 알린다. 그러면 타국의 브로커는 비트코인이나 스테이블코인을 마이한의 바이낸스 거래소 지갑에 입금해준다.

입금이 확인되면 아프간 현지 마이한은 고객의 바이낸스 지갑에 해당 금액만큼 가상자산을 다시 송금해준다. 이 같은 방식으로 고객은 자신의 미국 달러를 탈레반에게 들키지 않고 완벽하게 비트코인이나 테더 같은 가상자산으로 전환할 수 있다. 물론 그 반대도 가능하다. 마이한은 가상자산을 다시 현금으로 상환하기 위해 현금을 충분히 비축해두고 있다.

여기에 재밌는 사실이 있다. 마이한이 타국의 브로커를 끼고 고객의 가상자산 구입을 돕는 방식은 전통과 첨단이 섞여 있다. 마이한이 해외 브로커를 통해 고객의 달러 자산을 송금하는 방식을 하왈라(Hawala) 시스템이라고 부른다. 하왈라는 중동 지역에서 천 년 넘는 역사를 가진 비공식 해외 송금 방식으로 철저히 신뢰 관계를 바탕으로 한다. 서로 다른 국가에 있는 두 브로커가 실제 현금을 주고받는 대신 외상장부에 채권, 채무 관계를 생성 및 해소하는 방식으로 송금을 처리한다.

작동 방식은 이렇다. 튀르키예에 사는 제임스는 이란에 사는 마이클에게 100달러를 송금하려고 한다. 제임스는 신뢰를 위해 고향이나 국적이 같은 튀르키예 브로커 C를 찾아 현금 100달러를 맡긴다. 튀르키예 브로커가 제임스에게 송금 코드에 해당하는 비밀번호를 전달함과 동시에 이란의 브로커 D에게 팩스, 이메일 등으로 연

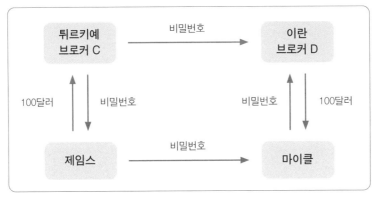

하왈라 시스템의 구조

락해 비밀번호를 전달한다. 제임스 또한 마이클에게 연락해 비밀번호를 알려준다. 마이클은 이란 브로커 D에게 찾아가 비밀번호를 알려주고 100달러를 받는다. 당연히 이 과정에서 실제 100달러가 송금되지는 않는다. 마이클에게 100달러를 내준 이란 브로커 D는 그만큼의 금액을 장부에 기록해놓는다. 그런 다음 다른 고객이 이란에서 튀르키예로 100달러를 송금할 때 기존에 기록해놓았던 금액을 상계 처리한다. 이 과정에서 브로커는 송금을 처리해주고 소정의 수수료를 받는다.

마이한은 하왈라 시스템을 응용해 가상자산을 구입해주는 서비스로 아프가니스탄 현지에서 많은 인기를 얻고 있다. 수수료는 1.5%로 비싼 편이지만 현지의 수요를 잘 공략한 덕분이다. 현재 아프간 은행들은 국제사회의 금융 제재로 인해 다른 국가의 은행과 연결이 끊어진 상태다. 그래서 일반 시민들은 현지 은행을 통한 해외 송금으로 가상자산을 구입할 수 없다. 덕분에 마이한은 매주 40만 달러의 가상자산을 처리하면서 한 달에 약 2만 달러의 수익을 내고 있다.

한편 아프가니스탄 여성 코딩 교육 NGO인 '코드 투 인스파이어(Code to Inspire)'의 이야기도 흥미롭다. 이 단체의 창립자인 페레쉬테 포로는 1980년대에 가족과 함께 미국으로 망명한 아프가니스탄 여성이다. 여성 교육이 금지된 아프간에서 여성들에게 코딩을 가르쳐 학생들의 자립을 돕고 있다. 그런데 탈레반의 재집권 이후 코드 투 인스파이어 교육생들과 가족이 생계난에 시달리게 됐다. 포로는 미국 현지에서 교육생들에게 구호자금을 송금하려고 했으나 쉽지 않았다. 국제사회의 금융 제재 때문에 미국에서 아프간 은행으로 해외 송금할 방법이 없기 때문이다. 설령 송금한다고 하더라도 아프간 현지 은행이 대부분 문을 닫은 상황에서 교육생들이 돈을 인출하기도 만만치 않다.[17]

그래서 포로가 찾은 방법이 바로 스테이블코인이다. 교육생들이 바이낸스USD(BUSD)를 수취할 지갑을 설치하면 각각의 가정에 매월 약 200달러어치의 BUSD를 전송했다. 교육생들은 현지 환전소에서 BUSD를 아프간 화폐인 아프가니로 환전해 필요한 식료품이나 의료 서비스를 살 수 있다. 아프간 가정의 88%는 최소 한 대의 스마트폰을 갖고 있어서 개인 지갑과 스테이블코인을 사용할 수 있다. 스테이블코인을 아프가니로 교환할 수 있는 환전소도 설립되고 있다. 이

---

17 Starving Afghans Use Crypto To Sidestep U.S. Sanctions, Failing Banks, And The Taliban, The Intercept, 2022. 1. 19.

방식을 통해 코드 투 인스파이어 같은 NGO는 은행을 우회해 지원금을 전달할 수 있다.

스테이블코인을 이용한 지원금과 구호물품 전달 방식은 중개인 위험을 피할 수 있다는 점에서 특히 유효하다. 통상 인도주의 기관들은 현지에 직접 비행기를 타고 가는 대신 중개업체를 통해 돈이나 지원 물품을 전달한다. 이때 밀수업자나 비윤리적인 중개업체가 지원 물품을 빼돌려 재판매하는 경우가 종종 있다. 하지만 스테이블코인을 이용하면 중개업체 없이 후원자의 개인 지갑에 지원금을 직접 보낼 수 있다. 앞서 마이한의 사례에서 설명한 하왈라 시스템에 의존하지 않고도 후원할 수 있는 것이다. 다만 아프가니스탄의 문맹률이나 낮은 기술 이해도가 걸림돌이 될 수 있기에 기술 교육을 함께 제공해야 한다.

일각에서는 스테이블코인이 하왈라 시스템을 보완하거나 대체할 수 있을 것으로 전망한다. 하왈라 브로커를 이용할 경우 고객은 별도의 송금 영수증을 받을 수 없다. 그리고 브로커가 윤리적으로 송금 업무를 처리해주기를 믿어야 한다. 하지만 스테이블코인은 브로커 없이 모바일과 블록체인으로 주고받을 수 있다. 모든 거래 내역은 블록체인에 투명하게 공개되므로 분쟁의 소지도 줄어든다.

특히 주요 스테이블코인에는 동결 기능이 있다. 그래서 특정 스테이블코인이 테러 집단의 지갑에 입금된 것으로 파악되면 발행사가 지갑을 동결할 수도 있다. 이러한 장점 덕분에 스테이블코인은 아프간 현지인들의 금융거래와 소득 창출에 기여할 수 있을 것이다.

아프가니스탄의 헤라트에 위치한 환전소에서 가상자산을 현지 화폐로 교환하는 아프간 여성
(출처 : Al Jazeera)

'중동의 파리' 레바논에 스며드는 테더

한때 '중동의 파리'로 불리던 레바논은 지중해 연안의 작은 국가
다. 면적은 우리나라 경기도와 비슷하며 인구는 600만 명에 불과하
다. 프랑스로부터 독립한 1940년대부터 금융업이 발전한 덕분에 중
동의 무역과 금융 허브로 상당한 호황을 누려왔다. 그러나 1975년
종파 갈등에서 시작된 내전이 장기화되면서 레바논의 경제가 무너
지기 시작했다.

2020년 들어서는 코로나19 사태로 인해 레바논의 주요 산업인 관
광업이 급속도로 침체됐다. 같은 해 3월 레바논 정부는 국가 부도를

선언했으며, 8월에는 수도 베이루트의 대폭발 사고로 약 18조 원의 재산 피해가 발생했다. 이 같은 사고로 레바논의 경제난은 더욱 심각해졌다. 수입품의 물가는 천정부지로 치솟았으며, 발전기 연료 부족으로 전기 공급에도 차질이 빚어지고 있다.

특히 문제가 되는 것은 화폐가치의 폭락이다. 레바논 법정화폐인 레바논 파운드의 가치는 2021년부터 2년간 미국 달러 대비 90% 이상 폭락했다. 그 여파로 초인플레이션이 찾아왔고 레바논 시민들은 생수, 약품, 식료품 같은 기본 생필품조차 구입하기 힘든 상황에 놓였다. 심지어 레바논 정부는 은행들의 파산을 막기 위해 시민들의 예금 인출을 제한하기도 했다. 돈이 있어도 인출하지 못하는 상황에서 최근에는 일반 시민들이 총을 들고 은행을 습격해 예금 인출을 요구하는 일도 벌어지고 있다.

CNBC는 이러한 경제난 속에서 실직한 젊은 건축가 게브라엘(Gebrael)이 비트코인과 테더를 활용해 구매력을 유지하고 생계를 해결하는 방법을 소개했다.[18] 그는 미국 커뮤니티 레딧을 통해 프리랜서 일감을 구해 타이어 광고를 촬영하고 5달러어치 비트코인을 벌었다. 이후 가상자산 교환 플랫폼인 픽스드플롯(FixedFloat)을 통해 비트코인의 일부를 테더로 교환했다. 이후 게브라엘은 텔레그램 그룹에 접속해 테더와 미국 달러를 교환할 사람을 물색했다. 레바논 현

---

18 In bankrupt Lebanon, locals mine bitcoin and buy groceries with tether, as $1 is now worth 15 cents, CNBC, 2022. 11. 5.

지에는 가상자산과 달러 교환을 희망하는 사람들이 많고, 이들이 텔레그램 채널을 여럿 개설해두었기 때문에 교환할 사람을 찾기는 어렵지 않다고 한다. 게브라엘에 따르면 이 같은 방식으로 텔레그램에서 이뤄지는 교환 금액이 수십만 달러에 이른다.

레바논 현지에는 테더 수요가 높다. 레바논 파운드를 대신해 테더가 암암리에 식료품이나 서비스 비용을 지불하는 데 사용될 정도다. 커피숍, 레스토랑, 호텔, 여행사 등 현지 상점과 기업들은 테더를 결제수단으로 받아들이기도 한다. 레바논 정부는 가상자산을 결제수단으로 사용하는 것을 금지하고 있다. 하지만 현지 기업들은 테더로 결제를 받는다는 광고를 소셜미디어 플랫폼에 올리기도 한다. 가치가 연일 폭락하는 레바논 파운드보다 가치가 안정적인 테더를 받는 것이 훨씬 이득이기 때문이다.

레바논 시민들은 전기세, 인터넷 이용료 같은 요금은 레바논 파운드로 내지만 수입품 대금이나 기타 식료품 비용은 테더로 납부하고 있다. 궁극적으로 돈은 인간의 신념체계인데, 레바논 현지에서는 법정화폐보다 스테이블코인이 더 가치 있다는 믿음이 점차 확산되고 있는 셈이다.

레바논 현지에는 테더를 직접 구입할 수 있는 장외거래(OTC) 업체도 있다. 아프가니스탄의 사례에서 언급한 하왈라 시스템과 비슷한 구조다. 레바논에는 일종의 가상자산 딜러 네트워크가 존재한다. 이 네트워크는 중국, 우크라이나, 튀르키에, 나이지리아 등의 사무소로부터 가상자산(주로 테더)을 공급받는다. 네트워크에 소속된 각 OTC

업체 딜러들은 필요한 만큼의 가상자산을 배분받는다. 레바논 현지 고객은 먼저 바이낸스 거래소 지갑을 개설한 다음 OTC 딜러를 방문해 미국 달러를 건네면, 0.5~5%의 수수료를 제외한 금액만큼 테더를 고객의 지갑에 입금해준다.

가상자산 시장의 등락에 따라 레바논에서 가상자산의 수요도 달라진다. 테더 같은 스테이블코인의 수요가 늘어나면, OTC 딜러는 벌어두었던 달러를 이용해 네트워크로부터 테더를 구입한다. 레바논 OTC 딜러를 취재한 '레스트 오브 월드(Rest of World)'는 레바논에서 테더가 가치 저장보다 결제와 송금의 방식으로 여겨진다고 전했다. 다만 레바논 현지의 인터넷이 자주 끊기기 때문에 스마트폰을 갖고 있더라도 가상자산을 사용하지 못하는 경우가 자주 발생하는 게 문제라고 덧붙였다.

CNBC는 레바논 현지에서 비트코인이 은행처럼, 테더가 화폐처럼 여겨지고 있다고 설명했다. 시민들이 평소에는 자신의 부를 비트코인으로 바꿔서 저장해두고, 물건을 살 때는 테더를 미국 달러나 레바논 파운드로 바꿔서 지출한다. 비트코인은 변동성이 큰 자산이지만, 레바논 은행예금과 달리 시민들이 인출할 수 있기에 훨씬 매력적인 수단으로 각광받고 있다. 물론 레바논 정부는 이를 탐탁지 않게 여긴다. 하지만 신뢰와 가치 전쟁에서 이기지 못한 돈은 시장에서 도태될 수밖에 없다. 법정화폐가 가상자산, 특히 스테이블코인에 밀리는 현상을 그저 소설 속 이야기로 볼 수만은 없다.

튀르키예, 대통령의 저금리 고집이 불러온 테더 열풍

튀르키예(터키)는 한국의 3.5배에 달하는 국토 면적을 가진 국가다. 유럽에서 두 번째로 인구가 많은 튀르키예는 중진국 경제 규모를 보유하고 있다. 그러나 매년 심화되는 무역적자로 날이 갈수록 경제가 휘청이고 있다. 2022년 무역적자는 직전 연도 대비 138% 증가했으며, 코로나19 여파로 소비자물가 상승률은 80%를 돌파했다. 인플레이션을 진정시키려면 금리를 올려야 한다는 전통 경제학의 입장과 달리, 에르도안 대통령은 금리 인하 전략을 고집했다. 금리를 '만악의 어머니'로 여기는 그는 강력한 통제력을 행사해 저금리를 밀어붙였다. 이자를 터부시하는 이슬람 신자 지지층의 민심을 잡기 위한 숨은 목적도 있었다.

그 결과 튀르키예 법정화폐 리라화의 가치는 끝도 없이 추락하고 말았다. 2018년 선거 이후 에르도안의 정책으로 달러 대비 리라의 가치는 5년간 80% 가까이 상실됐다. 중앙은행은 리라의 가치를 방어하기 위해 수십억 달러를 매도하는 조치를 감행했으나 곧 외환보유고 부족에 시달렸다.

튀르키예는 뒤늦게 리라 가치 회복과 인플레이션 억제에 돌입했다. 튀르키예 중앙은행은 2023년 6월 22일 기준금리를 8.5%에서 15%로 단박에 인상해 고금리 정책으로 돌아섰으나 역부족이었다. 금리 인상 소식에도 달러 대비 리라화의 환율은 하루 만에 1달러당 25.74리라로 떨어졌다. 중앙은행의 조치가 시장의 예측치인 20%에

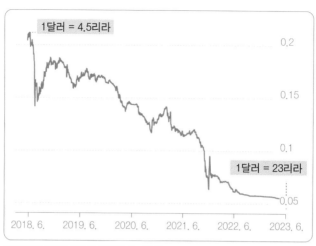

급격하게 가치가 하락한 튀르키예 리라화(출처 : Al Jazeera)

미치지 못했기 때문이다.

　튀르키예가 세계 최대의 가상자산 채택 국가가 된 데에는 이런 경제적인 배경이 있다. 가상자산 거래소 파리부(Paribu)에 따르면 현지의 가상자산 이용자는 최소 800만 명에 이른다. 비록 튀르키예 정부는 가상자산 구입과 결제를 전면 금지했지만, 시민들은 구매력 보존을 위해 비트코인이나 테더 매수에 열을 올리고 있다.

　그동안 튀르키예 사람들은 통화가치가 폭락할 때면 미국 달러, 유로, 금을 보관해 구매력을 지켜왔다. 그러나 정부 규제로 인해 리라로 금이나 달러를 사는 데 제약이 생기자 시민들은 테더를 일종의 '피난처'로 매수하고 있다. 특히 5월에 '금리 인하주의자' 에르도안 대통령이 재선에 성공하자 튀르키예 거래소에서 테더 매수량이 급증했다.

튀르키예 이스탄불의 '그랜드 바자르' 시장 주변 도로에서는 이색적인 풍경을 볼 수 있다. 현금을 비트코인이나 테더로 교환할 수 있는 가상자산 매점이 늘어서 있는 것이다. 리라화 가치 폭락이 낳은 현상이다. 블룸버그는 6월, 튀르키예의 그래픽 디자이너인 28세의 바투한 바소글루의 말을 빌려 현지 사정을 전했다. 그는 선거의 여파로 인한 자산 증발을 피하고자 모든 리라를 테더로 전환했다고 했다. 그는 리라화 가치가 계속 떨어지고 있어서 테더를 리라로 다시 바꿀 생각이 없다고 덧붙였다. 〈파이낸셜 타임즈〉도 비슷한 사례를 소개했다.

여성의 가상자산 생태계 참여를 돕는 업체 크립토 위민 튀르키예(Crypto Women Turkey)의 공동 설립자 시마 박타스(Sima Baktas)는 가상자산 교육과정을 운영하고 있다. 그에 따르면 최근 2천 명의 교육생 중 3분의 1은 주부였다. 리라화 가치 급락으로 남편들의 수입이 줄어들자 주부들이 직접 가상자산 투자를 통해 가계 손실을 메우려고 한다는 것이다.

현지인들이 테더를 구입하는 주목적은 투자보다 구매력 방어다. 튀르키예는 최저임금 수준이 낮은 상태에서 리라화의 가치가 계속 떨어지고 있다. 그렇다 보니 스테이블코인을 사지 않으면 구매력을 지키기 쉽지 않다. 외신들에 따르면 튀르키예의 경제난에 지친 젊은 이들은 자국을 떠나려고 하다가도 가상자산 덕분에 현지에 머무르고 있다. 온라인을 통해 웹3.0 업체에서 원격근무하고 달러 기반 스테이블코인으로 급여를 받으면 어느 정도 자산 가치를 지킬 수 있

튀르키예 이스탄불의 가상자산 거래소 매장(출처 : 트위터)

기 때문이다.

망해가는 메시의 조국에 부는 스테이블코인 수요

남아메리카에서 두 번째로 큰 국가 아르헨티나는 슈퍼스타 축구 선수 메시의 나라일 뿐만 아니라 탱고, 살사, 안데스산맥, 풍부한 자원으로 잘 알려져 있다. 그런데 최근 아르헨티나는 최악의 경제난을 면치 못하고 있다. 바로 극심한 인플레이션 때문이다. 2023년 아르헨티나의 물가는 전년 대비 108% 상승했다. 작년에 10만 원 하던 상품이 올해 20만 원으로 치솟은 셈이다. 게다가 내년에는 150%를 넘어설 것이라는 전망도 나오고 있다.

그 반사작용으로 아르헨티나 법정화폐인 페소의 가치도 폭락했다. 대부분의 현지인들은 법정화폐에 대한 신뢰도를 완전히 잃었다. 아르헨티나와 파라과이 접경 도시 엥카르나시온의 한 가게에 침입한 강도는 점원이 페소를 건네주자 "페소를 갖고 뭘 하라는 거냐"며 돈을 거절하는 일도 벌어졌다.

현지인들은 달러 환전을 시도하지만, 달러를 구하는 것 자체가 쉽지 않다. 중앙은행이 자체 연방 준비금을 보유하기 위해 환전 가능액을 제한하고, 달러 환전 시 35%의 원천징수세를 도입하고 있기 때문이다. 그렇다고 암시장에서 환전하자니 보통 번거로운 일이 아니다. 웬만큼 달러를 환전하려면 배낭에 페소를 가득 메고 가야 할 정도이다.

최근 현지인들은 구매력 방어를 위해 달러 기반 스테이블코인을 사들이고 있다. 인터넷만 되면 은행계좌 없이 구입할 수 있고, 달러로 바꾸기도 좋다. 웹3 에이전시의 프로젝트 매니저 카렐린 가르시아(Carelin Garcia)는 블록체인 전문 매체 비인크립토(BeInCrypto)와 인터뷰에서 "인플레이션으로 인해 벌어들이는 모든 것의 가치가 손가락 사이로 빠져나가고 있다"라며, "아르헨티나의 가상자산 채택률이 높은 이유가 있다"고 전했다. 디지털 대안과 기술 접근성이 좋아지면서 현지인들이 자산과 저축 예금의 가치를 유지하기 위해 자연스럽게 스테이블코인을 찾고 있다"고 덧붙였다.

나이 든 사람들은 여전히 미국 달러를 선호하지만, 젊고 정보력이 좋은 30대 중상류층들은 테더, USD코인, 다이 등을 선호한다. 특히 미국 달러와 달리 스테이블코인은 구매 한도가 없어서 더욱 인기를 끌고 있다. 이런 수요를 겨냥한 서비스도 등장하고 있다. 글로벌 가상자산 거래소 바이낸스와 마스터카드는 라틴아메리카 지역에서 페소로 가상자산을 구매할 수 있는 카드를 출시했다. 이에 따라 아르헨티나 시민들은 전 세계 9천만 곳 이상의 마스터카드 가맹점에서 해당 카드를 사용할 수 있다.

특히 눈에 띄는 것은 가상자산으로 급여를 받는 직원의 비중이 높다는 점이다. 급여 및 HR 플랫폼인 딜(Deel)에 따르면, 원격근무로 채용된 아르헨티나 사람들이 급여 지불수단으로 미국 달러만큼이나 스테이블코인 같은 가상자산을 선택하고 있다. 페이팔 등을 통해 받은 달러 급여를 현지 은행계좌로 받는 방법도 있지만, 스테이블코인을 개인 지갑으로 받는 것도 유리한 점이 있기 때문이다. 아르헨티나의 가상자산 거래소 부엔빗(Buenbit)은 가상자산으로 급여를 받는 비율이 2022년 한 해에만 340% 증가했다고 전했다.

지방정부의 스테이블코인 사용 사례도 주목할 만하다. 지난해 8월 아르헨티나 멘도사 지방정부의 국세청은 '현대화와 혁신'을 위한 노력의 일환으로 테더와 다이로 세금을 낼 수 있도록 허용했다. 납세자들은 멘도사 국세청 웹사이트에 접속해 몇 가지 사항을 입력하고 QR 코드를 스캔한 뒤 자신의 개인 지갑에서 스테이블코인을 전송할 수 있다. 혹은 바이낸스, 부엔빗 같은 거래소 지갑을 이용해도 된다. 국세청은 테더를 받자마자 페소로 전환하고, 납세자에게는 거래 영수증을 발행한다.

산루이스 지방정부 또한 스테이블코인에 우호적이다. 2022년 말

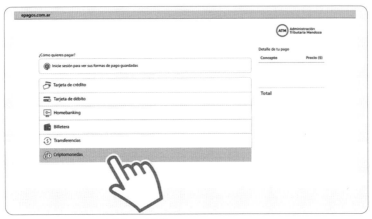

멘도사 국세청 웹사이트 납세 옵션 선택 창(출처 : Decrypt)

'투자 및 사회경제적 개발을 위한 금융혁신법'을 승인한 정부는 '산루이스 디지털 애셋'이라 불리는 달러 기반 스테이블코인 발행을 고려하고 있다. 주정부의 유동 금융자산에 의해 100% 담보되는 이 토큰은 주정부 연간 예산의 최대 2% 내에서 발행될 예정이다. 현재 가상자산 시장에서 유통되는 테더 같은 스테이블코인은 아니지만, 담보를 바탕으로 발행되는 토큰이라는 점에서 구조는 비슷하다.

민간의 구매력 방어 목적을 넘어 납세라는 공공 영역마저 스테이블코인이 침투한 아르헨티나의 사례는 국가가 발행하고 보증하는 법정화폐라고 해서 반드시 관할권 내에서 대체 불가능한 가치와 신뢰를 가지는 것이 아님을 보여준다.

물론 스테이블코인이 머잖아 아르헨티나의 법정화폐를 대체할 것이라고 말하기는 어렵다. 국가의 부침과 화폐가치의 폭락에 따라 민간 시장에서 일어난 일시적인 대안에 좀 더 가까울 것이다. 다만 일시적 대안치고는 법정화폐 고유의 지위와 영역을 상당 부분 침범하고 있다는 점은 눈여겨볼 필요가 있다.

—

추락하는 자원 부국 나이지리아와 스테이블코인에 눈뜬 사람들

나이지리아는 아프리카 최대 경제국으로 꼽힌다. 아프리카에서 천연가스가 가장 많이 매장된 나라이자, 최대 원유 수출국이다. 노동력도 풍부하다. 전체 인구 약 2억 명 중 60%가 24세 이하일 정도다. 아프리카 국가 중에서는 조건이 아주 좋은 나라인 셈이다. 그러나 문제는 저조한 산업 발전 대비 원유 의존도가 너무 심하다는 것이다.

원유 수출액은 나이지리아 정부 예산의 70%, 전체 외화 수입의 90%를 차지한다. 그러다 보니 국제유가 동향에 따라 나이지리아 GDP도 자주 휘청거린다. 2015년 나이지리아 1인당 GDP는 2,693달러에서 2017년에는 1,828달러로 쪼그라들었다. 경기침체도 심각하다. 블룸버그에 따르면 2022년 나이지리아 인구 44%(약 8,700만 명)는 하루 1달러 90센트로 생활하는 빈곤층이다. 천혜의 자원과 빈곤이 공존하는 이상한 나라가 되어버린 것이다.[19]

높은 원유 의존도는 나이지리아 법정화폐 나이라(naira)의 가치에

---

19 〈[세계는 지금] 나이지리아, '석유 의존 탈피' 가능할까〉, KITA 한국무역협회.

도 악영향을 미쳤다. 유가 하락으로 외화 수입이 줄어들다 보니, 나이지리아 중앙은행이 환율 방어에 사용할 수 있는 외화도 감소해 나이라의 가치가 하락했다. 여기에 인프라 투자 부족, 원유 생산 방해, 안보 등의 요인으로 원유 생산에 차질이 빚어지면서, 나이라의 가치 하락에 가속도가 붙고 있다. 달러를 조달하기 어려운 탓에 현지인들은 자산의 가치를 방어하기도 어렵다. 그 결과 2021년 생필품과 서비스 가격이 폭등하면서 물가상승률도 4년 만에 최대치인 18%를 기록했다.[20]

나이지리아의 한 대학을 졸업한 이니우봉 아바시(Iniubong Abasi)는 생계를 유지하기 위해 색다른 방법을 모색해야 했다. 현지 기업에 취직해 나이라로 급여를 받으면 구매력이 계속 떨어져서 생계를 꾸려나가기 어렵다. IT에 밝은 그는 수많은 블록체인 기업들이 전 세계에서 원격근무 프리랜서를 채용한다는 소식을 들었다.

아바시는 글로벌 비즈니스 플랫폼 링크드인(Linkedin)을 열고 자신을 소셜미디어 마케터로 홍보했다. 그는 곧 글로벌 웹3.0 송금 결제 플랫폼 겟핍닷컴(PIP)의 미디엄(Medium) 블로그에 실릴 홍보용 영문 콘텐츠를 단어당 0.2달러에 납품하기로 계약을 맺었다. 은행계좌가 없었던 그는 달러 기반 스테이블코인으로 대금을 받았다. 자신의 콘텐츠 창작 능력만으로 미국에 가지 않고도, 계좌가 없어도 현지에

20　〈[전문가오피니언] 나이지리아 화폐가치 추락의 원인과 영향 분석〉, AIF 아세안, 2022. 8. 9.

서 달러를 번 것이다.[21]

아바시가 매일 500단어짜리 글을 쓴다고 가정해보자. 그의 하루 임금은 100달러이며, 한 달 30일이면 3천 달러를 번다. 나이지리아의 평균 월 급여는 33만 9천 나이라로 약 774달러이니 4배 가까운 월급을 벌 수 있다. 그는 이렇게 벌어들인 스테이블코인을 현금이나 현금성 아이템과 교환해 생필품과 서비스를 구매할 수 있다.

예컨대 팍스풀(Paxful) 같은 P2P 플랫폼에서 스테이블코인을 기프트카드, 현금, 모바일 캐시 등으로 직거래할 현지인을 찾아 교환할 수 있다. 혹은 텔레그램이나 왓츠앱의 그룹 채팅 기능을 이용해 직거래할 상대를 찾는 방법도 있다. 아바시는 인터넷, 스마트폰, 영어 콘텐츠 제작 능력만으로 현지에서 엄청난 수입을 거둘 수 있었다.

수입 창출 외의 용도도 있다. 나이지리아의 제조 회사 직원인 26세의 사무엘(Samuel)은 지난 몇 년간 캐나다 이민을 생각했다. 캐나다 영주권을 취득하려고 1년간 서류를 준비하기도 했다. 그런데 이민 정보를 공유하는 텔레그램과 왓츠앱 채널에서 이민 희망자들이 서류 비용을 지불하는 데 어려움을 겪고 있다는 점을 알게 됐다. 캐나다 이주를 위해서는 170달러 상당의 학력 평가 비용을 지불해야 하는데 미국 달러를 인출하기가 힘든 것이다. 나이지리아 중앙은행의 외환 유출 규제 때문이다.

지난 수년간 국제유가 하락으로 경제난이 찾아오자 나이지리아

---

21 〈은행계좌 없는 나이지리아 직원에게 급여 지급한 비법은?[긱스]〉, 한국경제, 2023. 4. 4.

중앙은행은 나이라의 가치를 보호하기 위해 개인과 기업의 달러 인출을 제한했다. 170달러가 큰돈은 아니지만, 막상 필요할 때 달러를 구하지 못해 이민 계획에 차질이 빚어질 수 있었다. 사무엘은 이 문제를 해결하기 위해 달러 기반 스테이블코인을 사용하기로 했다.

먼저 사무엘은 나이라로 테더를 구매한다. 보통 현지 가상자산 P2P 플랫폼에서 스테이블코인 판매자를 찾는다. 플랫폼에서 거래자를 찾기는 어렵지 않다. 문제는 그다음이다. 사무엘이 스테이블코인을 입금하면 캐나다 혹은 미국에서 사무엘을 대신해 학력 평가 비용을 달러로 입금해줄 중개인을 찾아야 한다. 나이지리아에 사는 사무엘이 머나먼 타국에서 신뢰할 만한 사람을 찾아 거래하기는 어렵다. 사기를 당할 가능성도 크다. 그래서 사무엘은 페이트리(PayTrie)처럼 신원 확인을 요구하는 웹사이트에서 거래자를 찾는다. 이런 방식으로 사무엘은 테더를 보내고, 중개인은 사무엘의 학력 평가 비용을 캐나다달러로 지불한다.

한편 스테이블코인은 나이지리아 중소업체(SME)들에게도 유용하다. 그들은 미국으로부터 기계류, 플라스틱, 차량, 식료품 같은 품목을 많이 수입한다. 문제는 지불 대금이다. 나이지리아 정부의 엄격한 자본 통제로 미국 달러를 구하는 것도, 수입품 대금으로 지불하는 것도 어렵다. 대기업이나 정치인들은 달러 소싱을 비교적 쉽게 할 수 있지만, 중소업체들은 그렇지 않다.

미국의 블록체인 데이터 분석업체 체이널리시스는 현지 수입업체 관계자 아데데지(Adedeji)와 인터뷰에서 달러 무역 대금을 구하지 못한 일부 나이지리아 국제 수입업체들이 테더를 활용해 대금을 지불하고 있다고 전했다. 미국에서든 현지에서든 미국 달러를 쉽게 구하지 못하다 보니, 사실상 테더 외에는 대안이 없다. 게다가 송금 수수료도 저렴해 현지 업체들은 테더 도입을 확대하고 있다.

— 전쟁으로 얼룩진 우크라이나에 전해진 스테이블코인 구호금

2022년 2월 러시아의 침공으로 전쟁터가 된 우크라이나는 제2차 세계대전 이후 유럽에서 최대 규모의 전면전이 벌어진 여파로 엄청난 경제적 피해를 입었다. 2022년 우크라이나의 수출은 35% 감소했으며 같은 해 잠정 GDP는 2021년보다 약 30% 줄어들었다. 전쟁으로 인해 주요 수출 품목인 농작물의 수출이 막힌 탓이다. 통계에 따르면 전쟁 발발 후 우크라이나가 입은 직접적인 경제 손실은 약 1,400억 달러에 달한다.[22] 전쟁 후 약 1년간 민간인 사상자도 2만 명이 넘는다.

국제사회는 다양한 방식으로 우크라이나를 돕기 위해 손을 내밀었다. 유엔난민기구(UNHCR)를 비롯해 전 세계 곳곳의 인도주의 단체들은 전쟁으로 피난길에 오른 우크라이나 실향민들이 난민 캠프에서 식음료비, 난방비 등을 해결할 구호금을 전달하고자 시도했다.

---

22 〈동향세미나〉 최근 우크라이나 경제 동향과 전망〉, EMERiCs, 2023. 4. 3.

그러나 전쟁통에 실물 현금을 실향민들에게 직접 전달하자니 위험이 뒤따르고, 전자 이체를 하자니 은행계좌나 신원 자료를 분실한 이들이 많았다.

그래서 2022년 말 유엔난민기구는 실향민들에게 구호금으로 달러 기반 USD코인을 보내는 시범 프로젝트를 시행했다. 리플에서 갈라져 나온 스텔라 블록체인 재단, 송금 서비스 업체 머니그램(MoneyGram), USD코인 발행사 서클과 손을 잡고 USD코인 구호금 전달 프로젝트를 추진했다. 실향민들에게 바이브런트(Vibrant)라는 가상자산 지갑을 설치하게 한 다음 스테이블코인을 전달하는 방식이었다. 수령한 USD코인은 전 세계 머니그램 지점에서 달러, 유로, 현지 통화로 교환할 수 있다.[23] 전쟁 실향민이 해외로 피신했다면 현지에서 달러나 유로를 인출하고, 우크라이나의 다른 지역으로 피신했다면 현지 화폐인 흐리우냐(UAH)로 인출해 필요한 물품을 구매할 수 있다.

이 같은 구호금 전달 방식은 전쟁으로 은행 인프라가 마비된 상황에서 유효하다. 은행을 이용할 수 없는 실향민들이 도난 위험 없이 빠르고 간편하게 구호금을 전달받을 수 있기 때문이다. 당시 유엔난민기구는 인도주의 활동에서는 속도가 중요하고 원조받을 수 있는 옵션이 많아야 한다고 강조했다.

---

23   UNHCR launches pilot Cash-Based Intervention Using Blockchain Technology for Humanitarian Payments to People Displaced and Impacted by the War in Ukraine, UNHCR, 2022. 12. 15.

이러한 원조 방식은 우크라이나에 특히 적합하다. 높은 스마트폰 보급률과 우수한 인터넷 환경을 갖춘 나라이지만 은행 시스템은 매우 열악하기 때문이다. 특히 전쟁 중에는 여느 국가와 마찬가지로 예금 인출에 제약이 걸린다. 그런 이유로 스테이블코인으로 원조를 받는 것은 비록 일시적인 방책일지라도 효과적이다.

—
미국 제재에 휘청인 베네수엘라의 스테이블코인 활용

한때 베네수엘라는 남미 최고의 석유 부국으로 꼽히던 나라였다. 1970년대에는 두 차례 오일쇼크로 국제유가가 폭등하면서 엄청난 달러를 벌어들여 막대한 국부를 쌓기도 했다. 그러나 막대한 석유 수입은 베네수엘라 정부의 판단력을 흐리고 말았다. '오일로 구축한 파라다이스'가 영원할 것으로 착각하고 무상복지를 남발했다. 국가 재정수입의 90% 이상을 석유 수출에 의존하는 기형적인 경제구조를 개선하지 않은 것이다. 혹시 모를 경제 위기를 대비해 산업구조를 다원화해야 하는데도 말이다. 결국 1980년대 들어서 문제가 터지고 말았다.

1980년대 중반 국제유가가 급락하면서 베네수엘라 경제도 휘청거렸다. 나라가 호황기일 때 정유 시설과 내수시장의 개발을 게을리하고 원유 수입국이던 미국과도 마찰을 빚으며 경제는 내리막길을 걸었다. 베네수엘라 정부는 국가의 자본이 떨어지는 가운데 복지 자금을 조달하느라 화폐 발행량을 늘렸다. 그 여파로 인플레이션이 증가했고 2015년에는 세 자릿수를 돌파하기에 이르렀다.

2018년 베네수엘라의 인플레이션은 무려 65,374%를 기록했다. 여기에 미국은 인권 탄압, 부정선거 등을 이유로 베네수엘라 정부와 국영 석유회사의 미국 내 자산을 동결했고 주요국 은행들도 제재에 동참했다. 미국 달러가 막힌 탓에 자국 화폐 볼리바르(bolivar)의 가치는 엄청나게 평가절하되었다. 결국 베네수엘라는 현지인 이주, 노동자 감소, 인프라 작동 중단, 의료 서비스 중단 등과 함께 심각한 경제난이 발생했다.

경제적 불황에서 베네수엘라 기업과 국민들은 현지의 가상자산을 채택하기 시작했다. 가상자산 시장의 열기가 식긴 했지만 스테이블코인의 안정성은 여전히 유효하다. 특히 해외 기업과 거래하는 기업들은 국내 및 해외 공급업체에게 테더 스테이블코인으로 수입 대금을 지불한다. 미국의 금융 제재로 베네수엘라가 국제은행 시스템에서 제외되었기 때문이다. 현지 기업들은 바이낸스 거래소에서 볼리바르를 테더로 바꾼 다음, 테더를 수락하는 기업에게 대금을 지불한다.

베네수엘라 기업과 해외 기업들은 테더를 매개로 상품과 서비스를 수출입하면서 대외무역을 유지할 수 있다.[24] 다만 거래 액수는 약

---

24 Empresas encuentran en criptomonedas resquicio para hacer transacciones internacionales, Correo del Caroni, 2023. 2. 7.

10만 달러 수준으로 크지 않다.

베네수엘라 지역 내 거래에서는 여전히 베네수엘라 중앙은행의 고시 환율에 따라 볼리바르로 이뤄진다. 다만 볼리바르의 가치는 수시로 변동하기 때문에 현지 기업들은 구매력 저하를 피하고자 테더를 사용한다. 오전 9시와 오후 1시에 볼리바르-달러 환율이 변동하기 전에 기업들은 미리 대금을 테더로 바꾼다. 변동된 환율이 고시되고 나면 다시 볼리바르로 변환해서 직원들의 급여를 지불하거나 재고 충당을 위한 대금으로 사용한다.

이런 방식으로 매번 테더와 볼리바르를 교환하는 것은 매우 불편한 일이다. 그럼에도 테더 외에 별다른 대안이 없다 보니 현지 기업들은 스테이블코인을 활용할 수밖에 없다. 베네수엘라 기업들은 국제 송금과 결제망 접근이 제한된 탓에 스테이블코인을 이용하지 않으면 무역을 지속할 수 없다. 이로 인한 타격을 정부가 보전해주는 것도 아니다. 그렇다 보니 미국의 제재와 교환의 불편함에도 최대한 조심스럽게 테더를 활용하고 있다.

큰 금액은 아니지만 가상자산이 소매 거래에 사용되는 사례도 있다. 〈포브스〉는 베네수엘라 수도 카라카스에서 현지인이 운영하는 키오스코인(KIO$COIN)이라는 소매 마트가 가상자산을 결제수단으로 받고 있다고 전했다. 가상자산이 상거래에 부가가치를 만든다는 생각에서 개점했다는 설명이다. 가게 간판에는 비트코인, 이더리움, 솔라나, 트론 등 다양한 가상자산이 나열돼 있다.

이 가게에서 결제는 대부분 테더로 이뤄진다. 가게 손님들은 바이

1달러어치에 해당하는 볼리바르(출처 : 셔터스톡)

낸스 거래소 지갑에서 업주에게 가상자산을 전송하는 방식으로 결제하며, 매일 최소 2건의 판매가 이뤄지고 있다.[25] 현재의 소매 거래 환경을 대변하는 사례는 아니지만 베네수엘라 정부가 일찍부터 스테이블코인을 시범적으로 도입했다. 2018년 초 베네수엘라 정부는 현지 원유 1배럴과 1 : 1 비율로 설계된 스테이블코인 페트로(Petro)를 공개했다. 큰 폭으로 평가절하된 볼리바르의 가치를 안정화하기 위한 목적이었다. 베네수엘라 원유와 연동된 페트로를 볼리바르와 연동해 궁극적으로 볼리바르의 가치를 안정시키려 한 것이다. 동시에 페트로를 블록체인에서 유통시켜 국제 거래에 지불수단으로 활용하고 미국의 금융 제재를 우회하려는 구상이다.

---

25 Adopción de Bitcoin en Venezuela : a fin de que sea masiva hay múltiples labores pendientes, Forbes, 2023. 4. 7.

베네수엘라 수도 카라카스에 위치한 가상자산 결제 가능 마트(출처 : CriptoNoticias)

그러나 외신들에 따르면, 페트로가 지불수단으로 사용된 흔적은 발견되지 않았다. 페트로 담당 부서가 운영되고 있는지도 알 수 없다. 2023년 4월 한 매체에 따르면, 담당 부서 관계자가 페트로를 이용해 불법적으로 석유 거래를 했다는 폭로가 제기된 이후 부서가 해체됐다.[26]

베네수엘라에서 스테이블코인을 활용하는 사례들을 어떻게 봐야 할까? 미국의 제재와 정부의 무능으로 망가진 베네수엘라 경제와 볼리바르의 가치가 단기간에 회복될 가능성은 희박하다. 이런 상황에서 스테이블코인이 대체 화폐로서 기능할 수 있다는 것을 보여준다. 베네수엘라에서는 이미 수년 전부터 볼리바르 대신 달러가 사용되는 소위 달러라이제이션(dollarization, 미국 달러가 특정국 통화를 대체하

---

26 Venezuela demite equipe de criptomoeda estatal por corrupção, Blocktrends, 2023. 4. 10.

는 현상)이 나타나고 있다. 일상 거래의 약 30%가 미국 달러로 이루어질 정도다.[27]

볼리바르는 이미 화폐로서 기능성과 신뢰를 잃어버렸다. 미국의 자금 동결과 제재로 나라에 달러가 부족한 상황에서 테더가 여러 논란 속에서도 거래의 매개로 기능하고 있다. 물론 현시점에서 스테이블코인이 볼리바르의 대체재가 될 것이라고 장담하기는 어렵다. 아직은 역사도 짧을 뿐 아니라, 사람들의 관성을 바꿀 정도로 안정성이 검증되지 않았다. 당분간은 시민들이 불평불만을 하면서 볼리바르를 쓸 확률이 더 높다.

베네수엘라를 비롯한 개도국의 스테이블코인 사례에서 생각해볼 점이 있다. 화폐의 조건 중 하나는 정부와 중앙은행 같은 최종 책임자가 있어야 한다는 것이다. 그런데 꽤 많은 개도국들이 법정화폐의 가치를 책임지지 못하고 있다. 베네수엘라 정부는 방만한 재정 운영으로 부족한 재정을 채우려고 화폐를 마구 발행했다. 그에 따른 인플레이션의 피해는 고스란히 현지 시민들이 떠안았다. 최종 책임자인 정부가 국민의 구매력과 사적 재산을 보호해주기는커녕 오히려 책임을 던져버린 것이다. 이런 상황에서 시민들은 자신들의 부와 구매력을 지켜줄 수단을 바꿀 수밖에 없다.

비록 스테이블코인은 사기업이 발행했지만, '지속적인 이자수익'을 얻기 위해 스테이블코인의 가치와 가격을 안정적으로 유지하려

---

27 Venezuela Is Now Awash in U.S. Dollars, Bloomberg, 2019. 6. 18.

할 것이다. 어쩌면 베네수엘라 시민에게는 정부보다 더 책임감 있는 모습으로 비쳐질 수 있다.

— 스테이블코인을 개도국 시민들이 정말 쓸까?

스테이블코인을 둘러싼 여러 논란 중 하나는 사용성이다. 전통 금융 시스템에서 유통되는 돈이 아니라 블록체인에서 유통되는 '온 체인 화폐'는 개념 자체도 낯설지만, UI/UX가 사용자 친화적이지 않다. 그리고 개도국 시민들이 스테이블코인에 대해 느끼는 장벽은 선 진국 시민들보다 높을 것이라는 편견도 있다.

한국처럼 은행 시스템과 경제구조가 잘 갖춰진 금융 선진국 시민들일수록 그런 경향이 높다. 딱히 웹3.0 플랫폼이나 스테이블코인을 사용할 필요 없는 사람이 보기에는 가상자산 거래소의 회원 가입 절차나 지갑 설치 과정은 매우 어렵고 비효율적으로 느껴질 수밖에 없다. 나아가 스테이블코인의 효용성보다 위험성이나 사기성이 더 눈에 들어오기 마련이다.

그런데 입장을 바꿔 생각해보자. 개도국 시민들은 뾰족한 대안이 없는 상황에 놓여 있다. 경제가 회복되어 화폐가치가 정상화되리라고 기대하기는 매우 어렵다. 막대한 외자 유치가 이뤄지고, 금융 인 프라가 개발되고, 대다수 시민이 은행계좌를 보유하는 시대가 도래할 가능성은 적다. 또한 인플레이션 걱정 없이 부를 축적하고, 은행

시스템에 기대어 송금과 결제를 하게 될 가능성도 적다.

이런 상황에서 스테이블코인을 사용하기 위해 거쳐야 하는 절차들이 과연 장벽으로 느껴질까? 스테이블코인을 통해 돈을 벌고, 부의 증발을 막고, 송금과 결제를 처리할 수 있다면 웹3.0 서비스의 불편한 UI와 UX, 고객 신원 확인(KYC)과 자금세탁방지(AML) 절차가 큰 장벽으로 여겨지지 않을 것이다. 스테이블코인이 당면한 문제를 해결해주고 이득이 되는 도구라면 말이다.

한국인들도 마찬가지다. 주식투자 앱이나 간편결제 서비스 토스를 생각해보자. 주식 앱을 이용하려면 휴대전화 인증, 신분증 촬영, 추가 본인 확인, 계좌 연결, 예수금 입금 등의 절차를 거쳐야 한다. 마찬가지로 토스를 이용하려면 회원 가입, 신원 인증, 은행계좌 추가 및 연결, 계좌 정보 입력, 출금 이체 동의, 비밀번호 입력 등의 절차가 필요하다. 따지고 보면 블록체인 서비스만큼이나 복잡한 절차를 요구한다. 그런데도 한국인들은 기꺼이 모든 절차를 이행한다. 스마트폰만으로 간편하게 주식에 투자할 수 있고, 돈을 벌 수 있고, 송금과 결제를 손쉽게 처리할 수 있기 때문이다.

보통 사람들은 이해득실, 주어진 환경, 제한적 정보, 과거의 편견 등을 바탕으로 판단한다. 부유한 금융 선진국, 경제 강국의 시민들에게 스테이블코인은 가상자산 투자용 이상의 의미를 얻기 힘들다. 군이 활용할 이유가 없고, 몇 가지 사건에서 비롯된 편견으로 부정적 측면에 집중한다.

자신이 속한 환경을 기준으로 웹3.0이든, 블록체인이든, 스테이블록인이든 새로운 기술 트렌드를 바라보면 많은 것을 놓치게 된다. 스테이블코인은 발전 과정에서 여러 이슈가 있었지만, 결과적으로 200조 원 규모의 시장으로 성장했다. 스테이블코인 발행사들이 시장의 빈틈을 제대로 파악해 우수한 사업적 성과를 거둔 셈이다.

다만 개도국의 일반 시민이 아니라 정부의 입장에서 스테이블코인의 확산은 골치 아픈 일일 수 있다. 현재까지 논의되고 있는 스테이블코인은 대부분 법정화폐, 그것도 달러를 기반으로 하는 것들이다. 실제 달러와 동일하다고 보장받은 것은 아니지만 개도국에서는 유사 달러처럼 사용되고 있다.

달러 기반 스테이블코인을 채택하는 개도국들이 증가하고, 향후 실제 달러와 동등한 지위를 보장받는 스테이블코인이 등장한다면 어떻게 될까? 통화가치가 불안한 개도국의 일상 거래에 미국에서 만든 달러 기반 스테이블코인이 안착할 경우 개도국 정부는 독립적인 통화정책을 펼치기 어려울 수 있다.

예컨대 이런 시나리오를 떠올려볼 수 있다. 아르헨티나 중앙은행이 기준금리 인상을 통해 자국 통화인 페소의 공급을 줄이려 한다고 가정해보자. 그런데 아르헨티나 시민의 60% 이상은 페소가 아니라 달러 기반 스테이블코인을 일상 거래에 사용하는 상황이다. 이 경우 아르헨티나 중앙은행이 시행하는 통화정책은 40%의 시민들에게만 효과를 미칠 수밖에 없다. 60%의 아르헨티나 시민들은 해당 달러 기반 스테이블코인을 발행한 미국의 통화정책에 영향을 받는다.

물론 이 시나리오는 정교하게 설계된 것도 아니고 현실 가능성도 크지는 않다. 하지만 실제로 그런 일이 벌어진다면 개도국 정부는 중앙은행과 합심하여 통화 주권을 지켜내기 위해 다양한 통화정책을 펼쳐야 할 것이다.

—
스테이블코인, 검은돈으로 사용된다면?

스테이블코인에 대한 우려 중 하나는 검은돈으로 사용될 가능성이다. 사실 스테이블코인뿐만 아니라 비트코인을 비롯한 여타 가상자산들이 마약 거래 자금, 뇌물, 테러 자금 등을 전달하는 검은돈으로 인식되는 경향이 종종 있다. 아주 틀린 말은 아니다. 실제로 국내외에서 가상자산이 각종 비윤리적인 거래에 활용된 사례도 많다. 예컨대 마약 판매상 A씨가 고객 B씨와 비트코인으로 마약 거래를 한 사례는 뉴스에서 쉽게 찾아볼 수 있다. 가상자산으로 대금을 주고받으면 추적이 불가능할 것이라는 생각에서다.

그러나 기본적으로 대부분의 가상자산 거래 내역은 추적이 가능하다. 일단 송신자와 수신자가 국내 거래소를 통해 가상자산을 주고받았다면 100% 추적이 가능하다. 거래소에 가입하는 과정에서 제공한 신원 정보가 거래소 데이터베이스에 모두 남아 있기 때문이다. 가상자산 거래소들은 수사기관의 수사 협조 요청이 있을 경우 범죄 용의자와 가담자들의 신원정보를 제공한다.

메타마스크 같은 개인 지갑을 통해 가상자산을 주고받더라도 추적이 가능하다. 송신한 지갑 주소, 수신한 지갑 주소, 거래 금액, 거래 일시, 지갑 잔액 등 모든 거래 내역이 블록체인에 낱낱이 기록되기 때문이다. 개인 지갑 간에 의심 거래가 이뤄진 정황이 발견되면 수사기관은 블록체인상의 거래 내역을 통해 가상자산의 송수신 흐름을 파악할 수 있다.

이 과정에서 용의자의 신원을 특정할 수도 있다. 용의자는 수익으로 얻은 가상자산을 현금화하기 위해 결국 거래소를 이용해야 한다. 그런데 거래소를 통해 현금화하려면 거래소 가입과 지갑 주소 등록 같은 절차를 거쳐야 한다. 즉, 용의자는 거래소에 자신의 신원 정보를 넘겨줘야 하므로 수사기관이 지갑의 소유주 신원을 특정할 수 있다.

특히 스테이블코인에는 동결, 압수 기능이 있다. 스테이블코인이 그릇된 목적으로 사용된 정황이 발견되면 발행사들은 현금화되거나 유출되지 못하도록 지갑 주소를 동결하거나 스테이블코인을 압수할 수 있다. 심지어 스테이블코인이 담긴 지갑 주소 자체를 삭제할 수도 있다. 예컨대 스테이블코인이 해킹으로 특정 블록체인에서 탈취돼 다른 지갑으로 이동하거나, 불법 거래 자금으로 활용되어 용의자로 추정되는 지갑으로 이동하는 등의 정황이 발견되면 발행사는 언제든 해당 스테이블코인을 동결할 수 있다.

2023년 8월 전 세계 1위 결제 플랫폼 페이팔이 자체 스테이블코인 페이팔USD(PYUSD)를 출시했다. 출시 소식과 함께 커뮤니티에서 논란이 된 것 중 하나는 PYUSD에 지갑 주소 동결과 삭제 기능이 있다는 점이었다. 일부에서는 페이팔이 가상자산을 함부로 좌우할 수 있을 것이라는 음모론을 펼치기도 했다. 하지만 페이팔 같은 미국 소재의 대형 금융 플랫폼이라면 당연히 갖춰야 하는 부분이다. 가능성은 낮지만 혹여 PYUSD가 그릇된 목적으로 사용된 정황이 발견되면 피해를 최소화해야 하기 때문이다.

PYUSD에만 이런 기능이 있는 것이 아니다. 테더나 USD코인 같은 스테이블코인에도 유사한 기능들이 있다. ERC-20 기반 테더는 특정 주소를 블랙리스트에 추가 혹은 삭제하는 기능과 검은돈(BlackFunds)을 삭제하는 기능이 탑재돼 있다. USD코인도 마찬가지다. 깃허브(GitHub)에 공개된 각 스테이블코인의 코드를 통해 누구나 그 기능을 확인할 수 있다. 이처럼 스테이블코인 발행사들은 버튼 클릭 한 번으로 얼마든지 조치를 취할 수 있다. 최근에도 그런 조치를 취한 적이 있다. 지난 2023년 7월 블록체인 브릿지 서비스 '멀티체인'에서 해킹이 발생해 테더, USD코인 등 한화 약 1,700억 원어치가 유출되었다. 당시 테더 발행사와 서클은 도난된 자금과 관련된 지갑 주소를 블랙리스트에 추가했고, 800억 원어치의 테더와 USD코인을 동결하는 데 성공했다.

이러한 해킹 공격은 어떤 산업에나 존재한다. 그런데 가상자산 생태계에서는 그 빈도가 잦다. 블록체인 생태계에 취약점이 여전히 많을 뿐 아니라 해킹을 감행할 만한 금전적 유인이 크기 때문이다. 그래서 한번 사고가 터지면 많은 사용자들이 피해를 입는다.

이런 이유로 스테이블코인 발행사들은 유사시에 언제든 동결이나 압수 등의 조치를 취할 수 있도록 전권을 쥐고 있다. 이른바 중앙화된 시스템을 갖추고 있다. 일각에서는 이러한 '중앙화' 시스템을 비판하기도 한다. 가상자산 생태계는 '탈중앙화'라는 기조를 유지해야 한다는 논리다. 하지만 현실적으로 '탈중앙화'는 득보다 실이 많기 때문에 필연적으로 한계가 있다.

02

디지털 세계의 맥가이버칼,
스테이블코인

Stablecoin

프로그래머블 머니, 스테이블코인의 부상

해외 콘텐츠 마케팅 에이전시를 운영하는 김지수 씨가 있다. 해외에 의료기기를 판매하는 국내 고객사들을 위해 영어 콘텐츠를 개발해서 납품하는 일을 하고 있다. 국내에만 고객사 50곳을 두고 있는 김지수 씨는 내부 직원만으로는 일감을 모두 소화할 수 없다. 그래서 영어에 능숙한 개도국 프리랜서를 10명 고용해서 영어 콘텐츠 작성 작업을 계속 맡길 예정이다. 콘텐츠의 제목 형태, 문단 개수, 글자 수 등의 상세 조건에 맞춰 프리랜서가 작업물을 MS 워드 파일로 전달하면 확인 후 스테이블코인으로 대금을 지급하는 방식을 생각 중이다.

그런데 10명의 프리랜서가 보내는 수많은 콘텐츠를 매번 일일이 검수하고 대금을 전달하기는 몹시 번거롭다. 이 과정을 효율화하는 방법으로 김지수 씨는 자동 검수 및 자동 대금 지급 시스템을 고안해낸다. 프리랜서가 시스템에 작업물 파일을 업로드하면, 시스템은 사전에 설정된 조건에 따라 자동 검수한다. 조건이 맞으면 시스템은 김지수 씨가 예치해둔 스테이블코인을 프리랜서들의 지갑에 자동으로 전송한다. 시스템에는 각 프리랜서가 선호하는 스테이블코인과 계약했던 대금이 미리 설정돼 있어서 맞춤형으로 대금 전달이 가능하다. 군이 은행을 이용하지 않아도 P2P 방식으로 자동 해외 결제를 할 수 있다.

또 다른 사례를 가정해보자. 서울시 양천구청은 지역화폐를 발행 및 운영하고 있다. 화폐라고는 하지만 선불 충전식 1회성 상품권에 가깝다. 액면가만큼 사용되고 나면 소진되는 형태여서 재유통되지 않는다. 양천구청은 이런 식으로 발행하는 지역화폐가 행정상의 비효율을 초래한다고 판단했다. 그래서 양천구 내에서 별도의 사용 기간 없이 지속적으로 상거래에 활용 및 유통되는 디지털 지역화폐를 만들기로 의견을 모았다.

명칭은 디지털 지역화폐지만 마치 토스 앱에 담긴 돈과 같은 형태이다. 동시에 다양한 상황에 맞게 돈의 사용을 제어할 수 있는 기능을 탑재하고자 한다. 예컨대 사업자 등록이 안 된 상점에서는 자동으로 결제를 거부하는 기능이나, 특정 품목만 구매할 수 있도록 제약을 거는 기능을 탑재해 디지털 지역화폐의 효용성을 높이는 것이다.

두 사례처럼 돈을 목적과 상황에 맞게 '디자인'해서 의도한 방식으로 주고받을 수 있다면 어떨까? 다시 말해 돈을 프로그래밍해서 특정 조건이 충족되었을 때 자동으로 지불된다면 어떨까? 개인이나 기업은 결제의 불편함을 줄이고, 정부나 지자체는 예산 집행의 효율성을 일부 개선할 수 있을 것이다. 돈을 처리하는 모든 과정을 은행 등 제3자 기관 없이 프로그래밍으로 자동화한다면 금융 중개 비용과 시간을 대폭 절약할 수 있다. 조금 어려운 표현으로는 원자적 정산(atomic settlement)을 구현할 수 있다.

언뜻 현실성이 떨어지는 이야기처럼 들릴지도 모르겠다. 그런데 스테이블코인을 이용하면 이런 가능성에 한 발짝 더 다가갈 수 있다. 스테이블코인은 태생이 디지털 데이터다. 프로그래밍을 통해 얼마든지 사용처에 맞게 디자인할 수 있다는 뜻이다. 특정 조건이 충족되면 실행되는 If-Then 논리 구조(A한다면 B를 실행하는 구조)가 탑재된 지불 시스템을 통해 스테이블코인을 자동으로 지급하거나 결제하는 환경을 구현할 수 있다.

여기서 말하는 조건부 지불 시스템에는 블록체인 기술을 기반으로 한 스마트 계약(Smart Contract)이 적용된다. 스마트 계약은 제3자의 개입 없이 계약 실행 조건을 검증하고 후속 액션을 자동 처리하도록 설계된 프로그램이다. 스마트 계약을 이용하면 당사자끼리 약속한 규칙에 따라 정해진 절차대로 업무가 자동으로 처리된다. 다양한 금융 거래를 사람이나 중개 기관이 매번 검증하고 처리한다면 상당히 비효율적이다. 하지만 스마트 계약을 이용한다면 조건을 충족했을 때 정해진 계약 내용대로 스테이블코인을 주고받을 수 있어서 편리하다.[28]

프로그래머블 머니(programmable money)란 바로 이런 속성을 가

---

28 '계약'이라는 용어는 법적 구속성을 지니는 것이 아니라 오히려 프로그램에 가깝다.

진 돈을 뜻한다. 프로그래밍을 통해 원하는 조건에 따라 지불하거나 동결할 수 있도록 맞춤 설계된 돈이다. 원래 프로그래머블 머니는 비트코인, 이더리움, 리플 같은 디지털 자산들을 통칭하는 용어다. 이 가상자산들은 다양한 상황에서 자동 지불되도록 설계할 수 있다.

비트코인이나 이더리움은 가격 변동성이 커서 일상적인 결제에 사용하기 어렵다. 하지만 스테이블코인은 안정적인 가치와 가격을 유지하고 있어서 결제에 사용할 수 있다. 그뿐만 아니라 다양한 비즈니스 환경에서 조건부 결제가 이뤄질 수 있도록 프로그래밍할 수 있다. 즉, 돈의 흐름을 더욱 유연하게 제어할 수 있는 셈이다. 스테이블코인은 프로그래머블 머니의 대표적인 사례라고 할 수 있다.

'디지털 세계의 맥가이버칼'이라는 표현은 휴대하기 쉬우면서 나이프, 송곳, 가위, 펜치 등 다용도로 사용 가능하다는 의미다. 각종 사건 사고로 얼룩진 가상자산 시장에서 유의미한 사례를 만들어낼 수 있는 잠재력도 크다. 관련 규제가 고도화되면 스테이블코인을 적용해볼 수 있는 곳도 많다.

국제통화기금(IMF)은 이미 지난 2019년 스테이블코인이 결제수단으로서 강점이 있다고 밝혔다. 은행이 독점하는 전통적인 시스템과 달리 개방형 아키텍처를 기반으로 하고, 디지털 애플리케이션에 저장하고 손쉽게 거래할 수 있으며, 전 세계에 빠르고 저렴하게 도달할 수 있다는 이유에서다.[29]

---

29 Digital Currencies : The Rise of Stablecoins, IMF Blog.

해외 송금, 수수료는 300원인데 속도는 단 10초?

해외 송금은 세계 경제의 중요한 구성 요소다. 유학 간 자녀에게 보낼 용돈, 이주 노동자가 고국의 가족에게 보내는 생계비, 해외 클라이언트에게 지불하는 대금, 해외 단체 기부금 등 다양한 목적의 돈이 지금 이 순간에도 국경을 넘어 전달된다.

일반적으로 사람들은 은행을 이용해 A국가에서 B국가로 송금한다. 은행을 통한 해외 송금은 스위프트(SWIFT) 네트워크라고 불리는 국제금융통신망을 거친다. 스위프트는 미국 달러를 송금 화폐로 사용한다. 송금을 요청한 고객이 현지 은행에 맡긴 돈이 스위프트 네트워크의 회원 은행들을 거쳐 최종적으로 수취인의 은행에 전달된다. 이 과정에서 돈은 송금 은행, 중개 은행, 수취 은행을 차례로 지나야 한다. 여기서 중개 은행은 두 은행의 전신환 교환을 담당한다.

문제는 수수료다. 스위프트를 이용한 해외 송금에서 각 은행은 전신료, 송금수수료, 중개수수료, 수취수수료를 떼어간다. 한국에 취업한 파키스탄 노동자가 원화로 받은 급여를 은행을 통해 본국으로 송금한다고 가정해보자. 원화는 달러로 환전돼 스위프트망을 거치며, 달러는 현지에서 다시 파키스탄 루피로 환전된다. 두 번의 환전을 거쳐야 하니 수수료도 적지 않다.

통계에 따르면 이주 노동자들은 본국의 가족에게 송금할 때 적게 잡아도 송금액의 7% 정도를 수수료로 지출한다. 가족에게 1천만 원을 송금하면 약 70만 원의 수수료가 발생한다. 게다가 송금 기

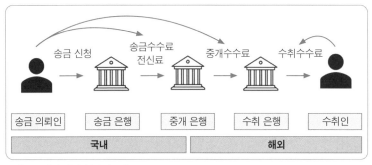

송금 신청　　송금수수료　　중개수수료　　수취수수료
　　　　　　　전신료

| 송금 의뢰인 | 송금 은행 | 중개 은행 | 수취 은행 | 수취인 |

| 국내 | 해외 |

스위프트 기반 해외 송금 시스템

간도 길게는 7일이 걸린다.[30] 이는 해외 송금의 가치를 반감시킬 정
도로 큰 문제다.

　이 같은 문제를 해결하려는 핀테크 업체들도 있다. 소위 MTO
(Money Transfer Operator)라고 불리는 핀테크 업체들은 일단 해외 에
이전트와 파트너십을 맺고 해외에 미리 목돈을 보내놓는다. 그런 다
음 현지 고객이 해외 송금을 요청하면, 해외 에이전트에게 지급을 요
청하는 방식이다. 이를 프리펀딩(pre-funding)이라고 한다. 스위프트
네트워크와 중개 은행을 이용하지 않기 때문에 수수료와 송금 시간
을 줄일 수 있다. 이 밖에 풀링(pooling)과 네팅(netting) 방식도 있다.[31]

　기존의 해외 송금 방식보다 확실히 더 나은 방법인 것은 맞다. 다
만 핀테크 업체를 통한 송금은 은행 송금과 달리 건당 5천 달러(약

30　〈G20 국가 간 지급 서비스 개선 프로그램의 주요 내용 및 시사점〉, 한국은행.

31　풀링은 현지 고객들의 해외 송금 요청에 대해 핀테크 업체와 해외 에이전트가 실제로 돈
을 주고받는 대신, 하루 한 번 고객들의 개별 송금 요청을 모아 하나의 송금으로 처리하는 방
식이다. 네팅은 국가 간 송금 신청액을 일단 각 지점의 보유 자금으로 처리한 다음 회계상 상
계 처리하는 방식이다.

전신료	스위프트 네트워크를 통해 전문을 보내는 데 드는 수수료
송금수수료	송금 은행이 송금 처리 과정에서 받는 수수료
중개수수료	중개 은행이 해외의 수취 은행에 입금 통지를 해주고 받는 수수료
수취수수료	수취 은행이 송금된 금액을 수취자에게 지급할 때 받는 수수료

650만 원), 연간 5만 달러(약 6,540만 원)로 한도가 있다. 5천~1만 원 이내의 고정 금액이 발생하거나 송금액의 1%가 송금수수료로 나간다. 일반적인 상황이라면 크게 문제되지 않는 한도와 요율이다. 그러나 유학비, 현지 장기 체류비 등 거액의 자금을 해외 송금하면 불편할 수 있다.

MTO 업체들이 겪는 어려움도 있다. MTO 업체들은 고객의 해외 송금 요청을 원활하게 구현하기 위해 다양한 국가에서 믿을 만한 파트너 업체를 발굴해야 한다. 해외 송금은 거액의 돈이 오가는 사업이기 때문에 적합한 파트너를 찾고 신뢰를 구축하는 것이 매우 중요하다.

프리펀딩 방식이든 풀링 방식이든 구조상 탄탄한 신뢰를 쌓는 과정이 필요하다. 수차례 이메일을 주고받고, 화상회의를 진행하고, 해외 사업 계약을 체결하고, 심지어 파트너 에이전트의 국가에 방문하는 등 MTO 업체들은 많은 시간과 비용을 들여 해외 송금 서비스를 위한 기반을 다진다. 하지만 그렇게 노력하더라도 해외 파트너 업체의 신뢰도에 문제가 생기거나 파산할 가능성도 있다. 기존 고객이 피해를 입는 것이다.

해외 송금에 스테이블코인을 활용한다면 어떨까? 기존 방식을 완벽히 대체할 수는 없지만 제법 유용한 대안이 될 수 있다. 우선 블록체인 네트워크에 따라 수수료를 크게 낮출 수 있다. 스테이블코인은 코인이 아니라 다른 블록체인 네트워크에서 유통되는 '토큰'이다. 토큰은 솔라나, 트론, 폴리곤, 아비트럼, 옵티미즘, 이더리움 등 여러 블록체인 네트워크의 표준에 맞게 설계하고 유통할 수 있다. 쉽게 말해 돈을 어딘가로 송금할 때 이용할 수 있는 송금망이 여러 가지라는 뜻이다.

스테이블코인을 여러 다양한 블록체인으로 유통할 수 있는 것은 '프로그래머블'하기 때문이다. 테더를 솔라나 블록체인을 통해 송금하고 싶다면, SPL 표준에 맞게 프로그래밍된 테더를 이용하면 된다. 마찬가지로 테더를 트론 블록체인을 통해 송금하고 싶다면, TRC-20 표준에 맞게 프로그래밍된 테더를 이용하면 된다. 다만 초심자가 보기에 블록체인 네트워크의 이름과 각 표준의 이름을 연결지어 기억하기 어려울 수도 있다. 그래서 처음에는 익숙해지는 데 시간이 좀 걸린다.[32] 블록체인 네트워크는 대체로 수수료가 저렴하다.

예컨대 바이비트 거래소에서 OKX 거래소로 테더 10개를 송금한다고 하자. 바이비트와 OKX는 바이낸스만큼 자산 규모가 크고 시스템이 훌륭하다. 바이비트에서 테더(USDT) 10개를 송금하면 수

---

32 참고로 솔라나의 표준은 SPL, 트론의 표준은 TRC-20, 이더리움의 확장성 솔루션인 폴리곤, 아비트럼, 옵티미즘은 ERC-20, ERC-721, ERC-1155 등을 지원한다.

수료는 폴리곤 이용 시 0.3USDT, 옵티미즘은 0.3USDT, 아비트럼은 0.3USDT, 트론은 1USDT다. 0.3USDT는 한화로 대략 380원이고 1USDT는 1,300원이다. 수수료가 대단히 저렴하다. USD코인을 송금할 때는 수수료가 상향 조정된다. 바이비트에서 폴리곤, 옵티미즘, 아비트럼, 트론을 통해 OKX로 USD코인을 보낼 때 수수료는 모두 1USDC다. 10달러를 송금하면 1달러를 수수료로 받는다는 얘기다.

송금 속도는 어떨까? 블록체인 네트워크에서 입출금 요청이 얼마나 몰리느냐에 따라 다르다. 가상자산 시장에 호황기가 찾아와 사람들이 활발하게 스테이블코인을 주고받으면, 그만큼 네트워크가 혼잡해져 송금 처리 속도가 늘어진다. 네트워크별로 송금 요청이 몰리는 정도가 다르므로 몇 분 이내라고 일률적으로 말할 수 없다. 시장 호황기가 찾아오면 속도가 가장 느려지는 네트워크는 단연 이더리움이다. 규모가 큰 만큼 찾는 사람도 많기 때문이다.

하지만 시장 변동성이 크지 않은 평소에는 송금 속도가 느리지 않다. 테더 1천 개(약 130만 원)를 기준으로 아비트럼 네트워크를 이용할 경우 10초 이내로 송금이 완료된다. 옵티미즘은 대략 8분, 폴리곤은 10분 정도 걸린다. 시중은행을 통한 해외 송금보다 월등히 빠른 속도이며, 핀테크 송금업체와 비슷한 수준이다. 아비트럼만 놓고 보면 송금수수료 300원으로 10초 내에 해외 송금을 할 수 있다. 블록체인 네트워크의 속도가 느려지는 것은 시중은행에 사람이 몰려서 업무 처리 속도가 떨어지는 것과 같다.

바이비트에서 OKX로 테더를 송금하는 모습. 2023년 8월 기준 트론을 제외하면 모두 0.3USDT를 수수료로 받는다.

　그럼 송금액이 커지면 수수료도 비례해서 커질까? 결론부터 말하면 대체로 고정적이다. 바이비트는 웬만하면 고정 수수료를 받는다고 명시해놓았다. 다만 네트워크의 송금 속도를 높이기 위해 이따금 수수료율을 올릴 수 있다고 첨언해두었다. OKX도 마찬가지다. 송금용 네트워크를 선택하는 화면에서 고정 수수료를 명시해두고 있다. 테더 인출 시 아비트럼과 옵티미즘은 0.1USDT, 아발란체와 폴리곤은 0.8USDT, 트론은 1USDT다. 송금 금액과 무관하게 적용되는 수수료다.

　가상자산 시장에 큰 변동이 없을 때는 수수료율도 큰 변화가 없다. 다만 기준금리 인하 등으로 인해 가상자산 시장에 유동성이 공급되면 전 세계적으로 가상자산의 입금과 출금 요청이 몰린다. 주로 이더리움 네트워크에 막대한 요청이 몰려서 과부하 상태에 빠지는데, 이런 경우 은행이나 MTO를 통한 송금보다 수수료가 더 비싸지기도 한다. 이더리움처럼 인기 많은 네트워크가 아니라면 가상자산 시장 호황기에도 수수료율은 크게 변동하지 않는다.

그렇다면 국내에서 해외 거래소로 스테이블코인을 송금할 수도 있을까? 안타깝게도 스테이블코인을 바로 보내기는 쉽지 않다. 거래소가 법정화폐와 연동된 스테이블코인을 해외 거래소로 송금하는 것은 외환 거래 중개와 비슷한 성격을 가진다. 한국 외환거래법상 외국환 은행 인가를 받지 않은 업체가 외환 거래를 중개하는 것은 불법이다.

현재 국내 가상자산 거래소는 스테이블코인의 송금에 대해 신고 의무가 없다. 그러나 향후에 외환 거래의 한 유형으로 정식 분류될 가능성이 있다. 국내 주요 가상자산 거래소들은 혹시 모를 리스크를 줄이기 위해 스테이블코인 입출금을 아예 지원하지 않거나 제한적으로만 지원한다. 바이비트, OKX, 바이낸스 같은 해외 거래소들은 가상자산 관련 사업에 우호적인 국가에 있다. 그래서 각 거래소 간 스테이블코인 송금에 큰 제약이 없다.

—

벤처캐피털 투자, 스테이블코인으로 날개 달다

너도나도 스타트업을 창업하는 시대다. 특정 분야에서 경험, 기술, 아이디어를 가진 사람들이 모여 이전에 없던 혁신적인 제품과 서비스를 출시하는 스타트업들을 주위에서 종종 볼 수 있다. 몇몇 스타트업은 오랜 시간 동안 시장에서 살아남아 유가증권 시장에 상장되어 대기업이 되기도 한다.

스타트업이 좋은 제품을 개발하고, 출시하고, 매출을 올리고 성공 궤도에 오르기까지 오랜 시간이 걸린다. 막대한 운영 자금은 물론, 때로는 사업 확장을 위해 인맥이 필요하다. 이런 니즈를 해결해주는 곳이 바로 벤처캐피털(VC)이다.

벤처캐피털은 성장 가능성이 큰 스타트업에 자금을 제공하고 지분을 취득하는 투자회사이다. 대부분의 스타트업은 경험, 기술, 아이디어가 있어도 시장의 자금줄이 마르거나, 제품 시장 적합성(PMF)이 맞지 않는 제품을 출시했거나, 대기업과의 경쟁에서 밀리는 등 여러 이유로 실패한다. 척박한 사업 환경을 극복하고 성장한 일부가 대박을 터트리는 것이다.

벤처캐피털은 될성부른 스타트업을 초창기에 발굴해 자금을 제공하고 지분을 취득한다. 투자한 스타트업이 대박을 터트리면 취득한 지분의 가치가 껑충 뛰면서 벤처캐피털도 엄청난 돈을 번다. 하지만 스타트업이 망하면 지분도 휴지 조각이 된다. 벤처캐피털은 희박한 성공 확률에 베팅하기 때문에 이름 그대로 모험 자본이라고 불린다.

일반적으로 벤처캐피털은 투자 대상 스타트업과 계약서를 작성하고 일정 기간 내에 회사의 법인통장으로 투자금을 납입한다. 그리고 계약에 따른 비율만큼 지분을 취득한다. 이때 투자는 통상 법정화폐로 한다. 한국에 소재한 벤처캐피털이 한국 스타트업에 투자할 때는 원화를 납입하고, 미국의 벤처캐피털이 한국 스타트업에 투자할 때는 달러를 납입한다. 전자는 투자금 납입 자체에 큰 어려움이 없다. 반면 후자는 달러 계좌 개설 등이 조금 번거로울 수 있다. 미국 벤처캐피털이 한국이 아니라 개도국 혹은 미국의 제재 국가에 소재하려면 은행계좌 개설, 나아가 법인 설립 자체가 어렵다.

국경 없는 산업인 블록체인 업계에서는 이 문제가 더욱 심각하다. 유망한 가상자산 프로젝트 중에는 선진국 외에 개도국에 소재한 곳들도 있다. 이런 곳에 법정화폐로 투자하기는 쉽지 않다. 그렇다면 가상자산 업계의 벤처캐피털은 유망한 프로젝트에 어떻게 투자할 수 있을까? 스테이블코인에 한 가지 해답이 있다.

미국의 가상자산 수탁 은행인 앵커리지 디지털(Anchorage Digital)은 지난 2022년 8월 벤처캐피털 플랫폼 엔젤리스트(AngelList)와 파트너십을 맺고 적격 투자자가 USD코인으로 스타트업에 투자할 수 있는 길을 열었다. 우선 엔젤리스트는 벤처캐피털 투자 생태계의 이해관계자들(벤처투자사, 투자매니저, 투자자, 스타트업 등)을 위한 각종 투자 관련 업무를 대신해주는 플랫폼이다. 예컨대 벤처캐피털 매니저가 투자에만 집중할 수 있도록 펀드 결성, 자금 조달, 법무, 세무, 캡테이블(cap table, 회사 소유 지분 목록) 관리 등을 대행해준다.

벤처캐피털 매니저는 엔젤리스트 플랫폼을 통해 스타트업 투자를 진행할 때 투자금 납입 옵션 3가지 중 하나를 선택할 수 있다. 이때 가상자산 투자 옵션을 선택하면 USD코인으로 투자가 가능하다. 구체적인 투자 방식은 다음과 같다.

먼저 매니저는 엔젤리스트 플랫폼을 통해 ERC-20 기반 USD코인

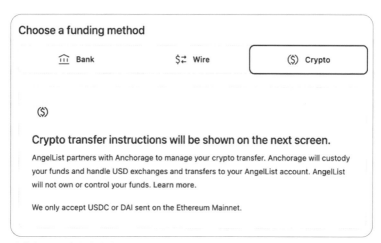

을 앵커리지 디지털에 예치한다. 앵커리지 디지털은 USD코인을 미국 달러로 바꿔서 투자자의 엔젤리스트 계정에 이체한다. 이후 매니저는 엔젤리스트 플랫폼에서 투자 대상 스타트업을 찾고 투자 계약에 서명함으로써 투자를 실행한다. 이 과정을 통해 벤처캐피털의 USD코인은 앵커리지 디지털에서 스타트업의 계정으로 입금된다. 매니저는 엔젤리스트 계정에서 실행한 투자 및 이체 내역을 확인할 수 있다.[33]

USD코인은 미국 금융 당국의 승인을 받은 달러 기반 스테이블코인이다. 블록체인을 기반으로 유통되는 토큰이므로 이동 속도도 빠르다. 그래서 USD코인으로 투자하면 은행의 송금 보류나 공휴일 등

---

33   Venture Investors Get Crypto Option, Forbes, 2022. 8. 11.

으로 인한 송금 지연을 걱정하지 않아도 된다. 투자자도 투자를 위해 굳이 보유한 USD코인을 현금화하지 않아도 된다.

이런 방식의 투자는 스타트업에도 큰 도움이 될 수 있다. 유망 기업은 소재지 은행의 상태나 은행계좌 개설과 상관없이 외국인으로부터 투자를 유치할 수 있기 때문이다. 투자금으로 받은 USD코인은 현지 환전소에서 법정화폐로 바꿔 사업 운영에 보태거나 온라인 에이전시에 사업 관련 용역을 맡기고 USD코인을 지불할 수도 있다.

—

쇼피파이, 스테이블코인으로 대금 받다

이커머스는 플랫폼과 배송 시스템의 발전에 힘입어 최근 몇 년간 전 세계적으로 이용률이 급증했다. 특히 코로나19로 인한 비대면 트렌드는 이커머스 시장의 발전을 이끌었다. 사람들은 국내외 이커머스 플랫폼의 판매자로 변신해 많은 매출을 내며 인생 2막을 열기도 했다.

그러나 문제는 매출을 가용 자금으로 즉각 당겨올 수 없다는 점이었다. 신용카드, 핸드폰 등으로 결제한 매출은 이커머스 플랫폼의 정산을 거쳐 들어온다. 기간은 짧으면 몇 주, 길면 몇 달이 걸리기도 한다. 이커머스 판매자들은 매출을 바로 정산받지 못해 운전자금 부족에 시달리곤 한다. 정산받은 매출을 다시 상품을 구매하는 데 쓰는 주기가 빨라야 하는 사업은 늦은 정산이 문제가 된다.

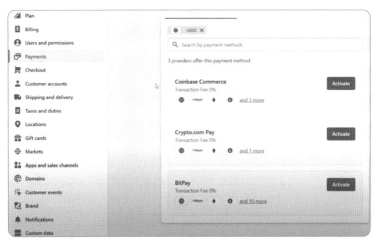

쇼피파이에서 USD코인 결제 플러그인을 활성화하는 모습

 이커머스 플랫폼이 스테이블코인 결제 옵션을 추가한다면 어떨까? 판매자는 마치 무통장 입금을 받는 것과 같은 효과를 얻을 수 있다. 매출이 즉각 정산되므로 마음을 졸일 필요도 없다. 판매자는 자신의 지갑에 도착한 스테이블코인을 거래소에서 매도하면 된다. 신용카드 회사를 끼지 않으니 카드 수수료도 나가지 않는다.

 실제 사례도 있다. 글로벌 이커머스 플랫폼 쇼피파이는 지난 2020년에 미국의 가상자산 거래소 코인베이스를 비롯해 비트페이, 코인페이먼츠와 파트너십을 맺고 가상자산 결제 플러그인을 선보였다. 2022년에는 크립토닷컴과도 파트너십을 맺었다. 가상자산의 결제수단 기능과 가능성에 물음표가 가득했던 시기였지만 쇼피파이는 발 빠른 움직임을 보였다. 덕분에 쇼피파이 판매자는 각 결제 플랫폼에 가입하고 플러그인을 자신의 상거래 플랫폼에 삽입해 가상자산을 결제수단으로 등록하고 USD코인을 비롯해 다양한 가상자산을 받을 수 있다.

쇼피파이 같은 글로벌 이커머스 플랫폼이 가상자산 결제 기능을 채택한 것은 여러모로 의미가 깊다. 일단 가상자산, 특히 스테이블코인을 투자용으로 국한하지 않겠다는 선언이다. 스테이블코인 시장이 200조 원 규모로 성장하면서 그만큼 인지도도 높아지고 사용자도 많아졌다.

가상자산 결제 기능 덕분에 판매자들은 사업장이 소재한 국가에 구애받지 않고 빠른 정산을 통해 현금흐름을 만들 수 있고, 고객들도 새로운 방식으로 간편하게 결제할 수 있다. 그만큼 쇼피파이 플랫폼에서는 많은 거래가 이뤄질 수 있다.

—
스테이블코인으로 연이율 20% 이자수익

달러 기반 스테이블코인은 달러의 등가물이다. 가격 변동성이 적어서 보유하는 것만으로는 수익을 얻을 수 없다. 그렇다면 이를 금융기관에 예치해 이자수익을 받을 수도 있을 것이다. '하이 리스크, 하이 리턴(high risk, high return)'을 골자로 하는 가상자산 직접 투자 대신 '로 리스크, 로 리턴(low risk, low return)'을 얻을 수 없을까? 당연히 방법이 있다. 주요 가상자산 거래소들이 취급하는 스테이블코인 예금 상품을 활용하면 된다. 시중은행에서 보기 힘든 고금리를 앞세

All products			
Token	Est. APY ↓	Term	Action
T USDT	10.00%	Flexible	⌄
S USDC	10.00%	Flexible	⌄
B BTC	5.00%	Flexible	⌄
ETH	5.00%	Flexible	⌄

OKX 거래소에서 운영하는 예치 상품 화면(출처 : OKX)

우므로 상당히 매력적이다.

세이셸에 소재한 OKX 거래소는 테더와 USD코인 예금 상품을 상시적으로 운영하고 있다. OKX 거래소에 접속해 'Grow' 탭에 들어가 'Simple Earn'을 클릭하면 테더(USDT), USD코인(USDC) 예금에 대한 연이자를 10% 지급한다고 명시돼 있다. 참고로 APY는 연이자, Term은 예금 기간, Flexible은 수시 입출금을 뜻한다. 테더 100개를 예금하면 1년간 10개의 테더(약 1만 3천 원)를 이자로 받을 수 있다. 원하면 예금한 스테이블코인을 언제든 해지할 수 있다.

예금하는 방법은 간단하다. 테더나 USD코인을 OKX에 보내면 웹사이트나 모바일에서 자동으로 예금 홍보 프로모션이 뜬다. 그럼 자신의 계정에 있는 스테이블코인을 선택해서 예치하면 된다. 혹은 'Grow' 탭에 직접 들어가서 예치해도 된다. 여기서 재밌는 것은 이자 지급 방식이다. 예치한 날부터 1시간 단위로 이자가 쌓인다. 1년치 이자를 365로 나눠 매일매일 지불하는 것이다. 적립되는 이자도

깔끔한 그래프를 통해 확인할 수 있다. 그래서 가상자산을 현물 혹은 선물에 투자하는 대신 보수적으로 운용해 안정적인 수익을 얻고 싶다면 예치 상품도 도전해볼 만하다.

다만 예치 상품에도 한도가 있다. 테더와 USD코인 각각에 대해 2천 개까지만 10%의 연이자를 지급한다(2023년 7월 기준). 연이자 20%는 총 4천 개의 스테이블코인까지 제공된다. 그 이상은 테더에 3%, USD코인에 1%를 지급한다. 4천 개는 대략 4천 달러(약 515만 원)이다. 515만 원의 20%는 약 103만 원이다. 365일로 나누면 대략 2,800원이다. 515만 원어치 스테이블코인을 예치하면 매일 3천 원에 약간 못 미치는 이자를 받을 수 있다. 20%는 굉장히 높은 이자율인데 거액을 예치하고 싶은 투자자에게는 약간 아쉽다.

그런데 OKX 거래소는 이 엄청난 이자를 어떻게 마련하는 걸까? 바로 마진거래 대출을 통한 이자수입이다. 마진거래란 거래소에서 대출받은 자금을 레버리지 삼아 자신이 맡긴 증거금(마진)의 수 배에서 수백 배에 이르는 금액을 투자하는 방법이다. 시장 상황과 타이밍만 잘 맞으면 일반 거래보다 훨씬 높은 이익을 얻을 수 있다. 거래소는 예치 상품을 통해 받은 스테이블코인을 마진 거래자들에게 고금리로 빌려준다. 거기서 발생하는 이자를 예치 상품 투자자에게 분배해주는 것이다.

바이낸스나 바이비트 같은 대형 거래소도 예치 상품을 제공하고 있으나 OKX의 연이자에는 못 미친다. 이자율이 각기 다른 것은 나름의 전략적 이유가 있겠으나, 더 많은 유동성을 끌어들이고 싶은

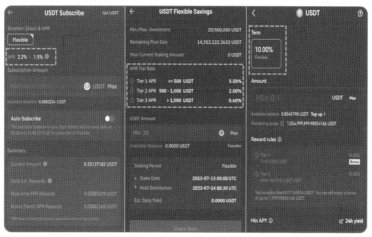

왼쪽부터 바이낸스, 바이비트, OKX의 예치 상품 이자율(점선)(2023. 7. 12. 기준)

거래소일수록 고금리를 앞세운다고 보면 된다. 가상자산 거래소도 사업체다. 따라서 수익을 극대화하려면 이자수익을 많이 창출해야 한다.

투자자들이 현물거래를 할 때마다 내는 수수료뿐만 아니라, 마진 거래자들한테 최대한 많이 대출해줘야 그에 따른 이자수익을 벌 수 있다. 그 점을 고려한다면 바이낸스가 2.2%에 불과한 이자를 앞세우는 이유를 추론할 수 있다. 이미 명실상부한 전 세계 1위 거래소인 바이낸스에는 유동성이 항상 풍부하다. 따라서 군이 고금리를 앞세우면서까지 스테이블코인 예치를 유도할 필요가 없다.

가상자산 거래소에 스테이블코인을 예치하는 게 못 미더울 수도 있다. 과거 FTX 거래소 파산 사건의 악몽을 떠올리는 투자자라면 특히 그럴 것이다. 아무리 유동성이 풍부하고 순위가 높은 거래소라도

자포뱅크 웹사이트. 4.1% 예금이자를 홍보하고 있다.(출처 : Xapo Bank)

한순간에 망할 수 있다. 물론 FTX 거래소의 파산은 방만한 운영 탓이다. 그럼에도 투자자의 성향에 따라서는 최대한 몸을 사리면서도 어느 정도 이익을 얻고 싶을 수 있다. 이럴 때 참고할 만한 금융기관이 바로 자포뱅크(Xapo Bank)다.

자포뱅크는 2013년 영국령 지브롤터에 설립된 민간은행이다. 지브롤터 예금자보호기구 회원 은행이자 소재지의 금융서비스위원회의 규제를 받는다. 공식 은행 라이선스도 갖고 있다. 자포뱅크는 지난 2022년 말 USD코인의 발행사인 서클과 파트너십을 맺고 USD코인 입출금 전용 네트워크를 설치했다. 자포뱅크 고객은 이 네트워크를 통해 USD코인을 수수료 없이 입출금할 수 있다. 해외 고객들도 마찬가지다.

투자자가 솔깃할 만한 부분은 이것이다. 자포뱅크는 고객이 예금한 USD코인을 미국 달러로 즉각 전환한다. 특이한 건 기존 은행과 달리 달러를 민간에 대출해주지 않는다는 점이다. 대신 신용도가 높은 단기 금융상품과 단기채권에 투자한다. 이를 통해 벌어들인 이자 수익은 예금을 맡긴 고객에게 지급한다. 자포뱅크가 고시한 연이자는 4.1%이며, 일 단위로 지급한다. 또한 자포뱅크는 지브롤터 예금자보호기구의 회원사여서 고객 예금을 최대 10만 달러(약 1억 2,900만 원)까지 보장한다. 글로벌 4대 회계법인 중 한 곳인 KPMG의 감사를 받는다는 점도 주목할 만하다. 나아가 2023년 5월에 테더 입출금 전용 네트워크도 개설했다.

기존 거래소 예치 상품과 다른 특장점을 내세운 덕분일까. 자포뱅크는 USD코인 전용 네트워크 개설 이후 4,800만 달러의 예금을 유치했다고 밝혔다. 출금 또한 450만 달러가량 처리했다고 덧붙였다.

가상자산 시장에 참여한 모든 투자자들이 모험가는 아닐 것이다. 고수익과 고위험에 마음을 졸이는 것보다 소위 '패시브 인컴(passive income, 불로소득)'의 안정성을 원할 수도 있다. 그럴 때는 거래소나 은행에 예금하는 방법을 고려해볼 만하다.

—
기사 1건당 10원을 내고 볼 수 있다면?

오늘날 사람들은 안방에 앉아서 넷플릭스 콘텐츠를 보거나 〈월스트리트저널〉을 구독해서 볼 수 있다. 대체로 이런 콘텐츠 공급자들은 월 구독제나 연 구독제로 이용권을 판매한다. 그만큼 유료 구독제가 보편화돼 있다. 그런데 구독제에 아쉬움을 느끼는 고객들도 있다. 일정 기간 유료 구독을 했지만 하필 바쁜 일이 생겨서 구독료만큼 이용하지 못하거나, 구독 기간에 유용하거나 재밌는 콘텐츠가 공급되지 않았을 때다. 구독제가 보편화된 요즘 콘텐츠 플랫폼도 종량제(pay-as-you-go)를 도입해야 한다는 얘기가 나온다.

콘텐츠 종량제는 쉽게 말해 콘텐츠를 원하는 단위만큼 소비하고 비용을 지불하는 정책이다. 예를 들어 외신 기사를 한 건당 수십 원을 내고 읽는 것이다. 구독제를 도입한 외신들은 보통 매월 3건 정도의 기사를 무료로 보여주고 그 이상 열람하려면 유료 구독하라는 안내 메시지를 띄운다. 보통 분기 단위 혹은 연 단위로 결제를 유도하는데, 이 메시지를 보고 실제로 결제하는 사람은 그리 많지 않다.

그런데 외신 기사 한 건을 10~20원에 볼 수 있다면 어떨까? 헤드라인이나 기사 첫 문단 정도만 보여주고 더 읽고 싶으면 10원만 추가 결제하라고 하면 어떨까? 부담이 없으니 제법 많은 사람들이 10원을 결제하고 볼 것이다. 기사를 10개 읽어도 100원밖에 하지 않는다면 안 읽을 이유가 없다. 그리고 넷플릭스 같은 플랫폼이 소액결제 시스템을 도입한다면, 소비자는 콘텐츠를 소비한 시간만큼 요금을 내면 된다.

하지만 현행 결제 시스템에서는 구현하기가 쉽지 않다. 소액결제를 할 수 있다 해도 수수료가 그에 비례해 줄어드는 것은 아니다. 결제 금액보다 수수료가 더 많이 나갈 수 있다. 또한 소액결제 시스템 구축에는 훨씬 복잡한 기술과 고급 뱅킹 서버, 유지 관리 비용이 필요하다. 페이팔, 캐시앱(Cash App), 벤모(Venmo) 같은 플랫폼에 소액

솔라나 블록체인 계열 팬텀 지갑에서 테더 0.01개를 보내는 모습

송금 기능이 있지만, 일부 지역에 제공될 뿐 글로벌 수준으로 확장 가능한 솔루션은 아니다.

하지만 스테이블코인 기반의 소액결제 시스템이라면 얘기가 달라질 수 있다. 스테이블코인은 데이터다. 그래서 얼마든지 작게 쪼개서 블록체인을 통해 상대방에게 전송할 수 있다. 솔라나 기반의 스테이블코인을 예로 들어보자. 솔라나 지갑인 팬텀(Phantom)에서 테더 0.01개(약 13원)를 보낼 수 있으며 수수료는 0.0001달러에 불과하다.

솔라나처럼 수수료가 저렴한 블록체인 네트워크를 이용해 소액결제 관련 스마트 계약을 만들고 미디어에 적용한다면 시장 반응이 좋을 것이다. 고객의 입금을 확인한 후 금액만큼 콘텐츠를 재생해 주는 시스템을 개발한다면 스테이블코인 기반의 종량제도 현실화될 수 있다.

웹3 게임 머니로서 스테이블코인

한때 전 세계적으로 '웹3 게임' 열풍이 분 적이 있다. 엑시 인피니티(Axie Infinity)나 더 샌드박스(The Sandbox)로 대표되는 웹3 게임은 사용자의 게임 아이템에 NFT를 결합해 소유권을 보장해줌으로써 선풍적인 인기를 끌었다. 블록체인에 기록돼 있는 사용자의 NFT는 게임 개발사도 건드릴 수 없다.

웹3 게임의 또 다른 특징 중 하나는 자체 토큰이다. 자체 토큰은 게임 플레이에 필요한 게임 머니와 비슷하지만, 게임 밖으로 인출해 현금화할 수 있다는 점이 달랐다. 엑시 인피니티는 스무드러브포션(SLP)과 엑시 인피니티(AXS)라는 자체 토큰을 발행했으며, 더 샌드박스도 샌드박스(Sandbox)라는 토큰을 발행했다. 게임 이용자들은 각 토큰으로 게임 아이템을 구매하거나 대여하다가 언제든 매도해서 현금화할 수 있었다. 토큰들이 가상자산 거래소에 상장돼 있기 때문이다.

그런데 이 자체 토큰들은 스테이블코인이 아니다. 게임 이용자들이 몰려 토큰에 매수세가 붙을수록 가격이 오르는 구조다. 가격이 상승할 때는 게임 개발사와 사용자 모두 행복할 수 있다. 하지만 시장 상황이 안 좋아지거나 이용자들이 수익을 얻으려고 토큰을 매도하는 순간 가격이 큰 폭으로 떨어진다.

가상자산 시장은 탄탄한 가치보다 '하이프(hype, 과대광고)'를 동력으로 삼는 시장이다. 토큰 가격이 떨어지면 모두 눈치를 보다가 너

엑시 인피니티 게임 화면(출처 : Bybit Learn)

나 할 것 없이 매도에 나선다. 최대한 수익을 보전해야 하기 때문이다. 그 결과 토큰 가격은 빠른 속도로 폭락한다.

게임 토큰은 게임 플레이를 위한 핵심 요소이지만 웹3 게임에서는 보상에 불과하다. 대부분의 사용자는 재미와 퀄리티가 아니라 토큰 매도로 고수익을 얻기 위해 게임을 한다. 게다가 토큰은 가격 제한 폭이 없다. 사용자들이 얻을 수 있는 보상의 크기가 무한대로 열려 있는 셈이다(이를 업사이드가 열려 있다고 표현한다). 이런 구조에서는 사용자들이 자체 토큰으로 게임 플레이를 하기 힘들다.

토큰 가격의 변동성은 게임을 지속하는 데 방해가 된다. 게임 아이템의 가격은 시장 수요에 따라 변하더라도 그것을 구매할 수 있는 토큰의 가격이 고정돼 있다면 사용자는 게임을 지속할 수 있다. 하지만 게임 아이템과 토큰 가격이 모두 변동해버리면 대부분의 사용

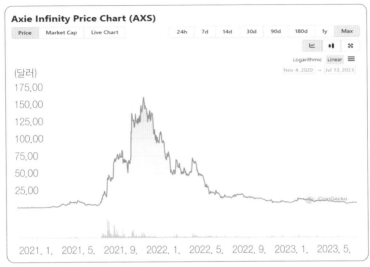

엑시 인피니티 토큰의 가격 변동 추이(출처 : CoinMarketCap)

자는 게임을 계속하기보다 현금화하려고 한다. 토큰은 가치 있는 무언가와 연동돼 있지 않기 때문이다. 사용자들이 게임 아이템도 팔고 게임 머니도 팔아버리면 해당 게임은 순식간에 '빈집'이 된다.

실제 엑시 인피니티가 그랬다. 2022년 들어 가상자산 시장이 하락하자 엑시 인피니티의 사용자는 최대 70%까지 줄어들었다.[34] 애초에 '재미'와 '퀄리티'라는 게임의 기본 요소보다 '보상'이라는 요소를 앞세워 사용자를 모은 웹3 게임의 당연한 귀결이기도 했다.

사용자들이 대거 이탈하면 게임사는 게임 개발을 지속할 동력을 더더욱 얻기 힘들다. 자체 가상자산 가격이 급등했을 때 자체 보유

---

34 〈엑시 인피니티, 이용자 수 74% 급감〉, 코인데스크코리아.

물량을 팔아 게임 개발 비용과 프리미엄 이익을 회수하기 때문이다. 그래서 가치 변동성이 큰 가상자산을 보상으로 내세운 제품이나 서비스는 지속 가능성이 없다. 재미와 퀄리티가 아니라 토큰 보상으로 모은 인기는 '반짝'하다가 금세 동력을 잃는다.

NFT를 통한 게임 아이템 소유권은 보장하면서도 가상자산의 가격 변동성에 상관없이 사용자를 모으려면 어떻게 해야 할까? 여기서 스테이블코인을 웹3 게임에 도입하는 방안을 고려해볼 수 있다. 게임 토큰을 스테이블코인으로 대체하면 사용자들은 게임 아이템을 구매하거나 업그레이드하는 과정에서 구매력을 덜 잃는다. 물론 전제 조건은 있다. 게임 아이템 가격이 지나치게 등락하지 않도록 게임 내 마켓플레이스에서 가격 상승 폭을 제한하는 것이다.

이런 시나리오는 웹3 게임 내 스테이블코인 결제 인프라를 전제로 한다. 게임 사용자들이 아이템 결제 옵션에서 스테이블코인을 선택할 수 있으려면 개인 지갑 및 거래소 지갑과 연동해야 한다. 블록체인 네트워크를 매개로 웹3 게임과 게임 사용자의 지갑을 연결하는 결제 레일을 빠르고 저렴하게 구축할 수 있다. 웹3 게임에 스테이블코인 결제 레일을 구축하면 또 다른 장점이 있다. 은행계좌 없는 개도국 시민들도 게임 플레이에 참여할 수 있다는 점이다.

게임 간 유동성 공유도 가능하다. A게임과 B게임이 스테이블코인 결제 레일로 연결돼 있다면, 게임 사용자는 편리하게 자산을 이전할 수 있다. 예컨대 A게임 아이템을 살 돈이 부족하면 B게임 아이템을 팔아 스테이블코인을 마련해서 A게임으로 손쉽게 전송할 수 있다. 물론 경쟁사들이 게임 간 결제 레일을 구축할 가능성은 적다. 다만 특정 게임사의 게임 간 스테이블코인 전송이 가능하다면 사용자들도 여러모로 편리할 것이다.

마지막으로 스테이블코인을 게임 팬덤을 유지하는 데도 사용할수 있다. 향후 웹3 게임이 e스포츠로 발전한다고 가정해보자. 오프라인 무대에서 진행하는 현행 e스포츠 게임 대회와 달리 웹3 게임 대회는 온라인으로 중계될 가능성이 크다. 게임 플레이어도 전 세계에서 출전할 수 있다. 대회 상금을 스테이블코인으로 지급하는 것은 제법 괜찮은 홍보 전략이다. 국가에 상관없이 수령할 수 있을 뿐 아니라 금전적 가치도 크기 때문이다.

스테이블코인으로 은행 간 지급결제를 가속화할 수 있다면?

현대인들은 모임 식비를 정산하거나, 빌린 돈을 갚거나, 온라인 쇼핑 결제 대금을 이체하는 등 하루에도 몇 번씩 이 은행에서 저 은행으로 돈을 보낸다. 특별한 일이 없는 한 이체를 실행하는 순간 내 통장에서 숫자가 차감되고 상대방의 통장에는 숫자가 더해진다. 사람들은 숫자의 증감을 보고 돈이 이동했음을 인지한다.

이때 돈은 실제로 이체된 것이 맞을까? 이 질문이 조금 이상하게 들릴 수 있다. 하지만 대다수의 생각과 달리 통상 이체를 실행하는 순간에는 실제로 돈이 이동하지 않는다. 오늘 내 계좌에서 이체한 돈은 다음 날이 돼야 다른 사람의 계좌로 이체된다. 그 전까지는 그냥 계좌의 숫자가 이동한 것에 불과하다. 일반 은행 고객들은 눈에 보이는 통장의 숫자를 곧 실제 돈으로 인식한다. 그러나 은행 시스템의 뒤편에서는 아주 복잡하고 때로는 비효율적인 일들이 벌어지고 있다. 스테이블코인이 적용될 수 있는 부분도 이 지점에 있다.

먼저 지급결제 시스템에 관해 알아보자. 지급결제란 무엇일까? 민철이가 지연이에게 에어프라이어를 구매했다고 가정해보자. 민철이는 돈을 주는 사람이고 지연이는 돈을 받는 사람이다. 이때 민철이는 현금, 카드, 계좌이체, 수표, 모바일 페이 등 다양한 결제수단으로 대금을 줄 수 있다. 민철이가 현금을 지급하면 거래는 즉시 종결된다. 둘 사이에는 더 주고받을 것이 없다.

그런데 민철이가 계좌이체로 거래 대금을 지급한다면 어떨까? '청산'과 '결제'라는 복잡한 절차를 거쳐 실제 돈이 이동한다. 단순히 두 사람의 은행계좌에서 숫자만 더하고 빼는 게 아니다. 민철이가 지연이에게 이체하면 금융결제원은 두 은행이 주고받은 이체 메시지를 수집하고 결산(청산)한다. 그리고 최종적으로 각 은행이 서로 주고받아야 할 최종 금액 정보를 한국은행에 보낸다. 그러면 한국은행은 다음 날 11시에 민철이 은행의 지급준비금 계좌에서 지연이의 은행 계좌로 실제 돈을 보내 이체를 완료(결제)한다.

이체 메시지가 전송되는 시점과 실제 돈이 전송되는 시점에 시차가 존재한다. 현행 지급결제 시스템에서는 돈과 정보(이체 메시지)가 동시에 이동하지 않는다. 은행들이 정보를 먼저 주고받고 나면 한국

지급, 청산, 결제 과정(출처 : 한국은행)

은행을 통해 실제 돈이 이체된다.[35] 일반적인 은행 고객들은 돈이 이런 방식으로 이체된다는 점을 인지하기 어렵다. 어쨌든 송금인의 통장에서는 금액이 차감되고, 수취인의 통장에는 금액이 추가되기 때문이다. 심지어 수신인은 이체받은 돈을 즉각 출금할 수도 있다.[36]

돈과 정보가 따로 처리되는 시스템으로 인해 복잡성과 비효율성이 생겨난다. 물론 이유는 있다. 유효한 거래인지 혹은 돈세탁 같은 목적이 수반되지 않았는지 검증해야 하기 때문이다. 하지만 그 대가로 금융 당국과 기관들이 지불하는 비용이 적정한지에 대한 의문은 늘 존재한다.

지급결제 시스템에 스테이블코인을 적용한다면 어떨까? 은행 간 거래 금액을 금융결제원과 중앙은행이 각각 처리하는 대신 은행들끼리 원화 기반 스테이블코인을 전송함으로써 별도의 청산, 결제 절

---

35 일부 예외는 있다. 이체 금액이 크면 실시간 총액결제(RTGS) 시스템을 통해 이체가 즉시 이뤄지기도 한다.

36 이런 실시간 출금 시스템을 갖춘 나라는 많지 않다. 한국은 금융 인프라가 잘 갖춰져 있어서 실시간 출금 시스템이 가능하지만, 미국이나 영국 같은 주요국에서는 아직 불가능하다.

차를 생략할 수는 없을까? 아마 현실적으로 고려할 부분이 적지 않을 것이고, 당장 모든 금융거래에 적용할 수도 없다. 하지만 가능성을 열어두고 생산적인 논의를 해볼 수 있다.

A은행과 B은행 사이에 오간 이체 메시지를 공동 장부인 블록체인에 기록한다고 가정해보자. 두 은행은 자정 무렵[37] 점검 시간에 서로 주고받을 최종 금액을 자동 시스템으로 정산(청산)한다. 그다음 해당 금액만큼 스테이블코인을 서로에게 전송한다. 이론적으로는 금융결제원의 청산이나 한국은행의 결제 없이 돈을 보낼 수 있다.

법정화폐와 연동돼 있는 스테이블코인은 돈이자 정보다. 따라서 블록체인을 통해 스테이블코인을 전송하는 것은 돈과 정보를 '동시에' 보낸다는 뜻이다. 현행 지급결제 시스템과 달리 시차 없이 돈을 보낼 수 있으므로 기존의 청산·결제 과정보다 훨씬 간편하다.

물론 테더나 USD코인 같은 스테이블코인을 지급결제 시스템에 도입하는 것은 비현실적이다. 대신 은행들이 보유한 자체 예금을 토큰화한 스테이블코인을 지급결제 시스템에 접목하는 것은 고민해볼 만하다.

먼저 라이선스를 취득한 금융기관들만 보유 예금의 특정 퍼센트 이내에서 스테이블코인을 발행할 수 있도록 허용한다. A은행이 발행한 스테이블코인은 B은행에게 일종의 채권이다. B은행이 A은행

---

[37] 국내 기준으로 은행들은 매일 자정 무렵 청산 및 결제 업무를 수행한다. 이 시간대는 보통 타행 이체가 중단된다.

에게 스테이블코인 상환을 요청하면 A은행은 그에 상응하는 돈을 내주면 된다. 물론 이상적인 상황에 해당한다. 보안이 강화된 금융기관 결제용 스테이블코인 지갑과 블록체인을 별도로 개발해야 한다. 이런 제반 사항들이 갖춰진다면 스테이블코인의 효용성이 적지 않을 것이다.

스테이블코인 OTC,
거래소 바깥의 은밀한 거래들

세상의 모든 기술은 양면성을 갖고 있다. 스테이블코인도 마찬 가지다. 대체로 유용하지만 꼭 모범적인 방식으로만 유용하지는 않 다. 정부 기관이나 은행의 감시를 우회해 자금을 은닉, 유출, 세탁하 려는 자산가나 업자들이 스테이블코인을 활용하는 사례도 종종 발 견된다. 현금이나 금은 실물이라 갈취나 압류될 위험이 크지만 디지 털 자산은 그럴 위험이 상대적으로 적기 때문이다. 개인 지갑 복구 암호만 간직하고 있으면 PC나 스마트폰 어디에서든 디지털 자산을 되찾을 수 있다.

이들이 현금을 비롯한 실물자산을 스테이블코인으로 바꾸려면 말 그대로 일단 스테이블코인을 구입해야 한다. 예컨대 원화를 합 법적으로 스테이블코인으로 환전해주는 업체에 찾아가서 가상자산 환전을 신청해야 한다. 이 같은 서비스는 원래 가상자산 거래소처럼 바스프(VASP, Virtual Asset Service Provider) 라이선스를 취득한 업체만 제공할 수 있다.

그런데 바스프 라이선스를 취득한 주요 국내 거래소들은 원화를 스테이블코인으로 바로 환전해주는 서비스를 소비자에게 제공하지 않는다. 게다가 스테이블코인을 아예 해외로 출금하지 못하도록 막아둔 상태다. 거래소와 스테이블코인을 매개로 국부가 유출될 가능성을 줄이기 위해서다.

해외 거래소에서 국내 거래소로 스테이블코인을 바로 입금하는 것도 막혀 있다. 그래서 적어도 국내에서는 합법적 경로로 직접 스테이블코인을 구입할 방법은 없다.

다만 어둠의 경로는 존재한다. OTC(Over The Counter)가 그것이다. 가상자산 OTC는 정식 거래소를 통하지 않고 가상자산을 거래할 수 있는 경로다. 일부 고액 투자자들이 종종 OTC를 통해 거액의 스테이블코인을 구매한다는 소문이 돌기도 한다. 한국의 가상자산 OTC 업체들은 별도의 바스프 라이선스가 없기 때문에 엄밀히 말해 불법 운영 업체다. 게다가 이들은 통상 신원이나 거래 자금의 출처를 공식적인 환전 업체처럼 꼼꼼히 확인하지 않는다. 이들을 통해 자금세탁이 종종 일어나는 이유다.

OTC 업체들은 주로 강남구나 금천구 등에 업장을 차려두고 텔레그램을 통해 테더 환전 금액, 단건 거래 여부, 수수료, 만남 일시, 장소 등을 조율한 다음 오프라인에서 만나 직거래한다. 이들은 고객이 건넨 현금을 현장에서 계수한 뒤 고객의 개인 지갑으로 바로 테더 등을 전송해준다.

스테이블코인 OTC 업체들은 보통 4~5천만 원어치의 스테이블코인을 보유하고 있다. 고객이 1억 원어치의 테더 환전을 원하면 우선 절반을 환전해준 다음 한두 시간 뒤나 다음 날 나머지를 환전해준다. 해외에 파트너나 인프라를 두고 있거나 국내 가상자산 트레이더 등 다양한 인맥을 동원해 테더를 구해온다. 이때 고객이 건넨 현금에서 3%의 수수료를 취한다. 예컨대 고객이 1억 원어치를 원하면 300만 원을 수수료로 제하고 9,700만 원어치의 테더를 개인 지갑에 전송해준다.

OTC 업체들은 나름대로 고객신원확인(KYC) 절차를 거친다고 한다. 신분증, 자금 출처, 본인 지갑 여부 등을 확인한다고 하지만 너무 엄밀히 하면 거래가 무산될 수 있어서 대체로 형식적인 수준에 그친다.

3부

디지털 패권 다툼과
스테이블코인

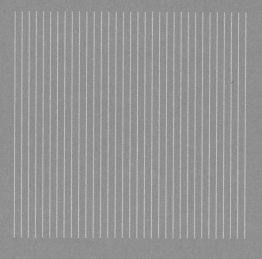

01

스테이블코인과
국제사회의 시선

Stablecoin

비트코인과 스테이블코인

비트코인을 모르는 사람은 아마 없을 것이다. 비트코인은 원래 온라인 결제를 목적으로 개발됐다. 비트코인 백서의 제목도 '개인 간 (P2P) 전자화폐 시스템'이다. 그동안 비트코인을 실생활 결제에 활용하기 위한 다양한 기술과 플랫폼들도 등장했다.

하지만 비트코인은 가상자산 시장의 수급에 따라 가격 변동성이 너무 크다는 게 문제였다. 전송 속도도 느리고, 전송 수수료도 너무 비싸서 전자화폐로 사용하기에는 무리가 있다. 설령 라이트닝 네트워크 같은 기술로 비트코인을 빨리 전송할 수 있더라도 가치 변동성은 여전히 크다. 가치 전송과 저장을 위한 전자화폐로 사용하기 어려운 이유다.

그런 점에서 비트코인이 '디지털 금'으로 발전할 것이라고 보는 건

해도 존재한다. 실용성은 상당히 떨어지지만 2009년 등장한 이래로 나름의 가치를 증명하며 대중적인 인지도를 쌓았기 때문이다. 비트코인은 총채굴량이 2,100만 개로 제한돼 있다. 비트코인은 채굴될수록 반감기에 따라 채굴량은 줄어들지만, 채굴을 위해 투입해야 하는 컴퓨팅 파워와 전력량은 점점 커진다. 게다가 지금까지 해킹된 적도 없고, 손쉽게 휴대할 수 있으며, 개인정보보호도 잘된다. 이러한 특성으로 인해 엄청난 상품성을 가진다. 발행에 제한이 없는 미국 달러를 비롯해 화폐의 희소성이 사라지고 있는 상황에서 비트코인의 특성이 더 두드러지는 것이다.

스테이블코인은 어떨까? 비트코인과 같은 희소성은 없다. 발행량에도 제한은 없다. 다만 미국 달러라는 대체 불가능한 글로벌 기축통화의 가치와 연동된 디지털화폐라는 점에서 유효하다. 특별한 이슈가 없는 한 1개당 1달러의 가격을 유지하고 있어서 가치 변동성도 적다. 또한 스테이블코인은 디지털 데이터이므로 누구나 모바일 기기에 담아 편리하게 휴대할 수 있다. 송금하거나 대금을 결제할 때도 지갑에 들어 있는 스테이블코인을 빠르고 저렴하게 전송할 수 있다. 게다가 소액 단위로 작게 쪼개서 보낼 수 있으므로 온라인에서 소액결제용으로도 사용 가능하다. 실용성으로 보면 스테이블코인이 비트코인보다 훨씬 더 낫다.

물론 스테이블코인을 둘러싼 금융 당국의 우려와 세간의 의문은 아직 완벽하게 해소되지 않았다. 미국 달러의 위상이 흔들리는 시대에 달러 기반 스테이블코인이 유효한지, 대량의 매도가 이뤄져도 과

연 안정적인 가치를 꾸준히 유지할 수 있을지 의문을 제기하는 이들도 많다.

특히 시가총액으로 200조 원이 넘는 스테이블코인의 명운이 몇몇 사기업의 손에 달려 있다는 점은 위태롭게 보일 수밖에 없다. 스테이블코인 발행사들의 재무 관리 능력이 오랜 시간에 걸쳐 검증된 것도 아니고, 이들이 도덕적 해이를 저지르지 않으리라는 보장도 없다. 스테이블코인이 각국의 통화 주권과 은행 시스템에 어떤 영향을 미칠지 충분히 검토되지도 않은 상황이다.

사실 금융 당국이나 기관들이 우려하는 것은 스테이블코인 자체라고 보기는 어렵다. 스테이블코인은 잠재력을 품은 하나의 기술일 뿐이다. 오히려 금융 당국이 제기하는 우려의 핵심은 휴먼 리스크와 마켓 리스크에 가깝다. 휴먼 리스크는 스테이블코인 발행사, 그중에서도 일부 경영진이 스테이블코인의 발행과 담보자산 관리 시스템을 조작할 가능성을 뜻한다. 마켓 리스크는 대중의 공포심을 자극하는 소문이나 악재로 인해 스테이블코인의 가격이 파멸적으로 급락하여 다수의 투자자에게 금전적 피해를 줄 가능성을 의미한다. 특히 마켓 리스크는 발행사들도 쉽게 예측하거나 통제하기 어렵다.

그럼에도 스테이블코인은 현존 통화 시스템에 새로운 물꼬를 틀 수 있다. 전 세계 금융 당국, 금융기관, 금융 연구원들은 스테이블코인이 금융 생태계의 발전에 기여할 수 있다는 점에 주목한다. 돈이 다양한 목적으로 나라와 나라를 오갈 때 발생하는 각종 비용을 줄일 수 있고, 느린 송금 속도도 개선할 수 있기 때문이다. 그뿐만이 아니다. 달러 기반 스테이블코인은 미국 금융 당국과 정치권의 전략적 파트너이자 미국 달러 패권의 심복으로 눈에 띄는 성장을 이뤄나갈 수 있다. 나아가 개인 자산 보존에 어려움을 겪는 시급한 개도국 시민을 위한 '온디맨드 달러(on-demand dollar)'이자 그들의 금융 포용성을 달성하는 데도 유용한 수단이 될 수 있다.

—
부상하는 달러 위기론과 스테이블코인 전망

누군가 당신에게 1달러와 그에 상응하는 가치의 50페소 중 하나를 선택하라고 한다면 무엇을 고를까? 백이면 백, 1달러를 선택할 것이다. 이유는 명확하다. 달러는 강대국 미국이 발행한 화폐이면서도 전 세계 무역과 금융거래에 두루 사용되는 기축통화이기 때문이다.

1944년 브레튼우즈 체제로 기축통화가 된 이래 달러의 위상은 오늘날까지 견조하다. 미국의 강력한 경제력, 군사력, 정치력이 뒷받침된 덕분이다. 그러다 보니 미국과 이해관계가 맞지 않는 나라조차 국제결제나 무역 거래를 위해 외환보유고에 달러를 쌓아둔다. 심지어 아르헨티나와 베네수엘라 국민들은 자국 화폐 대신 달러로 상거래를 하기도 한다. '달러라이제이션'이라는 말이 있을 정도로 달러의 위상은 강력하다.

그런데 최근 달러 위기론이 점차 뚜렷해지고 있다. 달러와 미국 국채의 가치에 균열을 일으키는 일들이 코로나 사태 전후로 발생하

무기가 된 달러 그리고 주요국 지도자들

고 있는 탓이다. 언론과 국제 정세 전문가들은 달러 위기론에 관한 기사와 논평들을 쏟아내고 있다.

2020년 무제한 양적완화를 통해 막대한 달러를 찍어낸 연준의 행위가 달러 패권의 발목을 잡을 것이란 비판도 있고, 2023년 극적인 부채 한도 협상을 통해 가까스로 국가 부도 위기를 벗어난 미국의 미래에 의문을 제기하는 내용도 있다. 같은 해 8월 국제 신용평가사 피치(Fitch)는 미국의 국가 신용등급을 한 단계 강등하기도 했다. 미국의 부채 규모가 32조 달러(약 4경 3,300조 원)에 달한 상황에서, 미국 정부와 의회가 매년 부채 한도 협상을 두고 채무불이행 직전까지 대치를 반복하는 것에 대한 일종의 경고였다.

미국의 국제적 입지와 신뢰도가 예전 같지 않다는 평가도 나온다. 사우디, 중국, 러시아, 이란 같은 주변국과 미국의 관계가 크게 흔들리고 있다. 예컨대 달러 패권의 후원군이었던 사우디는 미국과 거리를 두고, 중국은 일대일로(一帶一路) 프로젝트와 디지털화폐 기술을 연결해 위안화의 국제화를 추진하고 있다. 그런 가운데 미국은 기축통화의 위상과 신뢰도를 스스로 훼손했다. 금융 제재를 이유로 러시아가 보유한 달러를 동결하며 '달러의 무기화'를 자행한 것이다. 인도준비은행의 전 총재는 미국이 행사하는 달러 패권을 두고 '경제적 대량 살상무기'라는 비판적인 표현까지 사용했다.

물론 미국을 포함해 주요 친미 국가들은 끊임없이 '팍스 아메리카나(Pax Americana, 미국 주도의 세계평화)'를 외칠 것이다. 미국 주식이나 달러에 투자한 전 세계 투자자들 또한 마찬가지다. 모든 사람들은 각자의 이익에 부합하는 대로 말하고 행동하기 때문이다. 하지만 영원한 강대국이란 존재하지 않는다. 역사는 그것을 분명하게 보여주고 있으며 미국도 예외는 아니다.

주변국들이 미국에 대해 과거보다 훨씬 더 날을 세우고 있는 모습은 가볍게 여길 부분이 아니다. 국제결제통화의 다양화에 대한 논의와 시도가 한층 활발하게 이뤄지고 있는 점도 흥미롭게 바라볼 만하다.

이런 상황을 미국이 좌시하지는 않을 것이다. 달러 패권이라는 엄청난 이득을 빼앗기지 않기 위해 다양한 카드를 활용할 것으로 보인다. 이번 장에서는 미국이 그 카드 중 하나로 스테이블코인을 활용할 것이라는 전망에 대해 알아본다. 소설적 허구라기보다 정황상 미국과 스테이블코인 발행사 모두에게 이익이 될 수 있기 때문이다.

달러 기반 스테이블코인 발행사들은 담보자산으로 미국 국채를 보유하고 있다. 이것이 시사하는 점은 꽤 크다. 미국 정부는 만성 적자를 겪고 있기 때문에 주기적으로 대량의 국채를 발행해 자금을 조달해야 한다. 그러나 연준이 금리를 인상하면서 미국 국채 가격이 하락하고, 주요국들이 대거 팔아치우고 있는 상황이다. 이럴 때 스테이블코인 발행사들이 미국 국채를 꾸준히 매입해주면 미국 정부에게는 무조건 이익이다. 나아가 미국 정부가 투자자 보호 규제를 들먹이며 스테이블코인 발행사에게 일정 비율 이상의 국채 매입을 의무화한다면, 스테이블코인은 미국 국채를 흡수하는 한 축으로 성장할 수도 있다.

아울러 달러 기반 스테이블코인은 여러 국가의 시민들이 달러에 쉽게 접근할 수 있는 효과를 제공한다. 그렇게 되면 미국은 개도국을 포함한 전 세계 국가에 달러를 풍부하게 유통할 수 있다. 물론 몇몇 국가들은 현지 시장에서 자국 화폐 대신 달러가 대거 유통되는 달러라이제이션 현상을 못마땅해할 수 있다. 통화 주권을 지키고 싶거나, 통화 패권을 확장하고 싶은 국가라면 특히 그럴 것이다. 하지만 화폐는 궁극적으로 끊임없는 신뢰 경쟁을 거쳐야 살아남을 수 있는 법이다. 그렇지 않으면 스테이블코인이든 또 다른 형태이든 제아무리 국가가 금지하더라도, 달러와 같은 강대국 화폐가 현지 소매 거래에 침투하는 것 자체를 막을 수는 없다.

유럽, 일본, 홍콩을 비롯해 여러 국가들은 이미 스테이블코인 시장에 뛰어들었다. 자국 화폐 기반의 스테이블코인 발행을 추진하고 관련 규제를 도입하는 데 적극적인 모습이다. 이유는 여러 가지다.

현실 세계의 글로벌 무역시장에서는 미국 달러가 기축통화로 사용되지만 디지털 공간, 특히 디지털 무역시장에서도 그러라는 법은 없기 때문이다. 물론 달러 기반 스테이블코인이 대세이긴 하지만, 각국이 어떤 전략과 마케팅을 도입하는지에 따라 바뀔 여지도 있다. 디지털 생태계에서 거래되는 정보나 서비스들은 현실 세계의 천연자원처럼 국가별로 할당돼 있지 않다. 유럽, 일본, 인도, 베트남 등 다양한 국가의 시민들도 컴퓨터와 정보기술에 능숙하다면 미국인 못지않게 경쟁력 있는 정보와 서비스를 생산할 수 있다. 해당 국가의 정부가 시민들로 하여금 자국 화폐 기반 스테이블코인으로 정보와 서비스를 거래할 수 있도록 인센티브를 부여한다면 어떨까?

향후 국제사회에서 스테이블코인이 갖게 될 위상에 대해 질문하고 상상해보는 것은 제법 유의미하다. 특히 요즘처럼 국제결제통화의 다변화에 대한 논의가 활발한 시대에 더욱 그렇다. 그동안 국제무대에서 조연이었던 국가들에게 스테이블코인이 도약의 발판이 될수 있을지, 만년 적자인 미국에게 과연 의미가 있을지 아직 확실하지 않다. 다만 모든 국가는 국력과 국부를 갖고 싶어 하고, 그 목적을 이루는 데 스테이블코인이 기여할 수 있다면 이 신기술을 활용하려 할 것이다.

스테이블코인의 미래를 전망하기에 앞서 화폐 권력, 특히 달러 패권의 역사를 가볍게 한번 훑어보고자 한다. 미국이 오랜 시간 동안 달러 패권을 유지해온 전략을 살펴본다면 스테이블코인의 미래에 대해 힌트를 얻을 수 있을 것이다.

원래 미국은 지금과 같은 강대국이 아니었다. 제1차세계대전 이전까지는 영국이 세계의 패권국이었다. 영국은 18세기 무렵부터 여러 식민지를 거느린 군사 강국이었을 뿐만 아니라 산업혁명을 거치며 막대한 국부와 금을 축적한 나라였다.

영국은 1717년 과학자 겸 조폐국 장관인 아이작 뉴턴의 주도로 '금본위제'를 시행했다. 금본위제는 금 1온스당 4.25파운드로 고정하는 제도였다. 원래는 종이돈에 불과한 파운드화를 일종의 '금 교환증'으로 만들어서 파운드화의 가치를 대중에게 보장해준 것이다. 막대한 금을 바탕으로 발행된 파운드화는 점차 전 세계 무역과 결제에 사용되는 기축통화로 자리 잡았다.

파운드화의 위상은 실로 대단했다. 파운드화는 제1차세계대전 발발 직전인 1914년까지 국제결제통화의 60%를 차지했다. 인도, 일본, 아르헨티나 등이 파운드화로 외환보유액을 채울 정도였다. 지금 같으면 상상도 못 할 일이지만 당시엔 그럴 수밖에 없었다. 파운드화의 가치 기반인 금을 영국이 다량 보유하고 있었기 때문이다.

금본위제는 금의 양을 기준으로 화폐를 발행하는 제도였기에 영국은 다량의 파운드화를 발행하기에 유리한 위치에 있었다. 제1차세계대전이 일어나기 전까지 영국은 전 세계가 필요로 하는 만큼의 파운드화를 발행할 수 있을 정도로 넉넉한 금을 보유하고 있었다. 덕분에 파운드화는 유사 이래 인류 최고의 안전자산인 금과 언제든 일정 비율로 교환 가능한 기축통화로서 역할을 해냈다. 그러나 문제는 전쟁이었다.

제1차세계대전이 발발하자 참전국들은 전쟁 비용을 마련해야 했다. 각국은 하지 말아야 할 선택을 감행했다. 금본위제를 폐지하고 막대한 돈을 찍어낸 것이다. 보유한 금 이상으로 발행된 각국의 화폐가치는 빠른 속도로 추락했다. 비록 영국은 파운드화의 가치를 지키기 위해 금본위제를 유지했으나 전비 조달에 어려움을 겪을 수밖에 없었다.

영국을 비롯해 유럽 국가들은 전쟁 비용은 물론 전후 복구 비용을 마련하기 위해 미국에 막대한 채무를 져야 했다. 당시 미국은 참전국을 대상으로 무기와 물자를 판매하며 전 세계의 금을 빨아들였다. 덕분에 미국은 금본위제를 유지하며 막대한 금을 기반으로 달러를 발행할 수 있었다. 반면 영국은 파운드화를 금으로 바꿔줄 여력이 줄어들면서 결국 1931년에 금본위제를 포기했다. 이로 인해 파운드화의 기축통화 지위도 크게 흔들렸다.

이후 제2차세계대전을 거치며 영국은 정치적, 경제적으로 큰 타격을 입었다. 과거에 '해가 지지 않는 나라'로 불리던 영국은 패권을 미국에 넘겨줘야 했다. 제1차세계대전이 끝날 무렵 미국의 경제 규모는 영국을 한참 앞선 상황이었다. 미국은 두 차례의 세계대전으로 참전국에 군수물자를 수출하고 인프라를 건설하며 부를 축적해 강대국이 되었다. 자연스럽게 전 세계의 금도 미국에 집결했다. 종전 당시 미국의 금 보유량은 전 세계 금의 70%에 달했다. 그리고 머지 않아 미국은 영국을 제치고 세계 최대의 금 보유국으로 등극했다. 막대한 금 보유량 덕분에 미국은 많은 달러를 발행할 수 있었다.

미국 달러가 기축통화로 인정받은 것은 1944년 브레튼우즈 체제에서였다. 44개국 대표들은 미국 뉴햄프셔주 브레튼우즈에 모여 금 1온스의 가치를 35달러로 고정했다. 파운드화, 마르크화, 엔화 등 다른 국가의 통화가치는 평가절하하여 일정 금액의 가치를 1달러에 고정하는 데 합의했다. 이를 기점으로 달러는 기축통화로서 국제결제 시장에서 본격적으로 패권을 갖게 됐다. 각 나라는 국제무역에서 달러로 수출입 대금을 주고받았으며, 유럽과 일본은 외환보유고에 달러를 비축하기 시작했다. 그렇게 달러는 파운드화를 잇는 기축통화가 되었다.

미국은 기축통화국의 기반을 서서히 다져나갔다. 각국 중앙은행이 금 대신 미국 달러를 비축하면서 영향력도 커지기 시작했다. 전 세계 곳곳에서 달러가 유통되고 사용됐다. 그런데 금본위제에서 달러의 공급 속도는 제한적이었다. 세계경제가 성장함에 따라 달러의 수요는 거의 무제한으로 늘어나는데, 금은 언제든지 필요한 만큼 채굴할 수 있는 금속이 아니기 때문이다. 미국이 금을 아무리 많이 보유하고 있어도 금에 묶여 있는 달러로는 기축통화의 역할을 100% 해내기가 어려웠다. 미국은 이미 그 한계를 알고 있었다. 그리고 다시 전쟁이 터지면서 달러 패권에 위기가 찾아왔다.

제2차세계대전이 끝난 후 미국은 '마셜플랜'을 수립했다. 유럽이나 일본 등 참전국에 원조하고 국가 재건을 돕는 정책이었다. 각국에 민주주의가 정착하도록 지원함과 동시에 소련의 팽창을 막기 위한 전략이었다. 이 과정에서 막대한 달러가 해외로 흘러들어 갔다. 이어서 미국은 1955년 발발한 베트남전쟁에 개입하는 과정에서 군비 마련을 위해 또다시 막대한 달러를 발행했다. 이 과정에서 미국의 재정적자는 크게 확대되었다. 미국 정부는 부족한 재정을 메우기 위해 암암리에 금본위제를 어기는 행위도 서슴지 않았다. 금 보유량에 상관없이 달러를 발행하도록 연준에 압력을 가하기도 했다. 당시 미국의 금 보유액은 100억 달러였지만, 다른 국가들이 보유한 달러의 액수는 800억 달러에 이를 정도였다.

1961년경 미국의 금 보유량은 전 세계 보유량의 50% 이하로 줄어들었다. 하지만 1970년대 달러 통화량은 금보다 오히려 10% 늘어났다. 이로 인해 달러 가치는 계속 하락했고, 미국의 물가는 6%대까지 치솟았다. 달러와 금의 태환에 대한 의문이 제기되면서 각국 정부의 불안감도 커졌다. 보유 중인 달러를 금과 100% 교환하지 못할 수도 있는 상황이었다. 사실 필연적으로 발생할 수밖에 없는 사태였지만 다들 용인하고 있는 것에 가까웠다.

미국의 금 보유량과 달러 유통량의 괴리가 심각한 수준이 되면서 각국은 금을 찾기 위해 서둘렀다. 영국, 프랑스, 스페인 등 달러를 보유하고 있던 나라들은 앞다퉈 달러와 금을 교환했다. 프랑스의 샤를 드골 대통령은 1965년 공개적으로 미국의 막대한 달러 발행을 비난하며 약 1억 9,100만 달러를 금으로 바꿔갔다. 당시 프랑스 해군이 미국에서 금을 싣고 돌아오는 상선을 호위하는 장면이 중계되면서 달러 패권은 치명상을 입었다. 미국의 금 보유량도 급속도로 줄어들었다. 영국마저 다량의 금 회수를 요구하자 미국은 특단의 대책을 고안해야 했다.

1971년 8월 15일 미국은 달러와 금의 교환을 일방적으로 중단해버렸다. 이른바 '닉슨 쇼크'다. 닉슨 전 미국 대통령은 폴 볼커 당시 재무차관의 협조를 받아 연방준비제도의 금 태환 창구를 폐쇄했다. 달러 보유국들이 금 태환을 요구하며 달러를 가져와도 금을 내주지 않았다. 하루아침에 금과 달러의 연결고리를 끊어버린 것이다. 달러를 금 교환증으로 믿고 사용하던 국가들은 한순간에 뒤통수를 맞았다.

이 조치로 달러는 태환화폐에서 불태환화폐로 성격이 바뀌었다. 금과 태환이 불가한 달러는 내재가치가 없는 종이돈이나 마찬가지였다. 이 종이돈이 국제결제통화로 계속 사용되리라는 보장은 없었다. 비록 미국은 경제력과 군사력에 기반한 자신감[1]을 바탕으로 '미국을 믿고 달러를 그냥 쓰라'는 뻔뻔한 태도를 보였지만, 미국의 조치는 달러의 지위를 흔들 수도 있었다. 미국이라는 나라의 신용만으로는 충분하지 않았다. 달러의 전 세계적 수요를 유지할 획기적인 방안이 필요했다.

이때 미국은 중동의 산유국이자 우방국인 사우디아라비아로 눈

---

1 1970년대 초 미국은 전 세계 GDP의 약 35%를 차지할 정도로 압도적인 경제력을 갖고 있었다.

을 돌렸다. 1945년부터 탄탄한 동맹 관계를 맺고 서로에게 군사력과 원유를 제공하던 두 나라는 1974년에 군사 경제 협정을 통해 '페트로 달러(Petro-dollar)' 체제를 도입했다. 미국은 사우디에게 군사력을 제공하고, 사우디는 달러로만 원유 수출 대금을 받는 것이 골자였다. 석유가 전 세계의 필수재라는 점을 영리하게 이용한 전략이었다.

페트로 달러 체제가 도입되면서 각국은 사우디산 석유를 구입하기 위해서라도 외환보유고에 달러를 비축해야 했다. 달러의 독점적인 수요처가 만들어진 것이다. 덕분에 미국은 내리막길을 걷던 달러의 위상을 회복할 수 있었다. 산유국도 석유를 팔아 번 달러로 미국 국채를 구입해 막대한 이자수익을 얻었다.

페트로 달러 체제는 성공적이었다. 미국 달러는 석유 독점 체제를 통해 글로벌 오일머니로 탈바꿈했다. 1970년대 이래 미국의 국력과 신용이 꾸준히 성장함에 따라 달러는 기축통화로서 강력한 패권을 유지했다. 각국 중앙은행들도 달러 보유에 많은 공을 들였다. 1971년 말 전 세계 외환보유고에서 달러의 비중은 65%에 불과했으나 1977년 말에는 79%까지 치솟았다. 달러의 체질이 금본위 화폐에서 신용화폐로 바뀐 이래, 미국은 기준금리 조정과 양적완화(QE) 등을 통해 전 세계에 달러를 꾸준히 공급해나갔다.

페트로 달러 체제로 미국이 얻은 주요 이익 중 하나는 '주조차익(seigniorage)'이다. 금본위제와 달리 신용화폐 체제에서는 달러를 발행하는 데 거의 돈이 들지 않는다. 연준에 따르면 100달러를 발행하는 데 드는 비용은 19.6센트에 불과하다. 단순 계산으로 100달러를

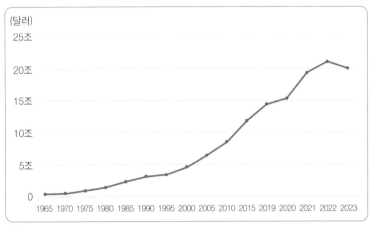

(달러)

연준의 달러 공급량 추이(출처 : FRED)

찍어내면 미국은 대략 99달러의 주조차익을 얻는다.[2] 100달러 이상의 고액권을 발행한다고 해서 비용이 정비례로 증가하는 것도 아니다.

브레튼우즈의 금본위제에서는 35달러를 발행하는 데 금 1온스가 고정적으로 필요했던 것과 달리, 신용화폐 시스템에서는 비용 부담 없이 달러를 무제한으로 발행할 수 있다. 연준은 미국이 얻는 주조차익이 연간 150억 달러(약 20조 원)에 달한다고 밝히기도 했다. 기축통화국이 누리는 혜택이라고 할 수 있다.

물론 미국이 무조건적인 이득만 누리는 것은 아니다. 미국이 가진 기축통화국의 지위는 양날의 검과도 같다. 달러 패권을 갖는 대신 미국이 감수해야 하는 것들이 있다. 바로 고질적인 무역적자와 재정적자다. 미국은 기축통화국으로서 전 세계가 필요로 하는 만큼 달러를

2   〈100달러 찍어내는 데 19.6센트…99.8달러 '주조차익'?〉, 서울경제, 2020. 12. 23.

계속 공급해야 한다. 달러를 공급하려면 미국은 필연적으로 수출보다 수입을 많이 해야 한다. 그래야 전 세계 국가들이 미국에 물건을 팔고 벌어들인 달러를 외환보유고에 축적할 수 있다. 이렇게 성장한 대표적인 나라가 중국이다. 중국은 미국에 저렴한 공산품을 수출하면서 폭발적인 무역흑자를 기록했고, 어느덧 미국과 어깨를 겨루는 G2로 등극했다. 하지만 미국은 전 세계 수출품을 수입해주는 소비시장이 되는 대가로 매년 막대한 무역적자를 겪고 있다. 이를 '트리핀 딜레마(Triffin's Dilemma)'라고 한다.

적자를 해소하겠다고 미국이 달러 약세를 유도해도 문제다. 수입보다 수출이 늘어나면 달러 공급이 줄어들 뿐만 아니라, 다른 국가들이 약세가 된 달러를 팔고 유로화나 엔화 같은 통화를 축적하려 들 것이기 때문이다. 이 경우 기축통화의 지위가 흔들릴 수 있다. 그렇다고 해서 미국이 달러 강세를 유도해버리면 기축통화의 지위는 강화되지만, 수입이 증가해 결국 미국의 재정적자가 악화된다. 주조차익이 기축통화국의 혜택이라면 고질적인 적자는 기축통화국이 감수해야 할 손해인 셈이다. 이를 기축통화국의 딜레마라고 한다.

—
미국과 달러에 도전장 내미는 주요국들

미국은 수십 년간 기축통화의 지위를 잘 유지해왔지만 최근 들어 달러의 '약발'이 다했다는 진단들이 종종 제기된다. 국제통화기금

(IMF)에 따르면 지난 2022년 세계 각국의 외환보유고에서 달러가 차지하는 비중은 58%로 20년 만에 최저치를 기록했다. 1999년 71%에 달했던 것에 비해 확연하게 떨어졌다.

반면 유로화의 비중은 2022년 26%까지 상승했다. 다른 나라의 통화 비중도 점차 증가하고 있다. 엔화는 5%, 파운드화는 4%, 위안화는 2% 정도를 차지하는 것으로 나타났다. 물론 절대적인 수치만 놓고 보면 아직 달러에 비할 바는 아니다. 흔히 얘기하는 '위안화의 국제화'도 아직은 시기상조다. 하지만 세계 각국이 외환보유고에 달러 외의 통화 비중을 조금씩 늘려가고 있는 것은 분명하다.

이유는 여러 가지다. 2000년대 들어 달러의 가치와 미국 금융 시스템이 신뢰를 잃는 주요 사건들이 발생했기 때문이다. 2008년 글로벌 금융위기 때 미국 연준은 처음으로 양적완화(QE)를 내놨다. 달러를 마구 찍어내 시중의 채권을 사들임으로써 달러 유동성을 공급하고 파산 위기에 빠진 월스트리트 금융 기업들을 구제하기 위해서였다. 이에 대한 비판도 뒤따랐다. 2008년 금융위기의 궁극적 원인은 월스트리트 금융 기업들의 부실한 모기지 대출 때문인데, 국민의 세금과 기축통화국의 발권력으로 민간 기업의 부실을 해결하는 것은 시장경제의 원칙에 어긋난다는 지적이 잇따랐다.

연준의 양적완화 정책은 2020년 코로나19 사태와 함께 다시 등장했다. 이번에는 '무제한'이었다. 연준은 코로나발 경제 위기에 대응하겠다며 기준금리를 0%로 내리고 무제한 양적완화 정책을 선포했다. 그렇게 2년간 연준은 국채, 지방채, 회사채 그리고 심지어 정크

본드까지 사들이며 시중에 달러를 공급했다. 이로 인해 '헬리콥터 머니'라는 표현도 등장했다. 마치 공중에서 미친 듯이 달러를 뿌려대는 것과 같은 행태를 비판한 것이다.

연준이 매입한 채권은 2020년 1월 4조 달러(약 5,300조 원)에서 2022년 3월에는 약 8조 달러(약 1경 680조 원)로 2배가량 뛰었다. 미국의 물가도 9% 넘게 치솟았다. 기축통화인 달러와 미국에 대한 세계 각국의 불신이 생길 수밖에 없었다. 무제한 생산할 수 없는 금과 비트코인의 수요가 치솟은 것도 그 때문이다.

국제 정세도 미국에 불리하게 돌아가고 있다. 미국과 사우디의 관계가 꼬이면서 페트로 달러 체제에 균열이 생기고 있는 탓이다. 미국은 2010년대 초 셰일오일 생산과 함께 최대 산유국으로 변신하더니 2015년에는 사우디의 맞수인 이란과 핵 협상을 타결하기도 했다. 이 사건은 미국의 전통 우방국인 사우디를 불편하게 만들었다.

나아가 미국은 사우디의 인권 침해 문제를 공공연하게 비판하며 반감을 내비치기도 했다. 사우디는 이에 대한 반발로 페트로 달러 체제를 흔들고 있다. 석유 감산으로 유가를 올려 주요 산유국인 러시아를 지원하거나, 중국의 석유 수출 대금을 달러가 아닌 위안화로 받는 방안을 논의하는 등 러시아나 중국과 호의적인 관계를 구축하는 반면 미국에 적대감을 표시하고 있다. '탈달러'를 외치며 미국에 도전장을 내미는 주요국들도 무시하지 못할 요소다. 중국이나 러시아처럼 경제 규모가 큰 국가뿐 아니라 이라크나 베네수엘라 같은 나라들도 미국에 반감을 표하며 달러 의존도를 줄이고 있다. 2000년대 초반 결성된 협의체인 브릭스(BRICS)가 대표적이다.

　브라질, 러시아, 인도, 중국, 남아프리카공화국으로 구성된 브릭스는 미국 등 서방 중심 경제체제에 대항하는 거대 경제 블록이다. 이들은 브릭스 통화에 기반을 둔 기축통화와 국제결제망을 개발해 달러 중심의 무역 및 경제 질서에서 벗어나는 것을 목표로 하고 있다. 물론 국제사회는 이들의 연합체를 유망하게 보지는 않지만, 브릭스 국가들은 탈달러를 위한 시도를 끊임없이 하고 있다.

　브릭스 국가 중에서는 러시아와 중국의 행보가 눈에 띈다. 먼저 러시아는 중국을 비롯한 여러 국가와 협력해 루블의 결제 비중을 높여나가고 있다. 2021년 9월 러시아와 중국은 양국 항공사가 상대국 공항에서 급유할 때 각각 위안화와 루블로 결제하기로 합의했다. 이어 2022년 3월에는 유라시아경제연합의 5개국(러시아, 벨라루스, 카자흐스탄, 키르기스스탄, 아르메니아)이 루블로 교역 대금을 결제하는 방안에 합의했다.

　특히 2022년 우크라이나 침공에 대한 서방의 제재로 인해 러시아가 미국 주도의 국제결제망인 스위프트(SWIFT)에서 퇴출되자, 푸틴 대통령은 러시아산 천연가스를 비롯한 자원을 유럽 등 비우호 국가에 공급할 때는 루블만 받겠다고 선언했다. 달러 패권과 서방국의 금융 제재에 맞서려는 움직임을 분명히 드러낸 것이다.

　중국은 위안화의 국제화에 총력을 기울이고 있다. 2012년에 위안화국제결제시스템(CIPS)을 구축했으며, 2015년에는 신흥국 중 처음으로 위안화를 국제통화기금(IMF)의 특별인출권(SDR) 통화 바스켓에 편입시키며 위안화의 국제적 가치를 인정받았다. 이어서 2018년에는 상하이 국제에너지거래소(INE)에서 위안화 기반 원유 선물거래를 시작했으며, 2020년에는 영국 메이저 석유회사 브리티시페트롤륨(BP)과 위안화로 원유를 거래했다. 이른바 '페트로 위안' 전략에 시동을 건 것이다. 또한 2022년에는 미국과 관계가 틀어진 사우디와 밀착 관계를 맺었다. 네옴시티 프로젝트를 추진하고 있는 사우디에 무려 39조 원을 투자하는 협정을 체결하기도 했다.

특히 중국의 디지털 위안화(e-CNY)에 주목할 필요가 있다. 중국의 중앙은행인 인민은행(PBOC, People's Bank of China)은 위안화의 국제적 통용과 현금 없는 사회를 목표로 2014년 디지털 위안화 개발에 착수했다. 이런 실물 화폐의 디지털 버전을 중앙은행 디지털화폐(CBDC, Central Bank Digital Currency)라고 부른다.

현재 시범 단계에 있는 디지털 위안화는 모바일 기반으로 스마트폰 전자지갑 앱에 담아두고 사용할 수 있다. 은행계좌가 없는 사람도 휴대전화 번호나 신분증으로 디지털 위안화 지갑을 만들 수 있다.

중국 인민은행의 입장에서도 디지털 위안화의 장점이 크다. 보조금 지급 등 정부 주도의 통화·부양 정책을 시중은행을 거치지 않고 중국 시민들에게 바로 적용할 수 있다. 디지털 위안의 지급, 유통 등에 대한 데이터를 중앙은행이 직접 확인하고 통제하는 것이다. 공산당과 정부 주도의 강력한 중앙화와 감시 체제를 지향하는 중국의 기조에 적합한 셈이다.

디지털 위안화는 지난 2020년 10월 중국의 첨단 기술 도시 선전에서 첫 시범 도입됐다. 중국 정부는 당시 추첨으로 당첨된 5만 명에

중국의 디지털 위안화 e-CNY(출처 : VCG images)

게 200위안(약 3만 8천 원)어치의 디지털 위안화를 지급했다. 이어 같은 해 12월에는 쑤저우에서 규모를 더 키워 10만 명에게 200위안어치의 디지털 위안화를 나눠줬다.

디지털 위안화는 지정된 상업시설 1만여 곳에서 사용할 수 있었다. 심지어 근거리 무선통신 기술이 적용돼 있어 인터넷이 안 되는 환경에서도 결제와 송금을 할 수 있다. 2023년 현재 디지털 위안화의 시범 운영 지역은 중국 내 거의 모든 도시로 확장된 상태다. 결제가 가능한 상점도 1천만 곳을 훌쩍 넘는다.

중국 정부가 디지털 위안화를 상용화하려는 이유는 단지 국내의 결제시장을 혁신하기 위해서가 아니다. 궁극적으로는 세계 무역 및 금융 시장에서 위안화의 비중을 높여 통화 패권을 강화하기 위한 것이다. 중국 인민은행이 디지털 위안화의 역외결제(해외결제) 가능성을 열어둔 것도 그 이유다.

미국과 달러 패권에 대한 주변국들의 도전은 최근 더욱 뚜렷해지고 있다. 대체로 미국이 자처했다는 것이 전문가들의 견해다. 오랜 우방국 사우디를 건드렸다 되레 홀대당한 것은 물론, 러시아 재벌의 자금을 동결하는 조치로 분노를 샀다. 앞서 오랫동안 세계의 경찰을 자처하며 경제제재를 가해 여러 국가의 반발을 사기도 했다.

중국은 '일대일로 프로젝트'에 개도국들을 끌어들이며 위안화의 국제화에 시동을 걸고 있다. 국제무역에서 위안화 결제 비중을 높여 영향력을 확대하는 데 힘을 쏟고 있다. 게다가 중국은 러시아와 사우디까지 끌어들여 위안화 결제 네트워크를 만들려 하고 있다. 그뿐만이 아니다. 미국 국채의 최대 보유국이기도 한 중국은 2013년 이래로 미국 국채를 계속 팔아치우고 있다. 이를 두고 일각에서는 중국이 달러 패권에 대한 경계심을 표출하는 것이라고 해석한다.

—
디지털통화 패권 사수를 위한 미국의 행보

물론 현시점에서 당장 세계의 기축통화가 달러에서 다른 통화로 대체되기는 어렵다. 달러의 신용을 뒷받침할 만한 경제력, 금융시장, 군사력, 지도력을 가진 나라가 현재로서는 미국밖에 없다. 주변국들이 연합해서 미국에 도전장을 내밀고 있지만 국제결제 시장에서 달러의 비중은 건조한 편이다. 시장의 전망이 달러 쇠퇴보다 달러 패권 유지에 좀 더 힘이 실리는 이유다.

하지만 미국은 막대한 재정적자, 연준을 향한 비판, 주변국들의 응전이 제법 묵직하게 다가올 수밖에 없다. 장기적으로 본다면 통화 패권을 둘러싼 춘추전국시대가 지금보다 훨씬 뚜렷해질 수도 있다. 따라서 미국은 다음 단계를 준비할 수밖에 없다.

달러 패권을 사수하기 위래 미국이 취할 수 있는 조치 중 하나는 바로 달러 기반 스테이블코인이다. 연준에 대한 비판에도 미국은 여전히 달러를 발행하고 전 세계에 유통하려 하고 있다. 특히 디지털과 모바일 기술을 토대로 달러의 발행, 유통, 통제를 더 저렴하고 쉽게 할 수 있다면 미국 달러의 지배력과 기동성을 강화할 수 있다.

이를 위한 잠재적인 도구가 스테이블코인이라는 점에 대해 미국의 정부기관과 정재계 오피니언 리더들도 고개를 끄덕인다. 특히 중국이 디지털 위안화를 출시해 빠른 속도로 디지털통화 패권을 확보해나가는 상황에서 미국 정부도 '디지털 달러'의 도입에 속도를 내고 있다.

먼저 정계의 입장을 살펴보자. 스테이블코인에 관해 전향적인 금융 당국 중 한 곳은 미국 통화감독청(OCC)이다. 미국 은행 규제 기관인 OCC는 지난 2020년 10월 법정화폐와 1∶1로 뒷받침되는 스테이블코인에 한하여 미국 시중은행들이 담보자산을 수탁할 수 있다는 해석서를 발표했다. 이어 2021년 1월에는 연방 규제를 준수하는 미국 은행들이 달러 기반 스테이블코인을 매수, 판매, 발행할 수 있으며 독립적인 개방형 블록체인(INVN)을 기반으로 하는 지급결제 업무를 처리할 수 있다는 의견서도 발표했다.[3]

---

3 OCC Chief Counsel's Interpretation on National Bank and Federal Savings Association Authority to Use Independent Node Verification Networks and Stablecoins for Payment Activities, 미국 통화감독청(OCC), Jan, 2021.

이것은 블록체인 업계에 큰 획을 긋는 사건이다. 미국 은행이 발행하는 스테이블코인을 미국의 본원통화(달러)로 인정하는 법적 근거이기 때문이다. 이것은 달러가 민간 블록체인 위에서 유통될 수 있다는 의미다.

당시 통화감독청장이었던 브라이언 브룩스는 스테이블코인에 매우 적극적인 인물이다. 미국의 대형 가상자산 거래소 코인베이스의 수석법률책임자를 지냈던 브룩스는 당시 "블록체인 같은 독립 노드 검증 네트워크와 은행 컨소시엄이 관리하는 기존의 결제망이 공존할 것"이라며, "은행들의 거래 검증자 참여를 둘러싼 법적 불확실성을 해소하는 것은 물론 결제 속도, 효율성과 상호운용성 등을 높이는 데 스테이블코인을 활용할 수 있다"고 밝혔다.[4]

한 걸음 더 나아가 브룩스는 최근 스테이블코인이 미국 달러의 기축통화 지위를 공고히 할 것이라고 주장했다. 그는 〈월스트리스트 저널〉 기고문을 통해 은행예금과 국채로 뒷받침되는 블록체인 기반 스테이블코인은 달러 혁명의 핵심이라고 주장했다.[5] 달러 기반 스테이블코인을 '디지털 버전의 선불카드'에 비유한 그는 스테이블코인이 개발도상국의 빈곤을 줄이고, 세계무역을 촉진하고, 달러의 지배력을 강화하며, 미국의 소프트 파워를 강화할 중요한 도구가 될 것이라고 말했다.

---

4 〈美 통화감독청, 은행 결제 업무에 블록체인·스테이블코인 활용 공식 허용〉, CIO, 2021. 1. 6.
5 Stablecoins Can Keep the Dollar the World's Reserve Currency, WSJ, 2022. 8. 12.

특히 그는 스테이블코인이 작금의 탈달러화에 대응할 도구라고 주장했다. 단순히 더 효율적인 전자결제 수단이 아니라 다수 국가의 탈달러 기조를 예방할 수단이라는 것이다. 브룩스는 일부 국가들이 보이는 탈달러 기조를 두고 '민족주의와 반식민주의적 충동'이라고 해석하며 스테이블코인은 오히려 현지 시민들의 노동 가치를 상대적으로 안정된 달러 형태로 저장할 수 있게 해준다고 주장했다.

브룩스의 의견은 국제통화기금(IMF)의 경제학자 에스와 프라사드(Eswar Prasad)와 궤를 같이한다. 코넬대학교 교수이기도 한 프라사드는 달러의 디지털 버전이 달러의 지배력을 강화할 것이라고 주장했다. 해외무역 거래에서 결제의 효율성을 높일 수 있기 때문이다.

현재 전 세계 무역은 달러로 결제된다. 서로 다른 통화를 사용하는 두 국가가 미국 달러를 '거래통화(vehicle currency)'로 사용하는 것이다. 그런데 스위프트를 이용하는 시스템은 비싸고 느리다. 환율 변동성에 따른 환차손에도 취약하다. 하지만 디지털 달러를 이용하면 결제도 빠르고 환율 변동에 따른 손해를 걱정할 필요 없다.

그런데 디지털 달러가 본격화되지 않은 가운데 여러 신흥국이 무역 대금을 위안화로 결제하는 비중이 높아지고 있다. 러시아는 중국과 무역 대금을 위안화나 루블로 결제하는 비중을 크게 높이고 있고, 브라질도 2023년 3월 중국과의 교역에 위안화와 헤알화를 사용하기로 본격 합의했다.

이런 현상들이 지금 당장은 달러의 지배력에 큰 영향을 주지 않겠지만, 잠재적으로는 영향을 줄 수 있다. 미국이 디지털 달러 개발과 보급에 힘쓰지 않으면 '거래통화'로서 입지가 약화될 가능성도 있다. 따라서 미국은 디지털 달러(토큰), 즉 스테이블코인 연구 개발에 박차를 가할 수밖에 없다.[6]

한편 바이든 행정부 금융 인사들은 금융정책을 직접 다루는 만큼 브룩스 전임 청장처럼 전향적이지는 않지만, 달러 기반 스테이블코인이 통화정책에 변화를 가져올 가능성을 분명하게 인지하고 있다. 예컨대 연준의 제롬 파월 의장은 2023년 6월 통화정책 청문회에 참석해 "결제용 스테이블코인을 돈의 한 형태(a form of money)로 본다"고 전했다. 그는 모든 선진국에서 돈의 신뢰성은 궁극적으로 중앙은행에서 나온다고 설명하며 스테이블코인에 대해 연방 차원의 강력한 역할이 필요하다고 힘주어 말했다. 그러면서 스테이블코인으로 대변되는 디지털 토큰을 금지할 생각은 없지만, 잠재적으로 중앙은행 디지털화폐(CBDC)로 대체될 수 있음을 시사했다.

재닛 옐런 미국 재무부 장관은 지난 2021년 발표한 성명에서 "잘 설계되고 감독된 스테이블코인은 유익한 지불수단이 될 수 있다"고 전했다. 현재는 스테이블코인이 주로 디지털 자산 거래에 사용되지만, 미래에는 가계나 기업에서 지불수단으로 널리 사용될 수 있다는 설명이다. 단, 스테이블코인의 운영을 제대로 감독하지 않으면 금융시스템이 위험할 수 있다는 지적도 빼놓지 않았다. 그러면서 미국 의

---

6   The US dollar might slip, but it will continue to rule, 국제통화기금(IMF), Eswar S. Prasad, 2022. 6.

회가 지불용 스테이블코인을 위해 일관되고 포괄적인 연방 규제 법안을 조속히 발표할 것을 촉구했다.

미국이 달러의 주조차익을 놓칠 수 없다는 의견도 제기됐다. USD코인 발행사 서클의 부사장이자 오바마 행정부의 전 구성원이었던 코리 덴(Corey Then)은 미국이 누리는 주조차익은 다른 나라가 결코 얻을 수 없는 엄청난 특권임을 강조했다. 그는 "1944년 브레튼우즈 체제 이후 미국은 엄청난 특권을 누려왔다"라며, "미국은 100달러를 생산하는 데 거의 아무 비용이 들지 않지만, 다른 국가는 100달러를 벌기 위해 실제 재화와 서비스를 생산해야 한다"고 밝혔다. 그러면서 엄청난 달러 주조차익은 미국의 집단적 안보와 삶의 수준을 강화한다고 덧붙였다.[7]

—

스테이블코인이냐, CBDC냐

법정화폐 기반 스테이블코인에 대한 담론이 등장할 때 같이 거론되는 주제 중 하나는 바로 중앙은행 디지털화폐(CBDC)이다. 각국 정부와 중앙은행은 자국 화폐의 경쟁력을 위해 CBDC 연구와 실험에 박차를 가하고 있다. 한국은행도 수년 전부터 CBDC 연구 보고

---

7   U.S. Rivals Are Challenging the Dollar. Stablecoins Could Help Defend It, Barrons, 2023. 7. 4.

서를 내고 모의 결제 시스템을 테스트하는 등 CBDC에 '진심'인 모습을 보이고 있다.

그렇다면 CBDC는 뭘까? 일단 우리가 일상 결제에 사용하는 원화를 떠올려보자. 대다수 한국인은 지폐나 동전을 거의 쓰지 않는다. 주거래 은행 앱이나 토스 같은 핀테크 앱에 돈을 담아두고 필요할 때마다 송금하거나 결제한다. 실물 지폐를 건네주는 것이 아니라 디지털 숫자가 이동하는 것이다. 그렇다 하더라도 지불하는 통화는 한국은행이 발행한 원화이다.

그런데 엄밀히 말해 한국은행이 발행한 원화는 시중은행을 거쳐서 공급된다. 한국은행이 발행해 시중은행에 보낸 통화를 본원통화(M0), 시중은행이 예금과 대출을 반복하며 일반 시민에게 공급되는 통화를 파생통화라고 한다. 일반 시민들은 시중은행 계좌에 담아두고 사용한다.

반면 CBDC는 중앙은행이 직접 발행하고 관리하는 디지털화폐이다. 중앙은행이 일반 시민에게 직접 공급하는 본원통화인 것이다. 그래서 시중은행이 아니라 중앙은행에서 바로 계좌를 발급받아 사용할 수 있는 형태이다. 사실 CBDC는 도매용/소매용, 계정형/토큰형 등 여러 종류가 있지만, 여기서는 혼동을 줄이기 위해 일반 시민들이 사용할 수 있는 '소매용 CBDC'를 기준으로 설명한다. 현재로서는 중국의 CBDC가 가장 선도적이다. 수년 내에 중국에서 CBDC가 공식 채택될 것이라는 전망도 제기된다.

중앙은행이 발행 및 관리하는 디지털화폐는 기본적으로 공신력이나 가치 안정성이 보장된다. 또한 중앙은행이 일반 시민에게 직접 공급하므로 통화 및 부양 정책의 효율을 높일 수 있다. 예컨대 재난 지원금 등 민간에 필요한 유동성을 빠르게 공급하고, 지원금의 유통 상황을 추적하기도 쉽다. 민간의 CBDC 계좌에 마이너스 금리를 부과해 돈을 빨리 쓰게 만들어 통화정책을 가속화할 수도 있다. A국가와 B국가가 서로 동일한 CBDC 결제망을 사용한다면 해외무역 거래 대금을 CBDC로 보냄으로써 송금 시간과 수수료도 대폭 절감할 수 있다.

언뜻 생각하면 CBDC의 장점이 굉장히 다양해 굳이 법정화폐 기반 스테이블코인을 사용할 필요가 있나 싶기도 하다. 특히 중국이나 러시아처럼 중앙집권적인 국가라면 CBDC를 적극 환영할 것 같다. CBDC의 대중화를 통해 지하경제를 양성화하고, 불법적 금융거래를 예방하고, 통화정책의 효과를 높일 수 있기 때문이다. 나아가 국가의 통제력을 더 강화할 수도 있다.

하지만 그런 이유로 CBDC의 전 세계적인 확산까지는 아직 갈 길이 멀다. 민주주의, 자유주의, 개인정보보호를 중시하는 서구권 국가의 기조와 결이 맞지 않기 때문이다. 사람들이 돈을 어떤 가게에서 얼만큼 썼는지 내역을 국가가 마치 소설 《1984》(조지 오웰)에 나오는 '빅브라더'처럼 낱낱이 들여다볼 수 있다면 서구권 시민들이 크게 반발할 수밖에 없다. 서구권 국가에서 개인의 금융 정보는 법으로 보호받는다. CBDC가 한정된 분야에서 시범적으로 도입되고 있는 이유다.

CBDC의 감시를 형상화한 그림(출처: Stealth EX)

그렇다면 스테이블코인은 CBDC보다 금융 프라이버시 기능이 우수할까? 핵심은 아니지만 일정 부분 그럴 수 있다. CBDC는 신원이 확인된 계정을 통해서만 유통되지만, 스테이블코인은 신원 확인이 필요 없는 개인 지갑을 통해서도 유통될 수 있다.

예를 들어 철수가 자신의 팬텀 지갑에 있는 USD코인을 영희의 팬텀 지갑으로 보낸다고 가정하자. 블록체인에 특정한 지갑 주소 A에서 특정한 지갑 주소 B로 송금되었다는 기록은 남지만, 그 지갑의 소유주인 철수와 영희의 신원 정보는 남지 않는다. 애초에 가상자산 지갑은 신원 정보 제출 없이 누구나 다운로드할 수 있다.

다만 스테이블코인 발행사들은 유사시에 '스테이블코인 동결'이라는 최후의 수단을 발휘할 수는 있다. 예컨대 불법 무기상으로 추정되는 지갑 주소끼리 USD코인으로 거래 대금을 주고받은 정황이 포착된다면, 서클은 해당 지갑에 담긴 USD코인을 사용하지 못하게 막을 수 있다. 불법 무기상의 이름이나 집 주소는 알 수 없어도 최소한 스테이블코인이 불법적 용도로 사용되는 걸 방지할 수 있다.

서클은 특정 지갑 주소를 블랙리스트에 등록해 주기적으로 감시하고 있다. 테더도 마찬가지다. 블록체인 생태계에서는 종종 해커들이 시스템을 공격해 스테이블코인을 탈취하는 사건이 벌어진다. 이때 테더 리미티드는 비정상적으로 전송된 테더를 동결하고 해커로 추정되는 주소를 블랙리스트에 올려 관리한다. 이런 점에서 스테이블코인이 훨씬 낫다고 볼 수 있다.

미국의 대표적인 인권단체 미국시민자유연맹(ACLU)은 지난 2022년 5월 CBDC가 현금 이상의 익명성을 갖춰야 한다는 내용의 서한을 연방준비제도에 보내기도 했다. ACLU는 미국의 주요 정계 인물들이 소속되어 바이든 정부에 상당한 영향력을 미치는 단체다. 이 연맹은 '디지털 현금의 익명성은 타협할 수 없는 것(On Digital Cash, Anonymity is Not Negotiable)'이라는 제목의 서한을 통해 CBDC는 개인정보보호, 익명성, 무허가성, 접근성을 모두 갖춘 실물 현금의 성질을 갖춰야 한다고 주장했다.

한편 CBDC 결제 네트워크 개발과 국가 간 CBDC 호환성도 걸림돌이 될 수 있다. CBDC 카드를 만지작거리는 국가들은 대체로 CBDC를 내수용뿐만 아니라 글로벌 디지털화폐 패권 확보를 염두에 두고 있다. 이를 위해서는 일단 CBDC를 주고받을 수 있는 결제 네트워크를 구축해야 하고, 그 네트워크가 다른 국가와 연결돼야 한다. 그런데 기본적으로 모든 국가는 통화 주권을 갖고 싶어 한다. 금융에 관한 권한을 다른 나라에 선뜻 넘겨주고 싶어 하는 나라는 거의 없다.

두 국가의 중앙은행이 각각 발행하는 CBDC가 하나의 결제 네트워크에서 오고 가려면 호환성 있는 네트워크를 개발해야 한다. 이 과정에서 어느 한 국가가 네트워크 개발을 주도해야 할 것이다. 그리고 CBDC 결제 네트워크상의 자금 이동을 모니터링하고 통제하는 관리 권한 또한 누군가가 더 많이 가져갈 수밖에 없다. 두 국가가 금융에 관한 서로의 이해관계를 조절하는 것뿐만 아니라 결제 네트워크를 개발하고 관리 권한을 배분하는 과정에서 비용과 시간이 엄청나게 많이 소요될 수 있다.

반면 스테이블코인은 이미 시중에 존재하는 다양한 블록체인을 통해 바로 유통이 가능하다. 이더리움, 솔라나, 폴리곤은 민간 기업이 개발한 글로벌 블록체인 네트워크이며 특정 국가가 소유하거나 통제하고 있지 않다. 지금 당장 블록체인을 선택해서 적은 수수료로 빠르게 돈을 옮길 수 있다. 게다가 스테이블코인은 토큰이어서 특정 블록체인에 의존하지도 않는다.

마지막으로 CBDC와 관련해 제기되는 또 다른 우려가 있다. 시중은행의 역할과 수익성을 악화시킬 수 있다는 점이다. 오늘날 시중은행은 중앙은행과 일반 시민들을 중개하는 역할을 한다. 은행은 예금을 대부분 고금리에 대출해줌으로써 이자수익을 번다. 그리고 예금의 일부는 '준비금'이라는 명목으로 중앙은행에 예치한다. 예금주들의 예금 인출 수요가 몰리면 즉각 돈을 내주기 위함이다. 그런데 중앙은행이 일반 소비자에게 직접 은행계좌를 개설해주고 CBDC를 대출해준다면 시중은행의 수익성은 당연히 악화될 수밖에 없다.

CBDC는 일부 국가를 제외하면 당장 실현되기 어려워 보인다. CBDC 시스템을 구현하는 데 투자한 시간과 비용 대비 얻을 수 있는 효용도 아직은 뚜렷하지 않다. 지난 2022년 5월 연방준비제도의 레이얼 브레이너드 부의장은 CBDC의 방향성이 결정되더라도 실제로 개발하는 데 5년 정도 걸릴 것으로 전망했다.[8] 차라리 현재 유통 중인 스테이블코인의 안정성을 강화하는 정책을 도입하는 게 훨씬 현실적이라는 얘기가 나오는 이유다.

2022년 6월 민주당의 키어스틴 질리브랜드 상원의원과 신시아 루미스 공화당 상원의원은 일반 소비자를 대상으로 하는 CBDC는 필요성이 없다고 주장했다. 질리브랜드 의원은 차라리 연방예금보험공사에 가입된 금융기관이 스테이블코인을 발행하거나 혹은 기존의 법정화폐 기반 스테이블코인이 100% 담보자산에 의해 뒷받침되도록 규제를 강화하는 방향이 훨씬 낫다는 의견이었다.

---

8   US Fed Vice Chair Says Digital Dollar Would Take 5 Years to Launch, May 27, 2022, Coindesk.

스테이블코인, 미국 국채 시장의 한 축으로 거듭날까?

스테이블코인은 국채와 밀접한 관련이 있다.(1부 3장 '스테이블코인 발행사는 어떻게 돈을 벌까?' 참고) 발행 원리상 달러 흡수와 국채 매수의 효과가 있기 때문이다. USD코인을 예로 들어보자. 발행사가 10개의 USD코인을 발행하면 이론적으로 시중의 10달러는 발행사의 은행계좌로 흡수된다.

흡수된 달러는 대부분 블랙록 자산운용사의 미국 단기국채 펀드인 '서클 리저브 펀드(Circle Reserve Fund)'에 투자된다. 서클의 준비금만을 전문적으로 운용하는 이 펀드의 상당 부분은 7일 이내에 환매 가능한 미국 국채로 구성돼 있다. 그래서 USD코인 보유 고객이 불시에 환매를 요청하면, 발행사인 서클은 펀드를 일부 환매해서 손실 없이 빠르게 달러를 내줄 수 있다. 이렇게 자산을 즉시 현금으로 전환할 수 있는 상태를 '유동성이 높다'라고 표현한다. 2023년 10월 기준 서클은 약 237억 달러(약 16조 원) 규모의 미국 국채를 담보자산으로 보유하고 있다.

그렇다면 주요 스테이블코인 발행사들이 보유한 미국 국채는 미국 정부가 발행한 전체 국채 중 몇 퍼센트를 차지할까? 2023년 10월 기준 미국 연방정부가 발행한 국채(Federal Debt)는 약 33조 달러(약 4경 2,900조 원)이다. 천문학적인 규모인데, 이 중 USD코인 발행사 서클의 보유량은 0.04%에 불과하다. 여기에 테더 발행사 테더 리미티드가 보유한 550억 달러(약 74조 원)를 모두 합친다 해도 약 780억 달러

(약 100조 원)로 전체 발행량의 0.23% 수준이다.

　최근 대내외적인 이슈로 인해 가격이 떨어지고 있는 미국 국채를 뒷받침해줄 매수자들이 필요한 상황인데, 아직은 스테이블코인 발행사들이 그 역할을 하기에는 보유 물량이 적은 상황이다. 그러나 최근 금융 전문가들은 스테이블코인 발행사들이 국채 보유 물량을 유의미한 수준으로 늘려나갈 것이라고 예측한다. 발행사의 이익과 밀접하게 연관돼 있을 뿐만 아니라, 미국 정부도 국채 물량을 떠넘기기 좋다.

　우선 미국 국채의 의미와 현재 상황을 짚어보자. 미국 국채는 정부 산하 재무부가 발행한다. 다양한 만기의 국채를 발행하고 판매하여 조달한 자금을 공무원 급여, 공공 서비스, 국방 서비스 등에 사용한다. 미국 국채는 미국 정부가 발행하는 만큼 안전한 자산으로 여겨진다. 미국이 파산할 가능성은 적기 때문이다. 게다가 만기가 되면 이자도 지급해준다. 그래서 미국 연준과 시중은행, 외국 정부, 현지 기업 등이 미국 국채를 매입한다. 이들이 계속 매입해줘야 미국 정부는 필요한 자금을 조달할 수 있다.

　그런데 미국 정부는 만성적인 적자 구조를 갖고 있다. 세계의 경찰이자 기축통화국이기 때문에 벌어들이는 돈보다 지출하는 돈이 더 많다. 따라서 미국은 주기적으로 국채를 발행해 자금을 조달할 수밖에 없다. 국채가 발행 한도에 다다르면 정부는 의회와 협상해서 한도를 늘려 추가로 발행해왔다. 그러다 보니 발행량이 계속 증가하는 추세다.

　문제는 코로나 팬데믹이 촉발된 2020년부터 비롯됐다. 미국 정부가 보조금 지급 등으로 달러 공급을 급격히 늘리면서 국채 발행량도 덩달아 증가했다. 당시 팬데믹은 유례없던 상황이다 보니 연준도 대응책의 일환으로 미국 정부가 발행한 국채를 대거 매입했다. 소위 양적완화(QE)를 시작한 것이다.

그러나 연준이 무제한 매입할 수는 없는 법이다. 국채 매입으로 시중에 달러가 공급되면 인플레이션도 덩달아 증가하기 때문이다. 글로벌 주식 및 부동산 시장이 뜨겁게 달궈지자 연준은 물가를 잡고 달러 유동성을 줄이기 위해 2022년 3월부터 기준금리 인상을 발표했다. 이어 6월부터는 양적긴축(QT) 정책도 시작했다. 쉽게 말해 연준이 보유한 만기 채권을 돌려주고 받은 원금과 이자를 채권에 재투자하지 않는 정책이었다.

이런 긴축정책은 2023년 들어 본격적으로 위력을 발휘했다. 연준이 재투자하지 않은 국채가 그만큼 시장에 과잉 공급되다 보니 국채 가격이 하락한 것이다. 하락세가 진정되려면 누군가는 막대한 양의 미국 국채를 매입해줘야 한다. 그러나 미국 국채를 사려는 수요는 전 세계적으로 계속 줄어들고 있다. 예컨대 큰손이었던 중국과 일본의 미국 국채 보유 금액은 지속적으로 줄어들고 있다. 2014년에 중국은 1조 2,700억 달러어치의 미국 국채를 보유하고 있었으나, 약 10년이 지난 2023년 현재 약 8,400억 달러로 감소했다. 일본도 마찬가지다. 연준의 고금리 기조로 엔화 약세가 지속되자 일본 정부는 엔화 가치를 보호하기 위해, 일본 생명보험사와 연기금들은 치솟는 환헤지 비용 부담 때문에 미국 국채를 대거 매도하고 있다. 한마디로 미국

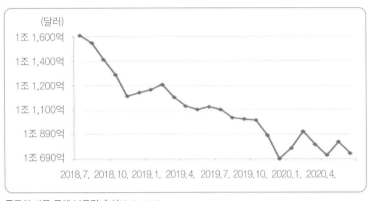

중국의 미국 국채 보유량 추이(출처: CEIC)

정부가 발행한 국채가 시장에서 충분히 소화되지 못하는 상황이다.

이런 상황에서 실리콘밸리 지역 테크스타트업과 벤처캐피털의 주요 돈줄 역할을 하던 실리콘밸리은행(SVB)이 단 이틀 만에 파산해 버렸다. 가격이 폭락한 미국 국채가 원흉이었다. 미국에서 16번째로 큰 은행이었던 SVB는 코로나 팬데믹이 한창이던 시기에 고객들이 맡긴 돈을 미국 국채 등에 투자하고 있었다. 2021년에 보유 중이던 증권 자산은 1,280억 달러 규모였다. 그런데 연준이 2023년 들어 기준금리를 가파르게 끌어올리면서 미국 국채 가격이 폭락했다. 이에 따라 SVB가 손실을 보고 있는 중에 돈줄이 마른 기업 고객들은 예금을 잇따라 인출했다. SVB는 국채를 계속 팔아야 했고 머지않아 은행 사업을 유지하는 데 필요한 최소 유지 잔액에 도달했다. SVB는 손실을 메우기 위해 22억 달러의 증자를 시도했는데, 이 소식이 SNS 등을 통해 빠르게 확산되면서 뱅크런이 발생했다. 결국 SVB는 눈덩이처럼 불어난 손실을 감당하지 못하고 증자 소식 이틀 만에 공식적으로 파산했다.

설상가상으로 미국 정부는 자금이 부족해 국채를 더 발행해야 하는 상황에 처했다. 채권 발행에는 한도가 있기 때문에 미국 정부는 의회와 협상해서 한도를 올려야 한다. 그런데 2023년 5월 정부와 의회가 부채 한도 상향안을 놓고 치열한 대립을 벌였다. 의회는 미국 정부의 천문학적인 지출로 적자 폭이 매우 커진 상황을 문제 삼으며 어깃장을 놨다. 당시 협상은 미국의 채무불이행 직전까지 이어졌다 극적으로 타결됐다. 일각에서는 매번 되풀이되던 정치적 힘겨루기에 불과하다고 설명하지만, 이로 인해 상당한 긴장감이 발생했다. 국제 신용평가사 피치는 부채 한도 협상이 대치를 반복하는 점을 지적하며 국가 신용등급을 AAA에서 AA+로 강등하기도 했다.

한마디로 미국 국채의 가격에 악재인 상황이 펼쳐지고 있는 셈이다. 연준은 팬데믹 시기에 푼 돈을 흡수하기 위해 고금리와 양적긴축을 유지하겠다는 의지가 확고하다. 미국 정부는 상당히 난처할 수밖에 없는 상황이다. 연준은 2022년 6월 이후 매월 300~600억 달러 내외의 미국 국채를 감축하고 있다. 따라서 미국 정부는 그만큼 미국 국채를 누군가한테 떠넘겨야 자금을 조달할 수 있다. 누군가에게 명분을 씌워 미국 국채를 매입한다면 적어도 단기적으로는 가격을 방어하고 자금을 조달할 수 있다. 그 누군가는 바로 스테이블코인 발행사다.

마침 2022년 5월 발생한 테라-루나 사태는 좋은 명분을 주었다. 미국 정부가 투자자 보호 규제를 내세워 스테이블코인 발행사들로 하여금 미국 국채를 일정 비율 이상 보유하도록 의무화한다면 상당히 그럴듯한 그림이 그려질 수 있다. 마치 금융 당국이 금융기관들에게 최소 자본 요건을 강제하는 것처럼 말이다. 이를 통해 미국은 스테이블코인 발행사, 크게 보면 가상자산 시장에서 필요한 자금을 일부 끌어올 수 있다.

이렇게 발행사들을 적당한 규제에 편입시킨다면 자금 조달뿐 아니라, 미국 국채 시장에 가해질 충격을 예방하는 데 도움이 될 수 있다. 테라-루나 사태와 비슷한 사건이 발생해 스테이블코인 환매가 급증한다면 발행사들은 손실을 감수하고서 국채를 매도해야 한다. 국채 물량의 상당수가 극단적으로 매도된다면 국채 시장에 충격이 가해질 수 있다. 적어도 현시점에서 미국 정부가 이런 사태를 원할 리도, 모를 리도 없다. 이러한 점에서 제법 현실성 있는 규제가 될 것이라고 전망해볼 수 있다.

국채 보유를 의무화하는 규제가 마련된다면 스테이블코인을 둘러싼 인지도와 안정성이 강화돼 시장 수요가 늘어날 수 있다. 스테이블코인이 많이 판매될수록 발행사들은 더 많은 미국 국채를 매입하며 이자수익을 끌어올릴 수 있다. 고금리 시기인 현재 미국 국채 이자율은 5%대다. 기준금리가 인하되기 전까지는 최대한 국채를 매입하는 것이 이익이다. 향후 기준금리 인하로 채권 가격이 오르면 매도해서 수익을 낼 수도 있다. 이런 관점에서 본다면 달러 기반 스테이블코인 발행사는 미국 정부에 협력적인 자세를 보일 것으로 전망된다.

스테이블코인의 탈(脫)달러화

스테이블코인은 출시된 이래부터 달러 표시 유형이 주류였다. 현재도 달러 기반 스테이블코인의 시가총액이 가장 크다. 그런데 요즘 주요국들이 자국 통화를 기반으로 한 스테이블코인을 발행하겠다고 나서고 있다. 그중 눈에 띄는 것은 '현금 사회' 일본의 행보다.

일본 의회는 지난 2022년 6월 자금결제법 개정안을 통과시켰다. 이 법안에 따라 일본에서는 스테이블코인이 '전자지불 결제수단'으로 인정받았다. 또한 자금 유동성을 충분히 갖추고 사전에 인허가를 받은 기업이라면 일본에서 스테이블코인을 발행할 수 있다. 다만 엔화 등 법정화폐와 연동된 스테이블코인이어야 한다. 미쓰비시은행 등 금융기관들은 자체 스테이블코인 발행 계획을 발표했다. USD코인 발행사 서클도 일본에서 스테이블코인을 발행하는 것을 검토한다고 밝혔다.

일본의 특성을 고려한다면 스테이블코인을 허용하는 조치는 상당히 이례적이다. 일본인들은 현금과 아날로그의 나라로 불릴 정도로 보수적인 사회 기조를 갖고 있다. 일본은 과거 플라자 합의로 인한 공포의 기억을 가진 나라다. 당시 부동산 거품이 꺼지면서 은행들이 줄줄이 파산했고, 연관된 기업들도 부도가 났다. 은행에 묶인 돈이 날아갈 수 있음을 깨달은 일본인들 머릿속에는 '장롱에 묻어둔 현금이 최고'라는 인식이 자리 잡았다. 게다가 아베 신조 전 총리 때부터 이어진 저금리 정책 속에서도 엔화 가치가 유지되다 보니 일본인들의 현금 선호도는 매우 강력하다. 일본에서 여전히 지갑이 잘 팔리는 이유도 여기에 있다.

그런데 왜 일본은 스테이블코인에 힘을 실어주는 것일까? 우선 일본에 미치는 리스크가 적기 때문이다. 일반적으로 돈을 발행하면 인플레이션이 발생한다. 그런데 일본은 장기간의 저금리 정책 속에서도 인플레이션이 거의 발생하지 않았다. 엔화 기반 스테이블코인이 발행되고 실물 결제에 도입되더라도 물가 상승에 큰 영향을 미치지 않을 가능성이 크다. 그러면서도 은행 등 스테이블코인 발행 주체들은 주조차익도 얻고 지급결제 시스템도 효율화할 수 있다. 해외 거주민이나 외국인들이 엔화에 접근하기도 쉬워진다.

다만 엔화 기반 스테이블코인이 일본 사회에서 빠른 속도로 도입될 것 같지는 않다. 앞서 말한 대로 현금을 선호하는 문화가 워낙 강하기 때문이다. 우선 편의점 같은 소매 거래에 도입된 후 결제 범위가 서서히 넓어질 가능성이 높다. 물론 엔화 기반 스테이블코인을 사용했을 때의 혜택이 있다면 속도가 좀 더 빨라질 수 있다. 예컨대 스테이블코인으로 물건을 결제했을 때 일정 퍼센트의 할인을 제공한다면 현금 천국 일본의 디지털 전환을 앞당길 수도 있다.

다른 국가들도 스테이블코인 출시 계획을 속속 밝히고 있다. 호주의 상업은행 내셔널오스트레일리아은행(NAB)는 2023년 초 'AUDN'이라는 스테이블코인 출시 계획을 발표했다. 이더리움과 알고랜드 블록체인을 기반으로 발행되면서도 은행이 보유한 준비금에 의해 100% 뒷받침된다. NAB는 은행 고객들이 AUDN을 탄소배

출권 거래나 해외 송금 등에 실시간으로 활용할 수 있도록 지원할 예정이다.[9]

한편 미국의 제재 대상국인 러시아와 이란은 스테이블코인 공동 발행 계획을 발표했다. 두 국가는 팍소스골드(PAXG)처럼 금을 기반으로 한 스테이블코인을 발행해 대외무역 결제수단으로 사용하는 방안을 계획 중이다. 스테이블코인에도 금본위제를 도입하려는 시도이다. 러시아와 이란의 법정화폐는 달러에 비하면 글로벌 영향력이 적다. 하지만 금은 달러만큼이나 오래된 자산이고 오늘날까지 선호되는 귀금속이다. 금 기반 스테이블코인을 이용해 미국의 금융 제재를 회피하면서 무역거래를 진행할 예정이다. 러시아 일간지 〈베도모스티(Vedomosti)〉에 따르면 스테이블코인은 우선 러시아 아스트라한 특별경제구역에서 법정화폐를 대체하는 국제거래 수단으로 사용될 예정이다.

스페인에서는 유로 기반 스테이블코인(EURM)이 시범적으로 도입되었다. 스페인 현지 핀테크 기업 모네이는 2023년 1월 스페인 중앙은행으로부터 자체 스테이블코인 EURM을 시험해볼 수 있도록 승인받았다. 이더리움과 폴리곤 블록체인을 기반으로 하는 EURM은 유로화의 국제화를 촉진할 것으로 전망된다. EURM 사용자는 현지 간편송금 서비스 '비줌' 지갑을 통해 실제 유로화를 충전한다. 그러면 자동으로 지갑에서 액면가에 해당하는 EURM이 생성되고, 등록

---

9 〈호주 상업은행, 연내 스테이블코인 발행…디지털 경제 활성화〉, 서울경제, 2023. 1. 20.

된 사용자에게 보내는 것도 가능하다.

—
스테이블코인의 성벽과 영토 : 더 견고하고 더 넓게

2014년 최초의 스테이블코인 비트USD가 등장한 이래, 스테이블코인 시장의 시가총액은 지속적으로 성장해왔다. 지금까지 법정화폐, 가상자산, 실물자산 등 다양한 담보자산과 연계된 스테이블코인 출시됐고, 이들은 법정화폐와 가상자산을 연결하는 가교 역할을 톡톡히 해왔다. 원하는 시점에 손쉽고 빠르게 매입하고, 자산을 안정적으로 유지할 수 있기 때문에 가상자산 생태계에서 중요한 축을 형성해왔다.

지금까지 가상자산 시장에서는 스테이블코인의 시총을 폭발적으로 끌어올린 크고 작은 사건들이 있었다. 이 사건들은 종합적으로 스테이블코인의 성벽과 영토를 탄탄하게 다지는 데 크게 기여했다. 스테이블코인의 시총을 늘리는 호재도 있었고, 떨어뜨리는 악재도 있었다. 하지만 스테이블코인은 악재 속에서도 강건함을 증명했다. 먼저 호재를 살펴보면 다음과 같다.

스테이블코인 가격을 밀어 올린 호재
우선 2017년에 비트코인이 사상 최고가를 기록한 것이다. 당시 비트코인 가격 급등의 이유로는 시세 조작, 선물거래 출시, 미디어

보도 등 여러 가지가 꼽히지만, 확실히 밝혀진 것은 없다. 비트코인의 가격이 상승함에 따라 가상자산의 전체 가격과 거래량이 덩달아 뛰었고, 스테이블코인의 수요와 가격도 증가했다.

당시에는 스테이블코인과 테더가 거의 동의어나 마찬가지였다. 테더의 시장점유율은 당시에도 압도적이었다. USD코인, 다이, 바이낸스USD보다 훨씬 일찍 출시된 덕분이기도 하지만, 테더의 발행량에 제약이 없다는 점도 한몫했다. 최근에야 스테이블코인의 투명성에 대한 요구가 급증하면서 발행사들이 자발적으로 담보자산을 공개하고 회계감사도 받지만, 당시는 그런 관행 자체가 없었다. 그래서 일각에서는 2017년 비트코인 가격 급등의 배후로 테더를 꼽기도 한다.

둘째, 코로나19로 인한 양적완화 정책을 빼놓을 수 없다. 미국 연준이 경기부양을 위해 2020년 3월부터 무제한 양적완화 정책을 시행하자, 이에 발맞춰 각국 정부도 대규모 유동성 공급 정책을 펼치기 시작했다. 이로 인해 전 세계적으로 가상자산을 비롯한 여러 자산 시장에 자본이 몰리면서 막대한 인플레이션이 발생했다. 스테이블코인 시장은 양적완화 정책의 직간접적인 영향을 받아 급격하게 성장했다.

2020년 전후로 스테이블코인의 시총이 증가했는데, 2017년의 급등세와는 비교가 안 될 정도로 확연하다. 그리고 2021년 즈음부터 USD코인, 다이, 바이낸스USD와 같은 스테이블코인이 등장하면서 테더의 아성에 도전하고 있다. 그중에서도 USD코인과 바이낸스USD가 빠른 속도로 테더를 따라잡고 있다. USD코인은 골드만삭스

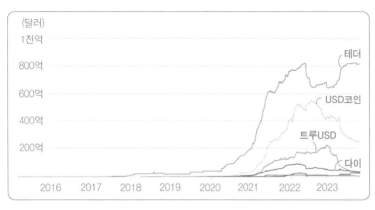

(달러)

1천억

800억

600억

400억

200억

테더

USD코인

트루USD

다이

2016   2017   2018   2019   2020   2021   2022   2023

2015년 이후 스테이블코인의 시총 변화(출처: CoinGecko)

와 코인베이스의 후광을, 바이낸스USD는 세계적인 거래소 바이낸스의 후광을 입고 있다.

셋째, 디파이(DeFi)의 발달도 스테이블코인 수요를 크게 자극했다. 디파이는 가상자산 대출, 차용, 거래 등의 금융상품을 총칭한다. 비트코인이나 이더리움 같은 가상자산이나 스테이블코인을 담보로 디파이에 투자할 수 있다. 전통 금융투자 서비스는 은행계좌와 신용이 있어야 이용할 수 있다. 반면 디파이는 그렇지 않다. 누구의 허락없이도 자유롭게 참여할 수 있고, 거래를 시작하는 데 사전 비용이 별로 들지 않는다. 디파이를 배우는 데 시간이 좀 걸릴 수는 있지만 기본적으로 누구에게나 열려 있다. 게다가 은행계좌가 없어도 글로벌 금융시장에 참여할 수 있다는 점이 상당히 혁신적이다.

디파이 프로토콜의 주요 특징 중 하나는 스테이블코인을 교환 및 담보 수단으로 사용한다는 점이다. 스테이블코인을 담보로 예치할 수 있고, 상환 보증으로 스테이블코인을 사용할 수 있다. 대표적인 사례로 가상자산 거래소의 예치 상품이 있다. 스테이블코인을 예치하기만 해도 연 5~10%의 (변동) 이자를 준다. 이율만 보면 시중은행의 예금이나 적금보다 훨씬 낫다.

또한 디파이에 스테이블코인을 활용할 경우 수익률을 보전하는 데도 큰 도움이 된다. 예를 들어 투자자가 이자를 얻기 위해 이더(ETH)를 컴파운드(Compound) 디파이 프로토콜에 넣으면, 이더의 가격이 하락했을 때 손실을 입을 수 있다. 그러나 동일한 투자자가 USD코인과 같은 스테이블코인을 사용하는 경우 기본 자산의 가치가 안정적으로 유지되므로 수익률에 영향을 받지 않는다.

저축계좌, 머니마켓펀드 또는 채권과 같은 전통적인 고정금리 투자보다 더 높은 수익률을 올릴 수도 있다. 투자자는 자금을 USD코인 같은 스테이블코인을 디지털화하여 디파이 프로토콜에 입금할 수 있다.

디파이의 성장은 스테이블코인 발행량의 증가와 매우 큰 관계가 있다. 실제 2020년 여름 다양한 디파이 프로젝트가 본격적으로 출시되었고, 코로나19에 따른 유동성 증가로 자금이 가상자산 시장에 몰리자, 스테이블코인의 발행량이 급격하게 증가했다. 발행량이 증가한다는 것은 수요가 증가한다는 의미다.

디파이와 스테이블코인의 상관관계를 가늠하기 위한 지표로 흔히 TVL을 사용한다. TVL은 총예치물량(Total Value Locked)을 뜻한다. 다음의 그래프는 이더리움 블록체인 기반 디파이에 예치된 스테

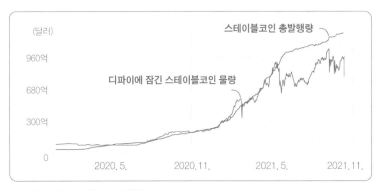

디파이 TVL과 스테이블코인 발행량 비교(출처: Soon parted)

이블코인의 발행량을 나타낸다. 스테이블코인의 시총이 정점을 찍은 2022년경에 디파이 TVL도 비슷한 수준으로 증가했다. 디파이 프로토콜 내 스테이블코인 사용량이 증가하면서 스테이블코인 수요가 견인되고, 이는 다시 디파이 생태계의 성장을 견인하는 선순환 구조가 만들어진 셈이다. USD코인의 TVL이 가장 많으며, 뒤를 이어 테더, 다이 등이 있다.

그러나 2022년 3월경 연준의 기준금리 인상과 함께 가상자산 시장의 유동성이 줄어들면서, 디파이 예치 물량도 상당 부분 빠져나갔다. 통상 거시경제 정책이 긴축 기조로 전환되고 금리가 인상되면, 가상자산 시장은 일반 투자시장보다 훨씬 빠른 속도로 축소되는 경향을 보인다. 디파이 플랫폼으로 유입된 자금의 상당수는 일반 가상자산 고객들이 예치한 금액인데, 금리 인상기에는 가상자산 투자에 대한 위험 부담을 덜기 위해 고객들이 빠른 속도로 자금을 인출한다.

넷째, 기관투자가의 투자도 디파이 시장의 규모를 키웠다. 시중에는 유니스왑, 컴파운드 등 여러 디파이 프로토콜이 있다. 이 프로토콜들은 2020년쯤부터 양적완화 기조 속에서 TVL이 급격하게 증가했다. 기준금리가 낮아지면서 시중 금융기관의 저금리 투자 상품에 매력을 못 느낀 투자자들이 고금리를 주는 디파이로 몰려들었고, 이로 인해 디파이 예치 물량이 늘어났다. 디파이 개발자들은 이렇게 끌어모은 유동성을 다시 다른 투자자들에게 고금리로 대출해주거나 예치하면서 마진을 거뒀다.

이러한 마진에 매력을 느낀 벤처캐피털(VC)들이 주요 디파이 플랫폼에 투자했고, 이 소식이 커뮤니티에 퍼지면서 더 많은 투자자들이 디파이에 자금을 예치하는 선순환이 발생했다. 예컨대 지난 2020년에 가상자산 전문 벤처캐피털인 패러다임(Paradigm)은 디파이 프로토콜인 유니스왑에 450만 달러를 투자했다. 나스닥 상장 가상자산 거래소인 코인베이스 산하의 코인베이스 벤처스도 2020년에 컴파운드에 투자했다.

다섯째, 개발도상국과 후진국의 금융 불안도 스테이블코인 발행량과 시총을 끌어올린 배경이다. 베네수엘라, 나이지리아, 아르헨티나는 인플레이션 속에서 법정화폐의 평가절하율이 높고, 외환보유액이 적으며, 수입에 의존적인 국가다. 그러다 보니 수입이나 인플레이션으로 인한 손실을 막기 위한 수단으로 스테이블코인을 찾는 사람들이 많다. 특히 몇몇 정부는 외환 유출을 막기 위해 국민들의 달러 인출을 제한하는 강수를 쓰기도 한다. 하지만 그럴수록 해당 국가에서 스테이블코인의 수요가 높아진다.

베네수엘라는 리저브(RSV) 스테이블코인의 활용률이 높다. 리저브는 베네수엘라 법정화폐 볼리바르를 미국 달러로 교환해주는 일종의 도구다. 라틴아메리카 전역에서 리저브의 사용이 늘고 있다. 또한 나이지리아에서는 정부가 외화에 대한 시민들의 접근을 제한하면서, 바이낸스USD의 수요가 증가했다. 현지 통화의 변동성과 평가절하가 심각한 아르헨티나에서는 다이와 USD코인이 부를 보존하고 국경을 넘는 거래를 촉진하는 수단으로 사용되었다.

스테이블코인 가격을 떨어뜨린 악재

스테이블코인 시장에는 적지 않은 악재가 발생했다. 스테이블코인의 담보자산과 관련한 의혹이 벌어지거나 특정 스테이블코인 가격이 급락하는 등 다양한 악재가 일어날 경우 스테이블코인은 디페깅이 발생한다. 스테이블코인 가격은 통상 1개당 1달러에 연동되어야 하는데, 악재로 인해 시장 심리가 불안해지면 가격이 1달러 이하로 떨어진다.

여러 악재 속에서 디페깅이 발생한 후 가격 회복에 실패한 스테이블코인도 많다. 디페깅은 다시 시장 전체에 영향을 끼친다. 주요 스테이블코인들은 각종 대내외적 악재 속에서도 페깅을 회복하는 모습을 보였다. 2023년 3월에는 USD코인의 담보자산 일부가 예치된 실리콘밸리은행(SVB)이 파산하면서 시총 2위인 USD코인에 디페깅이 발생하기도 했다. 그러나 연준의 유동성 지원 소식에 금방 페깅을 회복했다.

이런 악재가 무조건 나쁜 것은 아니다. 스테이블코인 시장의 면역력을 키우는 스트레스 테스트가 될 수 있기 때문이다. 스테이블코인 자체의 기술적 결함이나 도덕적 해이로 인해 발생한 악재라면, 문제점을 발견하고 해결할 수 있는 계기로 작용한다. 금리 인상이나 경기 한파 등 거시적 경제 위기가 단발성 악재로 작용한 경우라면, 향후 더 큰 장기적 악재가 발생했을 때를 대비해 스테이블코인 발생사들이 예방책을 세울 수 있다.

스테이블코인 시장에 스트레스 테스트 역할을 했던 역대 주요 이슈로는 먼저 테더의 투명성 논란을 꼽을 수 있다. 테더는 2023년 기준 시총 규모가 가장 큰 스테이블코인이며 미국 달러에 고정된 것으로 알려져 있다. 발행사인 테더 리미티드는 코인 출범 당시부터 누구나 테더를 1달러로 교환할 수 있다고 주장해왔다. 그러나 테더는 발행된 모든 토큰을 뒷받침할 수 있는 충분한 담보자산을 보유하고 있다는 명확한 근거를 제시하지 않았다. 테더 출범 이후 학계나 언론들은 테더에 대한 문제점을 지적하는 논문이나 기사를 끊임없이 생산했다. 미국 달러와의 페깅을 유지하지 못할 수 있고, 이로 인해 테더의 가격이 하락할 수 있다는 우려가 대부분이었다.

이런 우려가 괜한 것은 아니다. 2021년 5월 외신 보도를 통해 처음 공개된 테더의 담보자산 내역에 따르면, 76%는 현금, 현금성 자산, 기업어음 등으로 구성돼 있다. 76% 중 65%는 기업어음이고 24%는 신탁예금이었다. 게다가 테더는 2018년경 유동성 위기를 겪은 비트파이넥스 거래소에게 고객의 자산 8억 5천만 달러를 지원해주고는 고객들에게 알리지도 않았다. 테더가 주장한 것과 달리 테더의 가치를 1 : 1로 보장할 만큼 현금이 충분하지 않았다. 이에 뉴욕 검찰청은 2018년 테더에 대한 조사를 시작했다. 비트파이넥스가 테더의 자금을 이용했다는 점과 막대한 금융 손실을 숨긴 혐의로 1,850만 달러의 벌금을 뉴욕주에 내기로 합의했다. 또한 테더와 비트파이넥스는 뉴욕에서 더 이상 사업을 할 수 없게 됐다.

2022년 5월 발생한 테라-루나 폭락 사건도 짚고 넘어갈 필요가 있다. 어쩌면 스테이블코인 시장에 가장 큰 충격을 준 사건으로 꼽힌다. 테라는 담보 없이 알고리즘을 통해 수요와 공급이 조절되는 구조다. 테라의 가격 등락에 따라 차익거래자들이 적절히 테라와 루나를 사고파는 과정에서 자연스럽게 테라의 가격이 1달러를 유지하도록 설계되어 있었다. 하지만 사태가 발생한 당시에는 테라를 매수하기 어려울 정도로 가격이 폭락을 거듭했다. 그 와중에 루나도 무제한으로 발행되면서 가치가 떨어졌고, 두 코인 모두 디페깅으로 인해 휴지 조각이 되어버렸다.

이 사건으로 인해 스테이블코인을 팔고 원금을 회수하려는 매도세가 늘어났다. 스테이블코인의 보유량(reserve)이 갑자기 크게 증가한다는 것은 거래소 이용자들이 스테이블코인을 투매하고 있다는 의미다. 크립토퀀트의 데이터에 따르면, 테라-루나 폭락 사건의 영향으로 테더의 가격은 0.995달러로 떨어졌고, 거래소 내 보유량은 90억 달러(약 11조 원)에서 100억 달러(약 12조 원)로 급증했다. 이 밖에 USD코인이나 바이낸스USD의 가격은 크게 떨어지지 않았지만, 거래소 내 보유량은 마찬가지로 급증했다.

한편 2023년 3월 실리콘밸리은행(SVB)이 갑자기 파산한 사건도 스테이블코인에 영향을 줬다. 스타트업이나 벤처캐피털의 돈줄 역할을 하던 SVB는 고객의 자산을 주로 미국 장기채권에 투자해놓았는데, 연준이 금리를 인상하면서 채권 가격이 매입가 이하로 급락하기 시작했다. 자금 사정이 안 좋아진 스타트업들의 예금 인출 수요가 늘어나면서 SVB는 손해를 감수하고 채권을 팔아야 했다. 인출 규모는 약 56조 원이었다.

문제는 USD코인 발행사 서클이 담보자산 중 8%에 해당하는 33억 달러(약 4조 원)를 SVB에 예치해뒀다는 점이었다. SVB에 자금을 예치한 것 자체가 잘못된 것은 아니다. 하지만 파산 소문이 돌면서 USD코인 투자자 또한 달러 환매를 못 하게 될 것이라는 우려로 인해 막대한 패닉셀(panic sell, 공황 매도, 공포심으로 급격히 매도하는 현상)이 발생했다. 그로 인해 USD코인의 가격이 개당 0.8달러까지 떨어지는 디페깅이 일어났다. 다행히 곧 연준이 예금 전액을 보호하는 조치를 발표하면서 시장 심리가 개선됐고, USD코인은 페깅을 회복했다.

이 밖에도 해킹 및 보안 침해나 거래 상대방 위험으로 인한 디페깅도 존재한다. 모든 디지털화폐와 마찬가지로 스테이블코인은 해킹과 보안 침해에 취약하다. 2019년 스테이블코인 발행사 베이시스는 규제 당국이 토큰 설계에 대한 우려를 제기한 후 사업을 중단했다. 같은 해 스테이블코인 발행사 스팀달러는 해킹을 당해 가격이 급락했다. 또한 스테이블코인은 중앙화된 기관에서 발행하는 경우가 많으므로 사용자는 거래 상대방 위험에 노출될 수 있다. 스테이블코

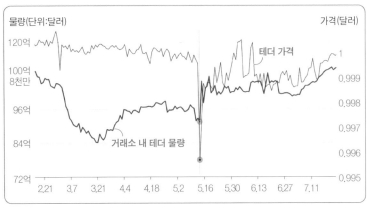

물량(단위:달러)　　　　　　　　　　　　　　　　　　가격(달러)

2022년 테라-루나 사태 직후 테더의 가격 및 거래소 보유량 변화(출처: CryptoQuant)

인 발행사가 파산하거나 의무를 불이행할 경우 사용자는 스테이블코인에 투자한 전액을 잃을 수 있다.

2014년에 처음 등장한 스테이블코인의 역사는 10년밖에 되지 않았다. 아직은 안정성을 계속 검증받아야 하는 상황이다. 하지만 짧은 역사에도 불구하고 2023년 10월 기준 1,230억 달러(약 160조 원)에 달하는 규모로 성장한 점은 분명 의의가 있다. 스테이블코인을 일종의 제품으로 간주한다면 가상자산 시장, 나아가 디지털 금융시장에 비어 있던 부분을 채워줄 꽤 괜찮은 제품이라고 할 수 있다.

—
각국 금융 당국의 스테이블코인 규제와 신호

스테이블코인에 관한 주요국의 입장은 조금씩 차이가 있다. 스테이블코인을 발판으로 영향력 확대를 노리는 국가는 대체로 명확한 규제를 통해 빨리 채택하려는 분위기다. 유럽연합, 일본, 싱가포르는 스테이블코인 발행 및 유통에 관한 규제를 명확하게 제시함으로써 질서 있는 산업의 성장과 기업 경쟁을 도모하는 모양새다. 스테이블코인을 지급결제 수단으로 일부 활용할 수 있음을 인정하되 엄격한 규제 감독을 통한 리스크 관리의 필요성도 강조하고 있다.

반면 경제 상황과 통화가치가 불안정하고 정부 주도의 체제를 갖춘 나라들은 스테이블코인 금지 일변도 정책을 내세우는 편이다. 국내 혹은 국외 발행 스테이블코인이 국가의 통화 주권이나 정부기관의 통제력을 흔들 가능성에 좀 더 촉각을 곤두세우고 있기 때문이다.

스테이블코인에 열린 입장을 취한 주요국은 투자자 보호에 초점을 맞춘 규제안을 내놓고 있다. 가상자산 관련 기업들이 함부로 하지 못하도록 준비금 유형부터 상환 조건까지 상당히 촘촘한 규제안을 설계해두었다. 이런 규제의 기조는 2022년 5월의 테라-루나 사태의 여파에서 비롯되었다고 할 수 있다. 전 세계적으로 막대한 피해가 발생한 이 사건이 스테이블코인 규제 마련의 준거점 역할을 했다는 설명이다. 물론 테라는 '법정화폐 기반' 스테이블코인은 아니지만 대중적으로는 동일한 스테이블코인으로 인식되고 있다.

인도나 튀르키예는 스테이블코인 자체를 금융정책과 통화 주권에 위협적인 것으로 인식한다. 미국 달러 기반의 스테이블코인이 자국에 대량 유통된다면 현지 화폐의 수요가 감소할 가능성이 크기 때문이다. 스테이블코인의 침투가 달러라이제이션의 확산을 주도한다면 상당히 골치 아플 수밖에 없다. 이미 튀르키예를 비롯한 개도국에서는 리라화의 가치 폭락으로 테더가 유사 달러처럼 사용되고 있는 상황에서 달러의 침투가 확산될 가능성을 완전히 배제할 수 없다.

'증권이냐 상품이냐', 힘 겨루는 미국 SEC와 CFTC

미국은 전 세계 금융시장의 중심축인데도 아직 스테이블코인에 관한 통일된 입장을 내놓지 못하고 있다. 스테이블코인을 바라보는 주요 금융 당국의 시선이 엇갈리고 있는 탓이다. 미국의 증권거래위원회(SEC)와 선물옵션 거래 시장을 감독하는 상품선물거래위원회(CFTC)는 서로 스테이블코인이 '증권(security)'인지 대립각을 세우고 있다. 그에 따라 관할권의 주체가 달라지기 때문이다. 증권으로 판정되면 SEC가 갖게 되고, 상품으로 판정되면 CFTC가 갖게 된다.

SEC는 2023년 6월 코인베이스와 바이낸스를 기소하면서 19개의 가상자산을 '증권'으로 분류했다. 그런데 당시 SEC는 바이낸스USD도 증권으로 간주해 기소했다. 여기서 증권이란 주식이나 채권처럼 가치를 나타내는 권리 문서이자 서로 거래가 가능한 증서를 뜻한다. SEC는 하위 테스트[10]에 따라 바이낸스USD가 증권에 해당한다고 봤다. 바이낸스 거래소 생태계에서 예치 등을 통해 이익을 볼 수 있다는 주장이다. SEC는 바이낸스USD 발행사인 팍소스가 SEC에 신고

---

10 1933년 미국 대법원이 증권법 적용 여부를 판별하기 위해 고안한 테스트다. 돈이 투자되는지, 투자된 돈이 공동의 사업에 사용되는지, 투자에 따른 이익을 기대할 수 있는지, 그 이익이 타인의 노력에 의해 발생될 수 있는지 4가지 기준으로 판단한다.

하지 않고 발행한 것이 증권법 위반이라고 주장했다.

　반면 CFTC는 스테이블코인이 상품이라는 입장을 내세우고 있다. 2023년 3월 CFTC의 로스틴 베넘(Rostin Behnam) 의장은 미국 의회의 포괄적인 규제 법안이 없는 한 스테이블코인은 상품이며 CFTC의 관할이어야 한다고 주장했다. 그는 지난 2021년 CFTC가 상품거래법 위반 혐의로 테더에 벌금을 부과한 사례를 언급하며 스테이블코인의 상품성을 강조했다.

　업계 관계자들은 SEC보다는 CFTC가 가상자산을 관할하는 것을 선호하는 모양새다. 스테이블코인을 비롯해 가상자산이 '증권'으로 판정되면 가상자산 거래소들은 증권 심사, 상장, 운영 등과 관련해 SEC의 엄격한 감독을 받는다. SEC는 강력한 '투자자 보호'에 초점을 맞추는 기관이므로 증권 발행 기업과 운영 주체에게 투명한 정보공개를 요구한다. 소비자가 체감하는 시장 전반의 투명성은 개선되더라도 가상자산 발행 및 운영 주체들은 늘어난 규제 부담으로 투자 유치와 상장 등에 매우 큰 어려움이 따를 것이다.

　CFTC는 SEC와 달리 가상자산에 비교적 열린 관점을 갖고 있다. CFTC는 투자자 보호와 가상자산 시장의 혁신과 성장을 모두 꾀하고 있다. 가상자산의 증권성보다 거래 과정에서 가격 변동 위험을 분산, 대응할 수 있는지에 더 방점을 둔다. 이미 CFTC는 시카고상업거래소(CME)와 시카고옵션거래소(CBOE)의 비트코인 선물 상품을 승인했다. CFTC라고 해서 SEC보다 가상자산에 친화적이라는 것은 아니지만 가상자산 시장의 성장에 긍정적이고 열린 규제를 지향하고 있어 업계의 발전을 가속화할 것으로 보인다.

한편 미국의 통화감독청(OCC)은 스테이블코인 등 가상자산과 관련한 은행의 활동과 서비스를 허용하는 입장을 밝혔다. 2020년 하반기 OCC는 해석서를 발표하며 국립은행이 가상자산 수탁 서비스를 제공하거나 스테이블코인의 준비금을 받는 행위를 두고 "전통적인 은행 활동의 현대적인 형태"로 간주한다고 설명했다. 이어 2021년 1월 OCC는 대통령 직속 금융시장 실무그룹(PWG) 및 연방예금보험공사(FDIC)와 공동으로 스테이블코인 보고서를 발행했다. 여기에는 스테이블코인의 발행과 환매 및 유지와 관련된 활동을 보험에 가입된 예금 기관으로 제한하는 법안을 제정할 것을 권고했다.

연방정부 기관들이 스테이블코인 관련 법안을 고도화하는 동안 미국 주정부의 규제는 좀 더 앞서 나가고 있다. 2022년 6월 8일 뉴욕 금융감독청(NYDFS)은 '미국 달러 기반 스테이블코인 발행에 관한 지침'을 발표했다. 일명 'DFS 가이드라인'은 스테이블코인에 관한 포괄적인 규제 프레임워크로 불린다. 뉴욕주는 이 지침을 통해 스테이블코인의 담보자산 상환 요건, 담보자산 종류, 담보자산 감사 의무 등에 관한 사항을 구체화했다.

앞서 뉴욕주는 2015년에 이미 가상자산 사업 관련 포괄 허가인 '비트라이선스'를 도입했다. 뉴욕주에서 가상자산 관련 영업을 하려는 기업들은 반드시 허가를 취득해야 한다. 비트라이선스는 발급 기준이 까다롭고 비용이 높아서 현재까지 25곳의 업체가 정식 허가를 취득했다. 주요 취득 업체는 서클, 리플, 페이팔 등이다.

그 외에도 여러 주들이 스테이블코인 시장에 뛰어들었다. 가상자산에 친화적인 것으로 알려진 와이오밍주는 2023년 3월 와이오밍 스테이블토큰법을 제정해 '와이오밍주 스테이블토큰위원회(Wyoming Stable Token Commision)'를 설립했다. 미국 최초의 주정부 스테이블코인 발행 프로젝트이다. 같은 해 7월에는 토큰 발행 전략, 분석, 회계, 마케팅 등의 업무를 이끌 책임자를 구하는 공고를 내기도 했다.

한편 2023년 4월 텍사스주 국회의원들은 미국 달러가 아니라 금을 기반으로 하는 스테이블코인 발행과 유통에 관한 법안을 제안했다. 물론 제안된 법안이 상·하원에서 통과될 가능성은 적어 보인다.

세계 최초 타이틀 획득한 유럽연합 '미카'

유럽연합은 27개 회원국, 5억여 명의 인구로 이뤄져 있다. 경제 규모가 미국과 맞먹을 정도로 거대한 집단이다. 회원국 간 자본, 인력, 서비스의 자유로운 이동을 막는 장벽이 없고, 유로화 기반의 단일통화 체제도 갖춰져 있다. 덕분에 유럽연합은 그 자체로 엄청난 규모의 단일시장이다. 가상자산 생태계가 성장하기에 유리한데도 유럽 전역에 적용되는 규제안이 없었다. 회원국별로 가상자산에 대한 온도 차가 있기 때문이다.

2022년 EU 의회가 27개 회원국에 포괄적으로 적용되는 가상자산 규제안 미카(MiCA)에 합의하면서 가상자산에 대한 규제가 급물살을 탔다. 그리고 2023년 5월 유럽연합은 세계 최초의 초국가적 가상자산 법안인 미카의 시행을 확정했다. 2024년 6월부터 본격 발효될 예정인 미카 규제안은 투자자 보호와 공식 인가를 골자로 한다. 유럽연합에서 가상자산 관련 영업을 하려는 업체는 회원국 중 한 곳에서 사업자 등록 허가와 라이선스를 취득해야 한다. 또한 트래블룰 적용에 따라 송금 및 수취인 정보를 기록할 의무도 부여된다.

미카 규제안은 스테이블코인에 관한 지침도 마련했다. 그에 따르면 스테이블코인을 크게 '전자화폐토큰(EMT)'과 '자산준거토큰(ART)'으로 나뉜다. 전자는 테더나 USD코인처럼 특정 법정화폐의 가치를 참조하는 형태이고, 후자는 비현금 자산이나 통화 바스켓을 기반으로 하는 형태다. 페이스북이 실패한 스테이블코인 프로젝트 '리브라'가 ART에 속한다.

핵심은 두 유형의 스테이블코인 모두 별도로 충분한 담보자산을 기반으로 해야 한다는 점이다. 뱅크런 사태가 일어나더라도 고객이 100% 환불받기 위함이다. 아울러 스테이블코인 발행업체가 마치 은행처럼 보유 고객에게 직접 이자를 지급하는 행위도 금지한다. 규제의 기조만 놓고 보면 투자자 보호에 상당히 신경 쓴 것을 알 수 있다.

미카에 대한 업계의 기대감은 제법 크다. 미국이 여전히 '증권이냐 상품이냐' 하는 논란 속에 갇혀 있는 가운데 유럽연합은 미카 규제안으로 한 발 앞서 나가고 있다. 일각에서는 미카 규제안이 추후 다른 국가의 관련 법 제정에 영향을 미치는 '브뤼셀 효과'를 가져올 것으로 내다본다.

미카 규제안을 기반으로 유로화 기반 스테이블코인이 국내와 역외로 활발하게 유통된다면 유럽연합의 위상이 높아질 수 있다. 현재

유로화는 국제결제 비중 순위에서 미국 달러에 이어 2위를 차지하고 있다. 달러와 격차가 아직 크지만 미카 규제안이 점차 유로화의 국제결제 비중을 확대할 것이라고 내다볼 수 있다.

싱가포르 통화청의 스테이블코인 가이드라인

아시아 대표 금융 허브인 싱가포르도 스테이블코인 규제안을 내놨다. 지난 2023년 8월 싱가포르 통화청(MAS)은 싱가포르달러 혹은 주요 10개국(G10) 통화를 기반으로 하는 스테이블코인에 적용되는 규제안을 확정했다. 스테이블코인을 법정자산 생태계와 디지털 자산 생태계의 신뢰할 만한 가교로 사용하겠다는 것이다.

규제안의 요건은 유럽연합의 미카와 크게 다르지 않다. 예컨대 담보자산은 위험도가 낮고 유동성이 높은 유형이어야 하며, 담보자산의 가치는 유통 중인 스테이블코인의 가치를 상회해야 한다는 내용이다. 또한 스테이블코인 보유 고객이 상환을 요청하면 발행사는 영업일 기준 5일 이내에 상환해줘야 한다. 이러한 기준을 충족하는 스테이블코인은 'MAS 규제 스테이블코인(MAS-regulated stablecoins)'으로 승인받는다.

싱가포르는 서울과 비슷한 면적의 작은 도시국가이지만 선도적인 금융산업으로 전 세계적인 영향력을 과시하고 있다. 싱가포르 통화청의 스테이블코인 규제안은 디지털 금융의 미래를 개척해나가려는 싱가포르 정부의 움직임을 방증한다. 이미 싱가포르는 수년 전부터 업계에서 친(親)가상자산 선도국으로 여겨져 왔다. 지난 2017년 싱가포르 통화청은 디지털 토큰 발행 및 제공에 대한 가이드라인을 발표했다. 여기에는 이미 스테이블코인에 대한 전반적인 내용이 포함돼 있었다. 현재 싱가포르는 자본소득에 대한 세법도 없다. 가상자산 거래 이익을 자본 이득으로 간주한다면 과세로부터 자유로워질 가능성도 있다.

서서히 방향 트는 나이지리아 중앙은행

아프리카 최대의 경제 규모를 자랑하는 나이지리아는 지난 2021년 2월 가상자산 거래를 금지했다. 나이지리아 중앙은행(CBN)은 시중 은행을 비롯한 금융기관들의 가상자산 거래와 관련된 계좌를 폐쇄하라고 지시했다. 자금세탁, 테러 자금 조달, 기타 범죄 행위에 활용될 우려 때문이라는 설명이었다. 나이지리아 국민들은 은행계좌를 기반으로 가상자산을 매매할 수 없게 됐다. 현지 가상자산 투자자들은 개인 간 거래(P2P) 플랫폼으로 이동할 수밖에 없었다.

그런데 나이지리아는 의외로 디지털 금융 선도국으로 꼽힌다. 같은 해 10월 나이지리아는 아프리카 최초로 중앙은행 디지털화폐인 'e나이라(e-Naira)'를 출범했다. 현지 법정화폐인 나이라(NGN)를 대체함과 동시에 결제와 가치 저장 수단으로 유통하기 위한 목적이다. 표면적으로는 나이지리아 정부가 자체 CBDC를 육성하고 스테이블코인의 발전을 억제하려는 모양새였다. 그러나 e나이라는 블록체인 기반도 아니고 채택률도 부진했다. 2023년 1월 나이지리아 중앙은행은 스테이블코인에 대한 입장을 바꿨다. '나이지리아 결제 시스템 비전 2025'라는 보고서를 통해 스테이블코인이 성공적인 결제 메커니즘이 될 수 있으며 규제 프레임워크를 개발할 필요성이 있다고 진단했다.

'정책 주권에 심각한 위협' 스테이블코인에 반기 든 인도 정부

체이널리시스의 보고서에 따르면 인도는 2022년 글로벌 암호화폐 채택 지수 목록에서 미국, 러시아, 중국을 제치고 4위를 차지했다. 그만큼 인도에서는 가상자산과 블록체인 기술에 대한 보급률과 인식이 높은 편이다. 게다가 인도는 미국 다음으로 IT 인재 풀을 많이 보유한 테크 강국이자 세계 상위권 핀테크 시장이다. 그러나 스테이블코인에 대한 인도 정부의 입장은 상당히 부정적이다. 2023년 7월 인도준비은행 부총재 티 라비 산카르(T Rabi Sankar)는 스테이블코인을 "정책 주권에 대한 실존적 위협"이라며 심각한 우려를 표명했다.

그는 스테이블코인이 서구 경제권에서만 유용하다고 판단했다. 현재 대부분의 스테이블코인은 미국 달러나 유로를 기반으로 한다. 이런 스테이블코인이 인도에 유통되면 달러라이제이션이 심화되어 인도 루피화의 사용이 위축될 수 있다는 주장이다. 또한 스테이블코인의 도입은 경제의 '암호화'를 초래한다고 지적했다. 스테이블코인을 비롯한 가상자산이 교환 매체나 저축 수단으로 널리 사용되면 은행, 기업, 가계의 대차대조표에 심각한 불일치가 발생할 수 있다는 설명이다. 아울러 스테이블코인이 자금세탁이나 테러 활동을 지원하는 데 사용될 가능성도 지적했다.

튀르키예, 결제에 디지털 자산 사용 금지

튀르키예 중앙은행은 2021년 4월 가상자산을 지불결제에 사용하는 행위를 금지하는 조치를 발표했다. 지불결제 서비스 업체들은 가상자산 기반의 비즈니스 모델을 개발하거나 관련 서비스를 제공해서는 안 되며, 시민들도 이런 서비스를 사용해서는 안 된다는 것이 골자다. 튀르키예 중앙은행은 가상자산 시장에 대한 감독이 미비하고, 이용자와 투자자에게 잠재적인 위험을 초래할 수 있다는 점을 강조했다. 또한 가상자산이 자금세탁과 테러 지원 등 불법 행위에 활용될 수 있다는 점도 덧붙였다.

튀르키예 정부는 과거 디지털화폐에 비교적 온건한 입장이었다. 2021년 튀르키예 재무부는 중앙은행, 은행 규제 당국, 자본시장 관계자들과 협력 작업을 하고 있다고 전했다. 튀르키예가 가상자산과 블록체인 분야에서 기회를 포착해 글로벌 무대를 선도하겠다는 입장이었다. 그러나 돌연 가상자산에 금지 조치를 취했다. 2023년 현재까지도 이 금지 조치는 해제되지 않았다.

하지만 통계와 보고서에 따르면 튀르키예의 가상자산 활용은 늘어나고 있다. 코로나19 여파로 발생한 막대한 인플레이션과 리라화 가치 폭락을 회피하기 위해 시민들이 테더 같은 스테이블코인으로 눈을 돌렸기 때문이다. 총인구 8,400만 명 중에 약 800~1,400만 명이 가상자산을 사용했다는 통계도 있다.

현재 튀르키예 중앙은행은 오히려 리라화 기반 중앙은행 디지털 화폐(CBDC)로 눈을 돌리고 있다. 지난 2022년 12월 튀르키예 중앙은행은 리라화 기반 결제 테스트를 수행했다고 전했다. 2023년에는 은행, 금융기업 등의 참여를 바탕으로 테스트 범위를 넓혀나갈 것이라는 계획도 발표했다. 가치가 빠르게 폭락하는 리라화를 기반으로 하는 CBDC가 소매나 도매 거래에 얼마나 효용이 있을지 의문이다.

02

스테이블코인으로
돈 버는 방법*

Stablecoin

—

디파이와 시파이

    스테이블코인은 애초에 가격 변동성을 최소화하도록 설계된 가상자산이다. 그런 안정성 덕분에 송금과 결제를 혁신할 가상자산이라고 말한다. 그런데 스테이블코인은 투자에도 활용할 수 있다. 여타 가상자산처럼 시세에 따라 매매 차익을 거두는 방식이 아니다. 스테이블코인을 예치, 베팅, 대출 등에 이용할 수 있는 플랫폼을 통해 수익을 내는 것이다. 투자자가 이용할 수 있는 플랫폼이나 상품의 개수도 제법 많다. 고위험-고이율 상품부터 저위험-저이율 상품까지

---

*   면책 조항 : 스테이블코인 투자 상품과 관련한 내용은 단순 정보 제공을 목적으로 한다. 절대 투자를 권장할 목적이 아님을 미리 밝힌다. 이 책에 소개한 정보만 보고 스테이블코인 투자를 결정해서는 안 되며 본 내용을 회계, 법률, 세무 관련 지침으로 사용해서도 안 된다. 본 투자 상품에 관한 내용은 저자의 주관적인 경험과 해석이 들어가 있으며 특정 기관이나 조직의 견해를 반영하고 있지 않다. 아울러 소개한 투자 상품은 판매업체 측의 사정에 따라 변경 혹은 폐지될 수도 있다.

투자자의 성향과 경험 등을 고려해 선택할 수 있다.

스테이블코인을 이용해 투자하는 방식은 크게 '디파이'와 '시파이'로 나뉜다. 디파이(DeFi)는 탈중앙화 금융(Decentralized Finance)의 줄임말이다. 금융과 블록체인의 속성을 결합해서 만든 투자 상품 혹은 투자 행위 일체를 의미한다. 번거로운 가입 절차나 신원 확인 없이 전 세계의 누구나 쉽게 접속해서 투자하고 수익을 낼 수 있는 것이 디파이의 가장 큰 특징이다.

대다수 금융투자 상품은 은행이나 증권사 같은 금융 중개 기관을 통해 매매해야 한다. 반면 디파이 상품은 블록체인의 '스마트 계약'을 통해 만들어진 프로그램을 기반으로 24시간 365일 자동 운영된다. 인터넷을 이용할 수 있는 환경이면 누구나 PC 혹은 스마트폰으로 디파이에 접속할 수 있다.

쉽게 말해 디파이는 기존의 금융투자 생태계에 존재하던 각종 장벽을 대폭 허물어뜨린 디지털 금융 상품이다. 일각에서는 디파이가 금융의 민주화를 가속화한다고 표현한다. 이론적으로는 은행계좌가 없는 제3세계 시민들도 스마트폰으로 각종 디파이 플랫폼에 접속해 투자할 수 있다.

그런 점에서 디파이는 금융투자의 패러다임을 완전히 바꿔놓은 개념이다. 물론 디파이는 기존의 금융 중개 기관이 존재하지 않는 만큼 투자자가 짊어져야 하는 리스크도 상당히 크다. 디파이 플랫폼 자체의 기술적 결함이나 해킹 등으로 인해 막대한 자금이 유출된 사례도 종종 있다. 심지어 디파이 개발진이 돌연 플랫폼을 폐쇄하거나 물량을 매도하고 행적을 감추는 '러그풀(rug pull)' 사건도 발생한다.

디파이의 반대 개념으로는 시파이(CeFi)가 있다. 중앙화된 금융(Centralized Finance)의 줄임말이다. 디파이와 달리 금융투자 활동 일체를 중개, 감시, 보고하는 금융기관이 존재한다. 쉽게 말해 전통 금융 시스템과 가상자산 투자를 결합한 형태이다. 업비트나 빗썸 같은 국내 거래소 혹은 바이낸스나 OKX 같은 해외 거래소들이 운영하는 금융상품들은 시파이에 해당한다.

투자자의 예치금을 운용해 이자수익을 되돌려주는 서비스 업체들도 시파이에 속한다. 시파이는 여러 단계의 회원 가입과 신원 확인 절차를 요구하지만 그만큼 디파이보다 금융 보안 시스템이나 거래의 공정성이 훨씬 우수하다. 시파이 투자 상품을 운영하는 가상자산 거래소들은 대부분 특정 국가나 지역에 법인을 두고 법적 테두리 내에서 영업한다. 그래서 디파이보다 '비교적' 안전하다.

스테이블코인을 활용할 수 있는 디파이와 시파이 상품의 종류는 상당히 많다. 스테이블코인을 예치하면 일정한 이자수익을 주거나, 스테이블코인을 예치하고 특정 가상자산을 대출받거나, 시장의 미래 방향성에 베팅해 예측이 맞으면 보상을 받는 상품도 있다. 각 상품이 앞세우는 수익률도 천차만별이다.

다만 시파이든 디파이든 수익률은 시황의 영향을 많이 받는다. 2021년 소위 '디파이 서머(DeFi summer)'라고 불린 호황기에는 디파이 투자로 연간 수십~수백 퍼센트의 이자수입을 번 사례가 속속 등장했다. 시파이에서도 마찬가지였다. 하지만 2023년처럼 시중에 돈

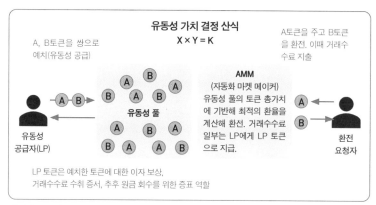

유동성 가치 결정 산식
X × Y = K

A, B토큰을 쌍으로
예치(유동성 공급)

A토큰을 주고 B토큰
을 환전. 이때 거래수
수료 지출

AMM
(자동화 마켓 메이커)
유동성 풀의 토큰 총가치
에 기반해 최적의 환율을
계산해 환전. 거래수수료
일부는 LP에게 LP 토큰
으로 지급.

유동성 풀

유동성
공급자(LP)

환전
요청자

LP 토큰은 예치한 토큰에 대한 이자 보상,
거래수수료 수취 증서, 추후 원금 회수를 위한 증표 역할

디파이 유동성 풀의 구조와 개념

이 고갈돼 가상자산의 가격이 변변치 않은 시기에는 시파이와 디파이 모두 유동성이 고갈되곤 한다.

시파이의 경우 상당히 대중화돼 있다. 조금 부정적인 소식이 대부분이지만 업비트나 빗썸 같은 거래소들은 이미 주요 언론을 통해 많이 소개되었다. 이러한 가상자산 거래소들을 특히 CEX(Centralized Exchange, 중앙화 거래소)라고 부른다. 반면 디파이는 시파이에 비해 대중화가 덜 되어 있다. 앞서 디파이가 금융투자 생태계의 각종 장벽을 대폭 허물어뜨렸다고 했지만 아이러니하게도 엄청나게 높은 난이도 때문에 아무나 시도하기 어렵다.

디파이의 구체적인 원리와 개념을 이해하려면 유동성 풀, 유동성 공급자(LP), 거래 페어, LP 토큰, x×y=k 방정식, 비영구적 손실, AMM 등 알아야 할 것들이 굉장히 방대하다. 기존의 은행 상품 혹은 파생상품 못지않게 복잡하다. 이 책에서 디파이를 설명하는 데 한계가 있으므로, 그보다는 스테이블코인을 활용해 투자할 수 있는 상품

중에서 비교적 쉬운 것들 위주로 소개하고자 한다. 완전히 프로그램으로 운영되는 디파이보다 운영 주체가 있는 시파이를 통한 투자 상품들을 주로 소개할 것이다.

—

가상자산 거래소 예금 상품

가상자산 거래소가 제공하는 예금 상품은 접근성과 안정성이 비교적 높은 스테이블코인 투자 방법이다. 여기서 말하는 예금 상품은 일반 시중은행의 예금 상품과 적금 상품을 포괄하는 개념이다. 예금 상품처럼 스테이블코인을 맡겼다가 언제든 인출할 수 있는 자유입출금형도 있고, 적금처럼 일정 기간 스테이블코인을 묶어두어야 하는 고정형도 있다. 2023년 8월 기준 스테이블코인 예치 상품은 국내보다 해외 거래소에 훨씬 많다. 해외 거래소의 자유입출금형 예금 상품은 주로 'Flexible'이라고 표기돼 있고, 고정형 예금 상품은 'Fixed' 혹은 'Locked'라고 표기돼 있다.

해외 거래소는 스테이블코인 예금 상품에 대략 3~10%까지 이자를 제공한다. 거래소들이 이자를 조달하는 원리는 일반 시중은행과 같다. 은행들은 A고객에게 적은 금리를 약속하고 예금받은 다음 B고객에게 높은 금리로 대출해준다. 여기서 발생하는 금리 차이를 예대마진이라고 한다. 이와 유사하게 거래소들은 예금된 스테이블코인을 다른 마진거래 고객들에게 대출해주고 이자를 받는다. 통상 마진거래 고객들은 '레버리지'로 돈을 빌려서 자신이 가진 원금보다 더 많은 금액을 투자하고 싶어 한다. 결국 거래소들은 은행처럼 중간에 고객들을 중개해주고 이자수입을 창출한다.

현재 국내에는 고팍스 거래소 외에 스테이블코인 예금 상품을 제공하는 곳이 없다. 불특정 다수로부터 스테이블코인을 받아 운용하고 이자를 고객에게 나눠주는 것이 자본시장법 위반의 소지가 있기 때문이다. 자본시장법에 따르면 고객의 자산을 운용하는 일은 금융위원회의 인가를 받은 업체만 할 수 있다. 물론 고팍스는 '고파이'를 통해 모금된 스테이블코인을 직접 운용하는 게 아니라 '제네시스 글로벌 캐피털'이라는 운용사에 맡긴다. 고객과 운용 업체를 중개해주는 역할만 하므로 국내법을 위반할 소지는 없다. 하지만 올해 초 제네시스 글로벌 캐피털의 파산으로 고팍스가 맡긴 고객의 자금도 묶인 상태다. 그래서 고팍스는 현재 지급불능 상태에 있다.

여기에서 스테이블코인 거래소 예금 상품의 안전성에 대해 좀 더 설명해보자. 거래소 예금 상품은 안전할까? 일반적으로 유동성이 풍부하고 적법한 법인이며 글로벌 순위가 높은 거래소가 출시한 예금 상품은 상대적으로 부실화될 가능성이 적다. 하지만 세상의 모든 금융상품이 그렇듯 100% 안전하다고 말할 수 없다. 특히 고팍스 거래소는 '서드파티 리스크(third party risk, 제삼자 위험)'에 의해 발목이 잡힌 상태다. 이런 리스크는 거래소도 예측이 굉장히 어렵기 때문에 통제하기 어렵다. 평판이나 운영 능력이 좋은 거래소도 마찬가지다.

그렇다고 해서 리스크를 완전히 회피할 수는 없다. 자본주의 사회에서는 말이다. 흔히 안전하다고 여겨지는 시중은행의 예금 상품도 리스크가 0%는 아니다. 은행들도 수익을 내기 위해 고객이 맡긴 예금의 상당액을 대출자에게 빌려준 상태다. 지금과 같은 고금리 시기에 다수의 대출자가 채무불이행을 하면 은행의 재정 건전성에도 심각한 문제가 생길 수 있다. 현금을 가만히 쌓아둔다고 해서 리스크가 없는 것도 아니다. 인플레이션이 발생하면 구매력이 떨어지기 때문이다. 리스크는 어디에나 있다는 것을 인지하고 리스크를 회피하기보다 관리하는 능력을 기르는 것이 바람직하다.

바이낸스 예금 상품

스테이블코인 예금 상품은 구체적으로 어떤 것들이 있을까? 먼저 거래량 기준 글로벌 1위 가상자산 거래소 바이낸스의 예금 상품에 투자하는 방법을 알아보자. 바이낸스는 현재 한국어를 지원하지 않아 언어의 장벽이 있지만 익숙해지면 크게 문제되지 않는다. 우선 바이낸스 거래소에 회원 가입 후 웹사이트 상단의 'Finance'에서 'Earn'을 선택한다. 그러면 다양한 투자 상품 목록을 확인할 수 있다. 초보자라면 'Best for Beginners'를 클릭한다. USDT(테더)나 DAI(다이) 스테이블코인 예금 상품을 자유입출금형(Flexible)으로 투자할 수 있는 상품을 볼 수 있다. 상품 구성은 거래소의 전략에 따라 바뀔 수 있다.

투자 방법은 간단하다. 우측의 'Subscribe'를 누르면 상세 설명이 나온다. 영어가 불편하면 마우스 오른쪽 버튼을 클릭해서 브라우저의 한국어 번역 기능을 이용하면 된다. 예금 상품과 관련한 이자 등

바이낸스 거래소 예금 상품 목록(출처: Binance Earn)

의 정보를 확인한 뒤 'Confirm'을 누르면 바이낸스 거래소 계좌의 스테이블코인이 자동으로 해당 상품에 투자된다. 이자율은 1~2% 내외로 그리 높지 않다. 가상자산 시장이 전반적으로 침체되어 마진거래 수요가 줄어들다 보니 거래소들도 대출이자를 조달하기 어려워졌기 때문이다. 가상자산 시장이 회복되면 예금 상품의 이자도 변동될 것이다.

예금에 필요한 가상자산이 충분하지 않다면 먼저 가상자산을 구입해야 한다. 바이낸스 거래소 홈페이지 상단의 'Buy Crypto'를 누르면 가상자산 구입을 위한 결제수단이 뜬다. 결제수단은 크게 은행계좌를 통한 해외 송금, 신용/직불카드, P2P 트레이딩, 서드파티 결제 플랫폼 등이 있다. 어떤 통화(currency)로 결제할 것인지에 따라 결제수단이 다르게 노출된다.

안타깝게도 2023년 8월 기준 한국에서 카드나 은행 송금 등을 통해 원화(KRW)로 바이낸스에서 가상자산을 구입하는 것은 차단돼 있다. 시중의 모든 카드사가 외국 거래소 결제를 막아두었기 때문이다. 따라서 현실적인 방법은 업비트를 비롯한 국내 거래소에서 구입한 리플(XRP) 같은 가상자산을 바이낸스 거래소로 송금한 뒤 스테이블코인을 다시 구입해서 예금하는 것이다.

OKX 예금 상품

주요 해외 거래소 중에는 OKX가 있다. 개인적 의견으로는 모바일 앱과 웹사이트의 UI가 바이낸스보다 우수하다. 어렵지 않고 사용자 친화적으로 설계된 느낌이다. OKX도 바이낸스처럼 자유입출금형 예금 상품을 운영하고 있다. 스테이블코인으로는 테더와 USD코인을 지원한다. 2023년 8월 기준 해당 상품의 이자는 연 10%다. 다만 10% 이자는 보너스 이율로 제공되는 것이므로 예금액에 한도를 두고 있다.

이자 적용 금액대도 종종 변한다. 2023년 7월까지는 USD코인과 테더 각 2천 개에 대해 10%의 연이자를 제공했다. 최대 4천 개의 스테이블코인에 대해 총 20%의 이자를 제공하는 것이다. 그런데 OKX는 8월경 10% 보너스 이율 적용 금액대를 스테이블코인당 1천 개로 낮췄다. 1천 개를 넘어서는 금액부터는 연이자 1%만 적용된다. 가상자산 시황이나 거래소 내의 스테이블코인 수요 공급에 따라 OKX측이 조율하기 때문으로 보인다.

보너스 이율의 적용 금액대가 제한적이기는 하지만 10% 이자율은 제법 매력적이다. 스테이블코인 1개당 1,300원(1달러)으로 가정하면 130만 원을 예치했을 때 1년 뒤에 13만 원의 이자를 받는다. 테더와 USD코인 2개의 스테이블코인을 각 1천 개씩 예치하면 한화로 대략 260만 원이며, 1년 뒤에 26만 원의 이자가 발생한다. 아무리 고금리 시기라고 해도 10% 이자를 주는 것은 사실상 불가능하다. 그런 점에서 OKX의 스테이블코인 예금 상품에 많은 관심을 보이고 있다.

쿠코인 예금 상품

거래량 기준 글로벌 4위에 들어가는 쿠코인(Kucoin) 거래소도 예금 상품을 운영 중이다. 쿠코인 웹사이트에서 'Earn' → 'Savings'를 클릭하면 테더(USDT)를 수시 입출금할 수 있는 4%짜리 예금 상품을 볼 수 있다(2023년 8월 기준). 특징은 4% 이자가 적용되는 금액대의 한도가 높다는 점이다. 현재 100만 테더까지 해당 상품에 예금할 수 있다. 1테더를 1,300원(1달러)이라고 가정하면 13억 원이고, 여기서 4%는 5,200만 원이다.

쿠코인은 고정형 예금 상품도 운영하고 있다. 특정 기간 동안 테더를 은행 적금처럼 예치해두면, 일자에 따라 이자를 지급하는 상품이다. 예치 기간과 이자율을 확인해보고 원하는 상품이 있으면 'Subscribe'를 클릭하면 된다. 신규 사용자에게 제공되는 일종의 이벤트성 상품도 있다. 최대 100개의 테더 예금에 대해 참조 연이율 100%를 적용하는 7일짜리 단기 상품이다. 테더 100개를 예금하면 7일 뒤에 테더 원금 100개와 함께 1.9개의 테더를 이자로 받을 수 있다.

Coins	Reference APR≜	Term ▼	Action
ⓣ USDT	3% ~ 100%	Flexible/Fixed	∧
Limited Events New user	100%	7 days	Subscribe
Limited Events	5%	14 days	Subscribe
Limited Events	4.5%	35 days	Subscribe
Limited Events	4.3%	30 days	Subscribe

쿠코인의 고정형 예금 상품 유형

—
가상자산 거래소 예측 상품

　주요 해외 가상자산 거래소들은 스테이블코인 기반의 구조화 상품도 제공한다. 앞서 설명한 예금 상품에 가격 예측이라는 재미 요소를 더한 상품이다. 상품의 구조는 간단하다. 상품은 크게 '상승 예측형'과 '하락 예측형'이 있으며, 가입 기간을 기준으로 3일 혹은 7일 뒤의 비트코인/이더리움 예상 가격 범위가 미리 설정돼 있다. 일정 기간이 지난 뒤에 비트코인/이더리움 가격이 상승 혹은 하락했을 때, 거래소 측이 설정해둔 가격 범위 내에 들어오면 상품 가입자는 차등적으로 이자를 받는다.

　가상자산 시장에서 미래의 가격을 예측하는 것은 결코 쉬운 일이 아니지만, 예측이 맞아떨어지면 단순 예금 상품보다 높은 이자를 기대해볼 수 있다. 거래소들은 이 예측 상품들을 주로 '샤크핀(Shark Fin)'이라는 이름으로 제공하고 있다. 해당 상품의 이자 지급 구조가 마치 상어 지느러미를 닮아서다.

OKX의 샤크핀 상품을 예로 들어 설명하면 다음과 같다. '상승 예측형' 상품의 그래프 X축을 보면 상어 지느러미 모양의 가격 구간이 보인다. 지느러미 모양이 시작되는 지점은 18000, 끝나는 지점은 21000이다. 이는 거래소 측이 사전에 설정한 이자 지급 가격 범위다 (달러 기준). 그리고 Y축을 보면 기본 연이율은 1%, 최저 연이율은 4%, 최대 연이율은 18%라고 되어 있다. 이때 현재 시점의 비트코인 가격은 1만 6천 달러라고 가정해보자.

이 조건에서 가상의 인물 철수 씨는 비트코인 가격이 앞으로 상승하여 7일 뒤 1만 8천~2만 1천 달러 사이일 것으로 예측하고 1천 개의 테더를 예치했다. 그리고 7일 뒤에 비트코인의 가격이 1만 7천 달러를 기록한다면 철수 씨는 1%의 참조 이율을 적용받는다(시나리오 1). 7일 뒤에 비트코인 가격이 1만 9,500달러가 된다면 설정된 가격 범위의 중간쯤에 위치하는 셈이다. 이 경우 대략 11%의 참조 이율을 적용받는다(시나리오 2). 마지막으로 7일 뒤에 비트코인 가격이 정확히 2만 1천 달러가 된다면 가장 높은 참조 이율인 18%를 적용받는다(시나리오 3).

하락 예측형 상품도 비슷하다. 그래프의 X축에는 거래소 측의 이자 지급 가격 범위인 1만 8천 달러와 2만 1천 달러가 설정돼 있다. Y축을 보면 기본 연이율은 2%, 최저 연이율은 4%, 최대 연이율은 19%이다. 이때 현재 시점의 비트코인 가격이 2만 달러라고 가정해보자.

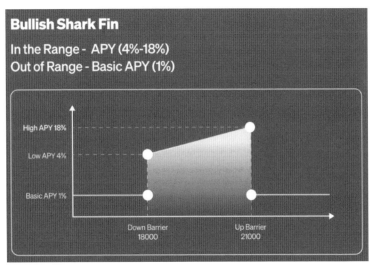

OKX 샤크핀 상승 예측형 상품의 이자 지급 구조(출처: OKX)

	산식	적용 이자율	보상
시나리오 1	(1,000×0.01)×7/365 =	1%	0.192USDT
시나리오 2	4%+(19,500−18,000)/ (21,000−18,000)×(18%−4%) =	11%	2.110USDT
시나리오 3	(1,000×0.18)×7/365 =	18%	3.452USDT

샤크핀 상승 예측형 상품의 보상 지급 산식

이 조건에서 가상의 인물 철수 씨는 비트코인 가격이 앞으로 하락하여 7일 뒤 1만 8천~2만 1천 달러 사이에 위치할 것으로 예측하고 1천 개의 테더를 예치했다. 그런데 7일 뒤에 비트코인 가격이 1만 7천 달러로 하락한다면 철수 씨는 2%의 기본 참조 이율을 적용받는다(시나리오 1). 7일 뒤에 비트코인 가격이 1만 9,500달러가 된다면 대

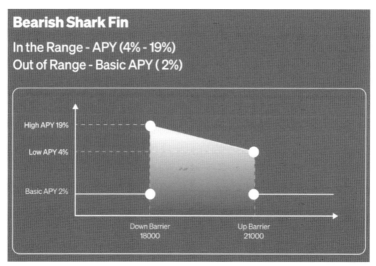

OKX 샤크핀 하락 예측형 상품의 이자 지급 구조(출처: OKX)

	산식	적용 이자율	보상
시나리오 1	(1,000×0.02)×7/365 =	2%	0.384USDT
시나리오 2	19%−(19,500−18,000)/ (21,000−18,000)×(19%−4%) =	11.5%	2.205USDT
시나리오 3	(1,000×0.19)×7/365 =	19%	3.643USDT

샤크핀 하락 예측형 상품의 보상 지급 산식

략 11.5%의 참조 이율을 적용받는다(시나리오 2). 마지막으로 7일 뒤
에 비트코인 가격이 정확히 2만 1천 달러가 된다면 가장 높은 참조
이율인 19%를 적용받는다(시나리오 3).

—
디파이 플랫폼 예금 상품

디파이 투자는 고수익을 기대할 수는 있지만 상당히 어렵고 복잡하다. 디파이의 구조 자체가 디파이 진입을 막는 장벽이 될 정도다. 그런데 사용자가 투자하기 쉬운 UI/UX를 갖춘 디파이 플랫폼이 있다. 바로 서머파이(summer.fi)다. 이더리움 블록체인을 기반으로 토큰 대출, 저축 등의 투자 활동을 손쉽게 할 수 있도록 지원한다. 서머파이의 원래 명칭은 오아시스앱(Oasis.app)이다. 오아시스앱은 다이 스테이블코인 커뮤니티인 '메이커다오'의 연계 프로젝트로 출발했으며 지금은 별도의 법인으로 운영되고 있다. 서머파이가 제공하는 다양한 기능 중 다이 스테이블코인 예금 상품이 있다.

이것은 다이 스테이블코인을 '다이 저축 요율(DSR, Dai Saving Rate)'이라는 특수한 모듈에 예치해 이자를 받는 상품이다. 다이 스테이블코인 보유자는 이 모듈에 다이를 예치함으로써 다이 커뮤니티인 메이커다오의 수익 일부를 공유받을 수 있다. 사용자가 예금한 다이 스테이블코인은 메이커다오의 수익 창출용 풀에 들어가고, 메이커다오는 이 펀드 자금의 운용을 펀드 운용사에 위임하는 방식이다.

최근 다이의 담보 유형은 채권 같은 RWA(실물자산)로 확장되면서 점차 실물자산 스테이블코인으로 체질이 바뀌고 있다. 고금리 속에서 메이커다오가 '세계 최고의 안전자산'으로 불리는 미국 채권을 사들여 담보의 안정성과 수익성을 동시에 꾀하려는 것이다. 다이 보유자들은 유휴 상태에 있는 다이를 DSR에 예치해 추가적인 수익 창출

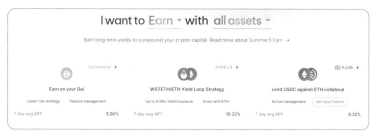

서머파이 웹사이트. 맨 왼쪽에 5% 이자율의 다이 예금 상품이 있다.

을 기대할 수 있다. 리스크도 거의 없는 편이다. 다만 서머파이에 다이를 전송할 때 가스비(gas fee, 수수료)가 발생할 수 있다.

―
USD코인으로 미국 단기채권 투자하기

미국 채권과의 연관성을 좀 더 전면에 내세운 플랫폼으로는 온도 파이낸스(Ondo Finance)가 있다. 온도 파이낸스는 제도권 금융상품을 블록체인 위에서 유통하는 것을 목표로 한다. 소위 자산의 '토큰화'를 통해 자산의 유동화와 판매를 용이하게 하겠다는 설명이다. 온도 파이낸스는 미국 단기채권과 은행의 요구불예금의 '토큰화된 버전'인 USDY를 발행 및 운영하고 있다. 구조만 놓고 보면 상당히 흥미로운 상품이다.

USDY는 미국 비거주 시민과 기관투자가가 USD코인 혹은 은행 송금을 통해 구입(발행)할 수 있는 상품이다. USDY는 무기명 자산처럼 다른 투자자에게 별도의 허가 없이 양도할 수 있다. 온도 파이낸

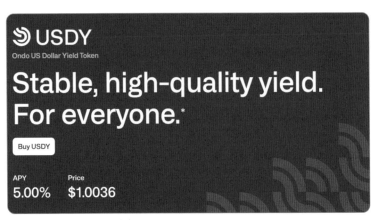

온도 파이낸스가 발행 및 판매하는 USDY(출처: Ondo Finance)

스는 USDY 보유자가 미국 단기채권과 은행의 요구불예금에서 발생
하는 이자를 받을 수 있다고 홍보한다. 2023년 8월 기준 온도 파이낸
스가 공시하는 연이자는 5% 수준이다. 대단히 높은 것은 아니지만
미국 비거주 시민이 스테이블코인을 매개로 미국 단기채권에 직접
투자하는 효과를 얻을 수 있다는 점은 상당히 흥미롭다. 단, USDY
는 미국 제도권 금융자산과 연관되어 있는 만큼 온라인으로 엄밀한
신원 인증 절차와 계약서 작성 절차를 밟아야 구입할 수 있다.

　이 밖에 온도 파이낸스는 미국 머니마켓펀드, 미국 단기국채 펀드,
고등급 단기채 펀드, 회사채 펀드를 토큰화한 OMMF, OUSG, OSTB,
OHYG도 출시했다. 온도 파이낸스에 따르면 모두 USD코인으로 구
입할 수 있는 상품이다. 다만 각 토큰의 최소 구입 금액은 10만 USD
코인(약 1억 3천만 원)으로 장벽이 높은 편이다. OUSG가 최근 해외 블
록체인 미디어에서 많은 주목을 받고 있다. OUSG는 미국 단기국채

플럭스 파이낸스 웹사이트(출처: Flux Finance)

ETF를 토큰화한 상품이다. 투자자가 USD코인으로 OUSG를 구입하면, 플랫폼이 USD코인을 (미국 달러로 환매해) 블랙록 자산운용사의 아이셰어즈 단기국채 ETF에 투자하는 구조다.

이렇게 블록체인 기술을 바탕으로 미국 단기국채 ETF를 비롯한 자산을 토큰화하면 유동화가 쉬워진다. 그뿐만 아니라 파생상품을 설계하는 것도 비교적 간편해진다. 실제로 OUSG 기반의 탈중앙화 대출 플랫폼도 등장했다. 바로 플럭스 파이낸스(Flux Finance)다.

플럭스 파이낸스는 USD코인이나 다이를 예치한 투자자에게 fUSDC와 fDai를 발급해준다. 일종의 예치에 대한 증명서이며 OUSG에서 발생하는 이자를 수령할 수 있는 권리를 뜻한다. 이를 보유하고 있다가 추후 반환하여 투자 원금과 이자를 수령할 수도 있고, fUSDC와 fDai를 다른 디파이 프로토콜에서 활용할 수도 있다.

골드핀치가 홍보하는 대출 상품

USD코인으로 대출해주고 이자 받기

내가 가진 스테이블코인을 전 세계의 기업이나 소비자에게 대출해주고 이자를 받을 수 있다면 어떨까? 예컨대 자금 조달이 필요한 이스라엘의 한 사회적 기업에게 한국인 김철수 씨가 USD코인을 융자해주고 대출이자를 받을 수 있다면 어떨까? 이 신선한 발상을 실제로 구현한 플랫폼이 바로 골드핀치(Goldfinch)다.

골드핀치는 2021년 코인베이스 거래소 출신이 설립한 탈중앙화대출 프로토콜이다. '온체인 달러'인 USD코인과 '오프체인 자산'인 실물자산을 대출로 연결하는 것이 목표이다. 투자자들은 골드핀치에 등록된 다양한 대출 상품을 보고 맘에 드는 풀에 USD코인을 예치할 수 있다. 이렇게 크라우드펀딩 방식으로 모인 USD코인은 골드핀치를 통해 각 상품에 맞는 기업이나 고객에게 대출된다. 단, 미국인이 아닌 사람들 혹은 미국 공인 투자자만 골드핀치 투자에 참여할 수 있다.

골드핀치가 홍보하는 대출 상품은 다양하다. 아프리카, 아시아, 라틴아메리카 같은 신흥국 소재 기업에 대출해주는 상품도 있고, 미국 소재 핀테크 기업에 대출해주는 상품도 있다. 어떤 상품에 USD 코인을 대출해야 할지 확신이 서지 않는다면 골드핀치의 '시니어 풀'에 예치해도 된다. 이 풀은 골드핀치가 25개 이상 국가의 차용자에게 대출해주고 원금과 이자를 회수해 투자자들에게 배분해주는 상품이다. 2023년 8월 기준 24개의 대출 딜(deal)이 자금 조달을 마무리했다.

스테이블코인을 현실 세계의 대출 상품에 도입하는 시도는 꽤 신선한 접근이라고 볼 수 있다. 일반적으로 기업이든 개인이든 은행을 통해 원화 같은 법정화폐로 대출받기 때문이다. 그런데 여기에 법정화폐 기반 USD코인을 도입함으로써 대출이라는 행위가 국경의 제약으로부터 훨씬 자유로워진 셈이다.

그만큼 리스크도 크다. 채무자나 채무기업이 채무불이행을 하면 원금 손실의 가능성도 있기 때문이다. 실제로 골드핀치로부터 50억 달러를 2년 계약으로 대출받은 케냐의 한 모터사이클 회사가 계약상의 조항을 위반한 사건이 발생하기도 했다. 다행히 아직 투자자의 손실이 확정되지는 않았다. 하지만 골드핀치 투자 상품 또한 어느 대출 상품과 마찬가지로 예상치 못한 손실 가능성이 존재한다는 점이 뚜렷하게 드러났다.

2016년 8월경을 생각하면 아직도 만감이 교차한다. 이 책을 쓰기까지 여정이 처음 시작된 순간이기 때문이다. 석사 2학기 개강을 앞둔 어느 날이었다. 수강 과목 선택을 앞두고 문득 타 전공 수업을 들어보고 싶었다. 개설 교과목을 둘러보다 선택한 것은 철학과의 '서양 윤리학사'였다. 비전공자도 편하게 들을 수 있다는 설명에 끌려 선택했다. 수업은 주로 조별 발제와 토론으로 진행됐는데, 다른 전공 학부생들과 대학원생들도 섞여 있었다.

그 수업에서 지금껏 귀인으로 생각하는 한 젊은 증권사 직장인을 만났다. 낮에는 회사에서 파생금융 상품 설계 업무를 하고 밤에는 경제대학원에 다니고 있었다. 그도 다른 전공 수업을 들어보고 싶어서 나와 같은 시기에 같은 과목을 선택한 것이다. 아마 수업의 뒤풀이 자리였던 것 같다. 그에게서 블록체인에 대해 처음 들었다. 그와 관련해 분산경제, 탈중앙화, 비트코인, 디지털골드, 이더리움, 재정거래 등 난해하지만 흥미로운 개념과 스토리도 전해 들었다.

한 귀로 듣고 흘려도 됐을 텐데, 이상하게 그 얘기들이 내 귓전을 맴돌았다. 100% 이해할 수는 없었지만 전례 없는 무엇인가가 태동하고 있다는 생각에 흥분을 잠재울 수 없었다. 아마 그것은 새롭고 불가해한 것에 대해 나의 뇌가 일으킨 도파민 반응이었겠지만, 그땐 알지 못했다. 결국 운이랄지 혹은 운명이랄지 하는 것에 이끌려 블록체인 산업에 발을 들이게 됐다. 철학과 수업에서 만난 그 귀인이 이직한 블록체인 스타트업의 초창기 멤버로 합류한 것이다.

그 회사는 국내 블록체인 산업의 개척자로 꼽히는 이들이 모인 집단이었는데, 실로 엄청난 화력을 자랑하는 곳이었다. 시장의 흐름을 잘 탄 덕분인지 규모 면에서 굉장히 빠르게 성장했으며 내로라하는 인재들도 속속 모여들었다. 국내외 유수의 명문대학에서 금융, 컴퓨터, 경영 등을 전공한 이들, 이름만 대면 다 아는 금융회사, IT 기업, 벤처캐피털, 컨설팅펌의 경력을 쌓은 이들이 밀도 있게 모였다. 초창기 블록체인 시장에서 기회를 찾으려고 모인 이들이었다. 벌써 거의 6년 전 이야기다.

블록체인에 대한 낙관론만 가득했던 그 시절의 나는 순수하기 그지없었다. 블록체인 기술과 금융시장에 관한 영어 자료를 열심히 찾아 읽었으며, '분산경제'라든가 '금융의 민주화' 같은 멋지고 추상적인 개념들에 대해 사람들과 많은 얘기를 나눴다. 요즘은 잘 언급되지 않지만, 그때 한창 유행하던 '탈중앙화'라는 개념은 센세이션 그 자체였다. 권한이나 중요 데이터가 한곳에 집중되지 않는 소위 분산 시스템을 통해 '단일 실패 지점'의 문제를 해결한다는 개념은 가슴을 울리기에 좋은 내용이었다.

당시 등장했던 수많은 가상자산 프로젝트들은 저마다 금융, 물류, 연예 산업 등에 내재한 중앙화의 문제점을 자체 블록체인 기술로 해결할 수 있다고 주장했고, 그런 비전을 담은 백서를 발표해 전 세계에서 거액의 투자금을 모았다. 지금 생각해보면 그 모든 개념과 얘기들은 마케팅을 위해 고안해낸 것에 가까웠지만 그땐 몰랐다. 백서에 적힌 내용들이 머지않아 블록체인으로 구현될 수 있을 것이라고 생각했다. 금융시장을 굴러가게 만드는 본질이나, 생태계 큰손들의 은밀한 거래에 대해서는 무지했다.

시간이 흐르면서 점점 가상자산 시장의 진실을 깨닫게 됐다. 이 시장은 코인의 가격 상승이 제일 중요하고, 가격을 위해서라면 그 어떤 이야기라도 얼마든지 허위로 만들어낼 수 있다는 것을 말이다. 수없이 많은 블록체인 프로젝트 관계자들이 컨퍼런스, 언론 인터뷰 등을 통해 지금보다 기술적으로 더 나은 블록체인 알고리즘 혹은 기존의 블록체인을 보완하는 솔루션을 개발하겠다는 비전을 내세웠다. 다들 야심 찬 계획을 담은 백서를 공개해 막대한 투자를 유치했지만 대부분의 프로젝트들은 소리 소문 없이 사라졌다.

마치 추후 완공될 백화점에서 쓸 수 있는 상품권을 미리 발행해 판매한 뒤, 정작 백화점은 안 짓고 사라지는 것과 다를 바 없었다. 혹은 백화점을 짓기는 했으나 아무도 입점하지 않아 파리만 날리는 형국이었다. 그런 상품권을 산 사람들 중에 진짜로 백화점이 완공되길 기대하는 사람은 없었다. 상품권을 다른 누군가에게 비싼 값에 팔아 빠르게 돈을 벌고 싶을 뿐이었다. 그런 상황을 반복적으로 경험하다 보니 대다수 코인이 가격 상승 외에 투자자에게 줄 수 있는 가치가 무엇인가 하는 회의감도 커졌다.

그런 분위기 속에서 테더 스테이블코인을 처음 접했을 땐 새로운 유형의 사기라고 생각했다. 달러를 기초자산 삼아 발행되고 가격 변동성이 적기 때문에 가상자산 시장에서 매매나 헤징(hedging) 수단으로 유용하다는 설명은 분명 새로웠다. 가격 변동성이 기본인 시장에서 가격 안정성을 내세우다니. 하지만 발행사가 맘만 먹으면 달러 담보자산 없이도 무제한으로 발행할 수 있는 구조는 의심을 사기에 충분했다. 감독관이나 금융 규제가 부재한 상황에서 발행사들이 과연 떳떳하게 스테이블코인 사업을 운영할 수 있을지 의심이 들 수밖에 없었다. 가상자산 시장의 가격을 왜곡할 수 있는 구조였기 때문이다. 하필 2018년경 테더 발행사는 테더를 허위로 발급해 시세를 조작했다는 의혹에 휩싸였고, 미국 상품선물거래위원회(CFTC)의 청문회에 불려가기도 했다. 다행히 의혹만 있을 뿐 별다른 혐의점은 찾지 못한 상태다.

그럼에도 구조적으로 테더를 비롯한 스테이블코인 발행사가 비윤리적인 행동을 할 가능성은 여전히 남아 있다. 금전적 가치를 지닌 무언가를 마음껏 발행할 수 있는 발권력은 분명 권력이고, 권력은 견제가 없으면 부패하기 때문이다. 영국의 정치가 존 달버그 액턴 경도 그랬다. "권력은 부패하며, 절대권력은 절대적으로 부패한다"고.

예컨대 테더 발행사는 최근까지 '재고 보충'이라는 명목으로 다양한 블록체인 네트워크에서 테더를 발행하고 있다. 그런데 발행량만큼의 담보자산이 발행사에게 유입됐는지는 전혀 공개하지 않고 있다. 물론 이를 두고 테더 발행사들이 부패했다고 단정지을 수는 없지만, 이들이 가진 발권력을 견제할 장치가 없는 것은 사실이다. 부패의 가능성이 존재하는 것이다. 또한 테더 발행사가 발표하는 회계 감사 보고서도 투명성을 증명하기에는 부족한 점이 많다. 물론 이제는 가상자산 시장을 지켜보는 눈들이 수년 전에 비해 훨씬 더 많아졌고 전 세계 주요국의 금융 당국도 스테이블코인 발행사에 훨씬 예리한 규제를 들이밀고 있는 중이다. 발행사들이 비윤리적인 행위를 함부로 할 것이라고 생각하지는 않는다. 그런 정황이 혹여나 적발된다면 1차적으로 테더를 비롯한 스테이블코인의 가격이 치명타를 입어 결국 발행사들이 손해를 입을 수 있기 때문이다.

스테이블코인을 좀 더 열린 시선으로 바라보게 된 것은 그것이 금융 포용성에 제법 긍정적인 영향을 줄 수 있다는 보고서를 읽은 뒤였다. 세계은행을 비롯해 여러 글로벌 금융기관들이 스테이블코인의 명암을 진단한 보고서를 발표했는데, 이전에는 알지 못했던 새로운 내용과 관점들이었다. 개발도상국이나 후진국에 은행계좌가 없는 사람들이 그렇게 많은 줄 몰랐고, 의외로 스마트폰 보급률이 높다는 사실도 몰랐다. 또 해외 은행의 시스템과 인프라는 한국처럼 잘 발달되어 있지 않다는 점도 알게 됐다.

이런 환경에서 상당수의 사람들이 양질의 금융 서비스에서 배제된 채 여전히 현금을 기반으로 거래하고 있다는 점은 다소 충격이었다. 그런 이유로 스테이블코인, 특히 달러 기반 스테이블코인이 금융 포용성에 어느 정도 기여할 수 있다는 것이었다. 그리고 스테이블코인이 현지에서 유용하게 사용되고 있는 사례를 접하면서 생각이 조금씩 바뀌기 시작했다. 스테이블코인을 둘러싼 기술과 시장의 우려가 있지만 규제 환경과 기술이 정비되면 어느 정도 해소할 수 있다는 생각도 들었다. 그때부터 스테이블코인에 대해 갖고 있던 의심을 조금 내려놓고 가능성에 좀 더 초점을 맞추기 시작했다.

시중의 거래소에 상장돼 있는 수많은 가상자산들은 '사람들에게 어떤 효용성이 있는가?'라는 본질적인 질문에 대부분 제대로 답하지 못하고 있다. 코인 발행사들은 나름대로 장밋빛 미래를 제시하고 있지만, 시장 수용성 측면에서 보면 그런 계획들은 이미 실패한 것과 마찬가지다. 적어도 현재는 그렇다. 투자자의 절대 다수도 그와 같은 거창한 계획을 믿지 않는 듯하다. 반면 스테이블코인은 적어도 '효용성'을 점차 증명해나가고 있다. 이 책에서 제시한 여러 사례를 보면 알 수 있듯이, 특히 은행 인프라가 열악하고 통화가치가 불안정한 나라에서 대체 통화로 상당히 쓸모 있다고 판단된다.

그렇다고 해서 스테이블코인이 블록체인 생태계의 다른 가상자산보다 기술적으로 우월하다는 뜻은 아니다. 스테이블코인의 안정성은 기술적인 완결성이 아니라 다른 가상자산과 마찬가지로 돈을 벌고자 하는 욕망을 기반으로 유지된다. 차익거래로 이익을 보려는 욕망, 발행사들처럼 담보자산을 단기채권에 투자해 이익을 보려는 욕망, 인플레이션 헤지 수단으로 사용해 구매력을 지키려는 욕망 등. 다만 그 욕망이 가격의 급격한 상승과 파멸적인 하락의 원동력이 아니라 가격 유지의 원동력이 되어서 나름의 효용성이 발생하는 것이다. 스테이블코인을 둘러싼 욕망이 잘못된 방향으로 향하지 않도록 적절한 규제가 마련되고 고도화된다면 부작용은 줄어들고 효용은 더욱 커질 것이라고 기대한다.

물론 이런 생각에 반대하는 분들도 많을 것이다. 스테이블코인은 근본적으로 한계가 뚜렷한 가상자산이라고 손사래를 치는 분들도 있을 것이다. 커뮤니티를 돌아다니다 보면 블록체인 기술과 가상자산의 한계를 논리적으로 조목조목 짚어낸 글들이 많다. 충분히 이해하고 공감한다. 이 책의 주제인 스테이블코인과 블록체인은 결코 완벽한 기술이 아니며 많은 보완이 필요하다. 해킹의 위험성, 도덕적 해이의 가능성 등 지적할 수 있는 부분은 얼마든지 있다. 그런 부분에 대한 논의와 개선은 앞으로도 계속 이뤄져야 한다.

이 책을 다 쓰고 나니 아쉬운 점이 많다. 본업을 하는 가운데 시간을 쪼개서 책을 쓰다 보니, 아무래도 심적으로 여유로운 상태에서 원고를 완성하지는 못했다. 하지만 나름대로 내가 가진 자료와 생각들을 바탕으로 최대한 많은 내용을 전달하고자 노력했다. 혹여 책을 읽다가 틀린 정보가 있거나, 논리적으로 흠결이 있거나, 무슨 뜻인지 잘 모르겠거든 얼마든지 지적해주어도 좋다. (프로필에 적은 이메일로 문의하거나 링크드인으로 DM을 보내주어도 좋다.)

스테이블코인, 디지털 금융의 미래

초판 1쇄 인쇄 2023년 11월 1일
초판 1쇄 발행 2023년 11월 10일

지은이 박예신
펴낸이 신경렬

상무 강용구
기획편집부 최장욱 송규인
마케팅 김사라
디자인 박현경
경영지원 김정숙 김윤하
제작 유수경

편집 추지영
디자인 cre.8ight

펴낸곳 ㈜더난콘텐츠그룹
출판등록 2011년 6월 2일 제2011-000158호
주소 04043 서울시 마포구 양화로 12길 16, 7층(서교동, 더난빌딩)
전화 (02)325-2525 | 팩스 (02)325-9007
이메일 book@thenanbiz.com | 홈페이지 www.thenanbiz.com

ISBN 979-11-982928-6-5   13320